그 섬에서

/ 그 섬에서 찾은 꿈과 자유, 삶, 그리고 마무리 /

그 섬에서

발행일 2015년 4월 25일

지은이 오 제 신
펴낸이 손 형 국
펴낸곳 (주)북랩
편집인 선일영 편집 서대종, 이소현, 이탄석, 김아름
디자인 이현수, 윤미리내 제작 박기성, 황동현, 구성우
마케팅 김회란, 박진관, 이희정
출판등록 2004. 12. 1(제2012-000051호)
주소 서울시 금천구 가산디지털 1로 168, 우림라이온스밸리 B동 B113, 114호
홈페이지 www.book.co.kr
전화번호 (02)2026-5777 팩스 (02)2026-5747

ISBN 979-11-5585-563-8 03810(종이책) 979-11-5585-564-5 05810(전자책)

이 도서의 국립중앙도서관 출판예정도서목록(CIP)은 서지정보유통지원시스템 홈페이지(http://seoji.nl.go.kr)와 국가자료공동목록시스템(http://www.nl.go.kr/kolisnet)에서 이용하실 수 있습니다.
(CIP제어번호 : CIP2015011983)

진 정 한 자 유 인 오 제 신 의 인 생 찬 가

그 섬에서

글 오제신

바다와 하늘이 만나고

삶이 시간에서 해방되는 곳

그 섬에서의 이야기가

메마른 영혼을 따뜻하고 자유롭게 해 준다

북랩book Lab

순종, 배려, 품위의 삶을 살아온

사랑하는 누님께 바칩니다.

/ 서 문 /

자기가 쓴 글이 책으로 세상에 나온다는 것은 발가벗은 몸을 드러내는 일과 같은 것이다. 시간이 뒤로 흐르지 않는 한, 책에 나타난 작가의 알몸뚱이는 보고 싶지 않은 사진처럼 찢어버리거나 태워서 없애버릴 수도 없다. 이렇게 소름 돋는 일을 또 한 번 저지른다. 치기와 만용, 욕심과 아집에서 자유롭지 못한 평범인이기 때문이다.

섬으로 들어와 11번째 여름을 맞는다. 뭍에서 분주함 중에 잃어버렸던 시간을 섬으로 들어와 되찾으면서 느낀 한 평범인의 섬, 사람, 바다, 생명, 자연, 꿈, 그리움, 그리고 날마다 새로 시작되는 영원한 시간에 대한 이야기다.

2005년 봄, 기독교 인터넷신문 뉴스미션 창간호부터 오늘까지 계속 연재된 섬 이야기를 모은 것이다. 2007년 겨울, 『조용한 용기』라는 제목으로 나온 후 두 번째 책이다.

책이 출판되어 나오면 나는 어디론가 숨어 버릴 것이다. 물론 책이 나오지 않는다면 숨을 필요도 없지만, 숨어서 빛이 새어들어오는 작은 틈으로 무슨 일이 벌어지고 있는가를 바라보는 것, 그런 것이 삶이고 인생 아니겠는가?

부족한 사람의 글을 계속 실어준 뉴스미션에 감사한다. 특히 뉴스미션 창립 시 대표직을 맡은 조석인 목사님, 중단되었던 연재를 다시 시작할 수 있도록 용기를 북돋워 주신 윤규한 전 뉴스미션 대표와 스텝들에게 가장 먼저 감사를 드린다. 이병왕 목사님, 김민정 팀장, 이동희 선생께 이 기회를 통해 감사의 뜻을 보낸다.

연재 글을 쓰는 기간 중 유명을 달리 한 큰누님, 뉴스미션에 글이 실리면 가장 먼저 서평을 보내 주신 분이었다. 행여 나의 글 어디에서인가 그리움이 배어 있다면 큰누님에 대한 애절함 때문이다.

큰누님이 가시고 작은누님이 그 몫을 대신했다. 늘 나의 연재 글을 기다리며 뉴스미션에 들어가시는 작은누님의 말 없는 격려를 잊을 수 없다.

변함없이 나의 팬이 되어 응원해 주신 황문찬 목사님, 윤청섭 사모님, 박문자 권사님, 정창숙 권사님, 곽성실 자매, 그리고 50년 이상을 우정으로 교류한 친구들을 대표해서 광주 김용우, 대전 최영진, 서울 최용남, 엘에이의 최병태에게 감사한다.

이 책이 비록 홍림 출판사에서 나오진 못했지만 김은주 대표의 격려와 열정이 없었다면 '그 섬'은 그저 누군가의 꿈 이야기로 사라졌을 것이다. 이 책은 그녀의 아이디어와 수고에 큰 빚을 지고 나왔다. 지면으로 감사의 말씀을 드린다.

책으로 인해 작은 열매라도 얻게 된다면 가장 먼저 사랑하는 가족들과 함께 나눌 것이다. 글의 소재에서부터 맞춤법까지 곁에서 지켜봐준 아내가 없었다면 연재 글도, 책도 나오지 못했을 것이다. 두 아들과 며느리들 역시 내가 인내와 절제를 필요로 할 때 늘 아내와 함께 내 곁에 있었다. 감사한다.

나의 섬 생활을 날마다 새롭게 해주신 분이 있다. 새벽마다 나에게 찾아와 주신 하나님이다. 그 분께 책뿐 아니라 내 삶으로 인한 모든 영광과 감사를 드린다.

(2013년 7월)

목차

마무리 - 떠남 / 잘 살았능가?

동화

프롤로그

'10년이면 강산도 변한다.' 는 말이 있다. 10년이 긴 세월이란 뜻이다. 맞는 말이다. 어찌 강산만 변하겠는가? 하늘도 변하고 땅덩어리도 달라지지 않는가? 그리고 변하기만 하는가? 강과 산이 없어지기도 하고 새로 생겨나기도 한다.

인생도 마찬가지다. 권불십년權不十年, 10년의 길이를 우리는 매일 뉴스로 확인한다. 사람의 생애를 10대, 20대, 30대……, 하면서 10년 단위로 구분하기도 한다. 공자는 20세 약관弱冠, 30세 이립而立, 40세 불혹不惑, 50세 지천명知天命, 60세 이순耳順처럼 10세 단위로 바뀌는 생애의 모델을 우리에게 제시했다. 그러나 옛사람들이 생각하던 10년 세월과 지금의 10년은 절대길이는 같을지 몰라도 상대길이와 속도가 달라진 것만은 분명하다.

10년을 짧게 사는 사람도 있고 지겹게 보내는 사람도 있다. 10년이 성취하는 데 부족한 기간일 수도 있지만, 어떤 사람에게는 실패를 몇 차례나 거듭할 수 있는 기간이기도 하다. 어떻든지 간에 10년은 짧은 세월이 아니다. 심지가 굳고 몸이 건강하고 목적이 분명하고 계획이 잘 되어있다면 목표를 달성하기에 충분한 기간이다.

한 사람의 생애에서 1, 2년 또는 3, 4년은 하찮을 수도 있지만 10년은 그 무게가 다르다. 10년을 별 볼일 없이 살았다면 인생을 셈할 때 중요한 부분 한 토막을 잃는 것과 같다. 섬 생활 10년을 맞으면서 내 경우를 되돌아본다. 10년 전 오늘, 2003년 4월 말, 나는 30여 년 동안의 직장 생활을 매듭짓고 섬으로 들어왔다. 물론 섬으로 들어오기 전 2년 동안, 섬의 폐교를 매입하여 수리하고 개조하고 살림살이를 하나씩 옮기면서 주민들과 낯을 익히면서 이주할 준비를 했다.

섬으로 들어오면서 나는 얼마나 꿈에 부풀어 있었던가? 사회생활에서는 도저히 얻을 수 없는 성취감과 기대 속에서 해가 지는 저녁 바다마저도 나를 설레게 하지 않았던가. 그러나 섬에서 보낸 지난 10년 간을 일변一辨한다면 한마디로 '시행착오'다.

나는 30여 년 직장 생활 중 절반은 기획부서에 근무했고 스스로도 기획 전문가라고 생각했다. 조사하고 분석하고 조직하고 감독하고, 과정과 결과를 평가하는 업무가 내 일이었다. 그러나 섬 생활은 전혀 딴판이었다. 당초의 계획은 무용지물이 되었고 내가 꾸던 꿈은 그야말로 춘몽으로 막을 내렸다.

'원시 야생 자연 무인 도서'를 만든다는 꿈은 흉내를 내는 정도에서 끝나버렸다. 무인도에 풀어준 칠면조와 호로새와 산오리는 한 계절도 버티지 못한 채 굶어 죽었고, 꿩과 공작새는 아직까지 연명을 하고 있을 뿐 생산을 하지 못하고, 반대로 사슴은 예상 외로 숫자가 늘어나 포수를 동원해 섬멸해야 했다.

지금은 자취를 찾아보기 힘든 종려나무, 노각나무, 구실잣밤나무, 메타세쿼이아, 황칠나무, 밤나무, 호두나무, 블루베리, 한라봉 등의 묘목 값과 옮기고 심었던 수고를 생각하면 쓰디쓴 추억만 남는다. 풍성하지는 않지만 해마다 꽃을 피우는 매실나무와 비파나무가 그나마 작은 위로를 준다.

해변 풍경이 좋은 곳에 세운 덱크(지붕 없는 원두막)는 5년이 지나면서 마루판이 썩기 시작했고, 폐가를 수리해 '백년전 민박집'을 만들겠다는 꿈도 결국 구들장을 놓지 못하고 말았다. 밤중에 엔진 고장으로 바다 위에서 헤매던 일, 선착장 모서리에 부딪쳐 가슴뼈(용골)가 부러진 일, 서툰 낫질로 손가락 절반이 날아갈 뻔한 일, 마을 주민들로부터 왕따를 당하고 배척당한 일, 생각지 못한 간암 수술과 종양 재발로 11차례에 걸친 시술, 예상치 못한 사건, 사고와 그 동안의 시행착오를 들라면 하룻밤도 부족할 것이다.

다행인 것은 실패로 인해 좌절하지 않았다는 것이다. 좌절해봐야 다른 방도가 있는 것도, 다시 뭍으로 돌아갈 수도 없기 때문이었겠지만…….

10년 전, 섬으로 들어오던 날, 이제부터 사회생활이 주는 긴장과 구속과 불필요한 껍데기에서 벗어난다고 생각했다. 나의 이름과 직위와 관계가 만든 체면과 자존심의 옷을 벗어버리는 것이 진정한 자유이겠거니 생각하면서 섬 생활을 시작했다.

그렇다고 뭍 생활에 아쉬움이 없는 것은 아니었다. 그 중 가장 큰 미련과 아쉬움은 내 나이 56세, 조금은 이른 나이에 내가 사회에서 이룬 관계와 인정과 관심과 기대로부터 사라지는 것이었다. 그러나 10년이 지난 후 돌이켜보니 그것은 완전 기우였다.

나는 잊혀진 게 아니라 새롭게 나타났고, 사라진 게 아니라 있어야 할 곳에서 더욱 푸르고 풍성하게 영향력을 미치며 내 몫의 삶을 살게 되었다. 나를 기대하던 사람들에게 섬사람으로 새롭게 기억되었고, 낯선 섬 생활이 새로운 소재가 되어 우리의 관계를 신선하게 해 주었다. 나의 삶은 뭍의 친구들에게 흥미로운 이야깃거리가 되었고, 10년 전 무모한 녀석에서 용감한 친구로 변신되었다.

또 하나 기우는 뭍에서 얻은 나의 경험과 경륜이 섬에 들어가면 무용지물이 될거라는 아쉬움이었다. 그러나 3년이 못 되어 나는 이 마을 반장이 되었고, 지역의 수협과 농협의 조합원과 대의원이 되어 지역 경제 활성화에 나의 경륜을 보태게 되었다.

무엇보다 내게 긍지를 주는 일은 국립공원 현장에서 자연 훼손 방지와 환경 보전을 위해 내가 해야 하는 역할이 있음을 발견한 것이다(내가 사는 섬은 다도해 해상국립공원 지역 이다.). 우리나라 전체 21개 국립공원 지역 내에 거주하는 주민대표로 국립공원 정책을 수립하고 심의하는 일에도 관여할 수 있게 되었다. 가끔은 영어나 문자 해석이 필요한 곳에 불려가기도 한다. 인터넷 신문에 섬 이야기를 소개하는 것도 뭍을 떠날 때는 생각지 못했던 귀중한 소득이다.

지난 10년, 꿈을 이루었는가? 하면 나는 할 말이 없다. 그러나 그 기간 헛발질만 한 것은 분명 아니다.

내가 살고 있는 섬에 오려면 하루 한 번 목포에서 출발하는 '섬사랑 6호'를 타야 한다. 나를 찾아 온 손님이 배에 올라타 '우이도 오장로'를 찾아 간다고 했더니 선원뿐 아니라 배에 탄 대부분의 주민이 나를 잘 안다면서 친절하게 안내해 주더라는 말을 들으면 나는 그것으로 만족한다.

이제 두 번째 섬생활 10년을 시작한다. 10년을 온전히 채울 수 있을지 모르겠다. 이웃에 사는 91세 문 할머니, 83세 윤 할머니, 지난 가을부터 뭍의 자녀와 요양원에 나가 있는 80대 중반의 손, 최 할머니, 아마도 다음 10년이 지나기 전에 돌아가실 것이다. 나도 자신이 없기는 마찬가지다.

이제는 무엇을 쌓고 이루기보다는 이룬 것을 털어내며 보내야 할 것 같다. 꿈을 다듬기보다는 지워내면서 살아가야 할 것이다. '노병은 죽지 않고 사라질 뿐이다.' 맥아더 장군이 죽으면서 남긴 말이다. 모든 노병이 죽지 않고 서서히 사라지는 것은 아니다. 연습과 훈련과 실전이 습관으로 몸에 밴 노병만 그럴 것이다.

지난 10년은 시행착오 속에서 죽지 않고 사라지기 위한 실전 같은 연습과 훈련 기간이었다.

이 책은 그 과정을 그린 일기다.

섬_
자연 / 선착장

밀물과 썰물

나에게 있어서 밀물은 늘 '충만'이라는 단어가 함께한다. 만물을 충만케 하시는 그 분의 그 '충만'이라는 단어가……. 자연이 주는 희열이 전율이 되어 가슴은 터질 듯 벅차오른다.

내가 과학자라면 이렇게 설명할 것이다.

밀물과 썰물은 달과 태양의 인력과 지구 자전으로 인한 원심력으로 인해 발생한다. 특히 우리나라 서해안은 동해나 남해에 비해 바다가 육지 깊숙이 들어와 막혀 있는 형태로서, 밀물이 들어올 때 출구가 막혀 넘치는 현상으로 인해 물 높이가 더욱 높아지고, 썰물은 반대로 물이 빠지기만 하므로 더욱 낮아지게 된다. 그래서 간만의 차가 심해진다.

또한 한 달을 주기로 지구 주위를 공전하는 달은, 보름과 그믐(또는 초승)에는 태양, 지구, 달이 일직선 위에 있게 된다. 이때를 '사리'라고 하며 태양의 인력이 합쳐져 밀물과 썰물의 차가 가장 크게 된다. 한편 태양, 지구, 달이 직각으로 배열되는 상현과 하현에는 달과 태양의 인력이 일정 부분 상쇄되어 밀물과 썰물의 차가 작아지는데 이때를 '조금'이라고 한다.

사리 때는 같은 시간 동안(매 6시간) 물이 많이 들어왔다가 많이 빠지

물이 가득 찬 만조시 선착장

므로 물 흐름이 빨라진다. 그래서 우리나라 서남해안 같이 바다 밑이 개펄일 경우 바다색이 흑갈색이 된다. 그 대신 조금 때는 밀물과 썰물의 차가 별로 없고 물 흐름도 약해진다. 바다 바닥의 뻘을 건들지 않고 바닷물이 약하게 들고 나기 때문에 바다색은 푸르고 맑다. 그물을 놓거나 낚시하는 사람들은 바로 이 물 흐름과 물살의 세기와 방향에 따른 고기의 이동을 잘 파악하고 있어야 한다.

내가 사는 섬은 사리 때는 간만의 차가 약 5미터가 되고 조금 때는 1.5미터 남짓이다(섬마을에서는 만조를 '찬바지', 간조를 '가세'라고 한다.). 섬마을 바닷가나 항구에서 태풍으로 인해 큰 피해를 입는 경우는 물이 넘치는 사리 날 만조 시간에 맞춰 강풍이 몰아치기 때문이다. 그러면 바닷물이 육지로 넘쳐흐르게 된다. 그것을 해일이라고 한다.

2년 전 경상남도 마산 지방에 큰 피해를 주었던 태풍 '매미'가 바로 그 경우다. 이곳은 매일 간조 때면 40-50미터 폭으로 바다 바닥이 드러난다. 물론 사리 날 간조 때는 넓은 운동장이 나타나기도 하고 만조 때는 파도가 해안 길로 넘쳐 오른다.

내가 시인이라면 밀물과 썰물을 어떻게 노래할까? 들물(만조)이 가득한 바람 부는 날은 굼틀거리는 바다의 위세에 인간의 것은 눈에 들어오지 않는다. 아득한 수평선은 모든 공간과 시간의 시원始原이 된다. 바다 그 끝에서부터 전설이 밀려와 가슴을 채운다. 문득, 이육사 시인의 〈광야〉가 한바탕 태풍으로 불어온다.

"까마득한 날에
하늘이 처음 열리고
어디 닭 우는 소리 들렸으랴.

모든 산맥들이
바다를 연모戀慕해 휘달릴 때도
차마 이곳을 범하던 못하였으리라.

……

다시 천고千古의 뒤에
백마白馬 타고 오는 초인超人이 있어
이 광야曠野에서 목 놓아 부르게 하리라."

밀물이 가득한 날 해안 길을 걸으면 마치 바닷속을 헤엄치는 느낌이다. 넘실대는 들물은 곁에 있기만 해도 가슴 그득한 설렘이 되어 출렁거린다. 숨이 가빠지고 가슴은 출렁거리는 밀물로 가득해진다. 나에게 있어서 이 밀물은 늘 '충만'이라는 단어가 함께한다. 만물을 충만케 하시는 그 분의 그 '충만'이라는 단어가……. 자연이 주는 희열이 전율이 되어 가슴은 터질 듯 벅차오른다.

물이 빠지고 바다가 바닥을 드러내면 드넓은 모래사장과 뻘밭은 열린 바다의 가슴이 된다. 그 가슴 바닥엔 들판처럼 순식간에 평화가 깔리고 즐거움이 기다린다. 바다는 다시 수평선까지 아득해지고 어린 시절 가물가물한 추억처럼 멀어진다. 바다 끝 하늘이 시작되는 곳에서는 아련한 아픔이 그리움이 되어 가슴 끝을 잡아당긴다.

섬마을에 사는 사람들에게 필요한 모든 것이 밀물과 함께 들어왔다가 썰물 때는 그대로 갯가에 주저앉는다. 물이 빠지면 그래서 바빠진다.

미역과 톳을 걷을 때는 동네잔치다. 굴(섬에서는 '꿀'이라고 한다), 김, 가사리, 파래, 고동, 배말을 따는 시간이다.

나의 즐거움은 해변으로 밀려온 주인 없는 각목과 통나무와 밧줄이다. 운이 좋은 날은 진흙 속으로 숨지 못한 생 낙지를 줍기도 하고, 소라를 만나기도 한다. 주인 잃은 예쁜 유리병과 그릇은 아내 몫이다.

밀물 때건 썰물 때건 고개를 들면 바다는 늘 새롭다. 변함없는 바다 풍경이지만 한 차례도 한 순간도 같지 않다. 바다가 주는 새로움과 그것의 의미를 생각하면서, 나의 스승 레이첼 카슨의 〈바닷바람을 맞으며〉 한 구절을 읊어 본다.

"바닷가에 서 있노라면, 밀물과 썰물을 느끼고 있노라면, 바닷물이 드나드는 거대한 늪지에 짙게 드리워진 안개를 숨 쉬노라면, 헤아릴 수 없이 긴 세월 동안 대륙의 해안선을 따라 비행을 계속하고 있는 해안 새들을 바라보노라면, 노쇠한 뱀장어와 어린 오징어가 바다로 미끄러지듯 헤엄치는 광경을 지켜보노라면, 지상에 있는 모든 생명체들이 그렇듯 자연은 거의 영원하다는 사실을 깨달을 수 있다"

(05.12.02)

선착장

섬사람들에게 선착장은 사랑하는 사람들을 떠나보내고 눈물을 감추는 곳이고, 기다림으로 세월을 바라보는 곳이다. 그곳을 통해 다시 돌아오지 못하는 떠남도 있고, 다시 떠남이 없는 돌아옴도 있다.

섬사람들은 선착장을 '뱃머리'라고도 부른다. '뱃머리'라면 배의 앞부분(선수, 이물, 영어로는 bow 또는 head)을 말하는데 배의 앞머리를 가져다대는 장소여서 뱃머리라고 부르는지 모르겠다.

필자가 사는 섬의 선착장엔 하루에 두 차례 배가 들어온다. 아침 8시, 면사무소가 있는 도초도를 거쳐 목포로 떠나는 배가 들어오고, 같은 배가 오후 3시 되돌아오는 길에 또 한 번 와 닿는다. 섬에서 나가는 사람이나 내리는 승객이 없으면 배는 선착장 앞 바다를 그냥 지나친다. 물론 파도가 높거나 풍랑주의보가 떨어지면 뱃길이 끊어진다.

배가 들어오지 않는 날이 1년 평균 120일 정도 된다. 이른 봄부터 장마가 오기 전까지는 뭍의 자식들에게 또는 목포 시장으로 나가는 쑥, 달래, 머윗잎, 두릅, 고사리가 가득 담긴 부대가 선착장에서 아침 배를 기다린다. 여름엔 미역과 김 보따리, 겨울엔 굴이 담긴 스티로폼 상자가 이

섬마을의 관문 - 선착장

곳을 거처 섬을 떠난다.

명절엔 들고나는 사람들과 보따리로 붐빈다. 그러나 작은 섬에서의 선착장은 단지 배를 타고 내리는 플랫폼이나 대합실 역할만 하는 게 아니다. 섬의 모든 것이 나가고 들어오는 유일한 통로이고, 주민들이 할 일이 있어도 없어도 모이는 곳이며, 쓸 것과 먹을 것을 주고받는 교환과 경제가 이루어지는 시장이기도 하다. 그곳에서 온갖 뉴스가 전해지고, 없는 얘기가 만들어진다. 소문이 부풀려지고, 그 소문이 날개를 달고 퍼져나가기도 한다. 반가운 만남뿐 아니라, 몇 명 안 되는 주민들끼리 얼굴을 붉히며 삿대질을 하면서 언성을 높이는 장면도 종종 연출된다. 선착장은 섬 공화국으로 들어오는 관문이며 광장이며 시장인 셈이다.

선착장의 경사지고 넓죽한 콘크리트 바닥은 섬에서 바람과 햇볕이 제일 잘 드는 곳이다. 해가 밝고 날씨가 따뜻한 날 선착장의 평평한 바닥은 톳, 김, 미역, 파래가 널려진다. 가끔 건너 섬마을 어선이 들어와 생선 소쿠리를 내려놓고 가는 날은 선착장에 갈매기들의 잔치가 벌어진다.

섬사람들에게 선착장은 사랑하는 사람들을 떠나보내고 눈물을 감추는 곳이고, 기다림으로 세월을 바라보는 곳이다. 그곳을 통해 다시 돌아오지 못하는 떠남도 있고, 다시 떠남이 없는 돌아옴도 있다. 숱한 젊은 이들이 뭍으로 떠난 후 섬을 잃어버리고 다시 돌아오지 못하고 말았다. 그 처녀들 청년들도 이 선착장을 통해 떠났다.

아프리카에는 코끼리의 무덤이 있다고 한다. 늙어 죽을 때가 가까워진 코끼리가 무리를 떠나 홀로 그곳으로 가 죽는다는……. 그러나 사실은 그곳이 죽기 위해 가는 곳이 아니라, 늙은 코끼리가 먹기 좋고 얻기 쉬운 부드러운 풀이 있고 물이 있는 곳이어서 오히려 살기 위해 가는 곳이란다. 아무려면 어떤가?

지난 봄, 30년 전 이 섬을 떠났던 84세 할머니가 자식 셋을 뭍에 두고 혼자 들어와 빈집에 정착했다. 뭍에서 겪은 30년의 고달픔을 주름진 얼굴에 담고서……. 그 할머니도 선착창을 통해 들어왔다.

12월 마지막 달력 장을 떼어낸다. 지난 한 해 동안 선착장을 들며 나가며 발걸음을 했던 모든 사람들의 숨결은 이제 밤하늘 별 이야기처럼 시나브로 사라진다.

밤이 지나면 새해 새 아침 해가 떠오를 것이고 또 다시 바다 끝에서 바람이 불어 와 선착장을 바쁘게 해 줄 것이다.

(06.12.29)

바다 끝에서

파도에 스치고 바람에 부대끼면서 지난 6년에 걸쳐 서서히
나의 잠이 깨어난 곳, 시간을 건너서 영원이 시작되는 저쪽
바다 끝을 바라볼 수 있는 외딴 섬 이곳 조용한 바닷가……

사람은 자기가 바라보는 대상을 닮아간다고 한다. 나다니엘 호손의『큰 바위 얼굴』이 바로 그 얘기다. 섬으로 들어온 후 지난 6년 간, 나는 매일 바다를 바라보고 있다. 창밖에 바다가 있으니 보고 싶어도 보기 싫어도 늘 바다와 대면하며 살고 있다. 잠을 잘 때도 바다와 함께 한다. 어둠을 타고 갯바위에 부딪치는 파도 소리와 선착장을 어루만지며 불어 올라오는 부드러운 바닷바람이 잠자리에서 나의 친구가 된 것은 오래 전이다.

6년 전, 나는 이 외딴 섬이 좋아서 바닷가로 온 것이 아니라 바다를 바라보기 위해 이 섬으로 들어 왔다. 아이에게는 엄마가 있어야 하고 엄마가 함께 있는 것이 가장 자연스럽고 당연하듯 이제 나의 일상과 삶속에서 바다는 나를 둘러 싼 공기처럼 나와 하나가 되었고 나의 엄마가 되었고 나의 모든 것이 되었다. 내 자신이 되어가고 있는 이 바다는 나의 누구인가? 나는 그 바다의 무엇인가? 문득 이쪽 바다 끝에서 저쪽 끝을 바라보며 바다의 상념에 젖어본다.

과학자들은 지구의 역사를 대략 46억년으로 추정한다. 지구도 처음엔 뜨거운 불덩어리였다가 시간이 지나면서 차츰 식어져갔다. 약 40억 년 전쯤, 수증기가 피어오르고 그것이 다시 녹아 물로 고이는 구덩이가 생겼고, 그 구덩이들이 한데 모이고 변형되어서 바다가 형성되었다고 지구과학자들은 주장한다. 지구 대륙이 오늘날 지도에서처럼 떨어져나가 바다가 오대양의 형태로 드러난 것은 지금으로부터 대략 6천 5백만 년 전, 1억 년 이상 지구를 누비던 공룡이 멸종된 시점과 거의 일치한다. 그 후에도 바다의 모양이 바뀌었고 지금도 변하고 있다.

지구 표면적의 70퍼센트를 차지하는 바다, 가장 깊은 곳은 1만 미터가 넘고 평균 수심 3,800미터인 깊고 넓은 바다는, 500년 전 콜럼버스가 아메리카 대륙을 발견함으로써 바다는 하나로 연결되어 있음을 증명하기 훨씬 전부터 무수한 탐험가들이 바다 이 곳 저 곳에 정복의 깃발을 꽂았지만, 지금도 여전히 바다는 인간에게는 미지의 영역이고 두려움과 경외의 대상이다. 인간이 영원히 정복할 수 없는 신비의 성지, 창조주의 숨결이 여전히 식지 않은 태초의 영역, 많은 시인과 예술가들이 시와 노래와 혼으로 찬양과 찬미를 바친 곳을 나는 지금 무심하게 바라보고 있다. 그래도 되는 건가?

T. S. 엘리엇은 '바다에는 많은 목소리가 있다'면서 바다를 향해 귀를 기울였다. 록슬리 홀(Locksley Hall)은 '강풍이 일어 노호하며 바다로 밀려가면, 나도 가리니.' 하면서 두 손을 움켜쥐었다. 어느 시인은 '바닷가에 서서 별들을 바라보면 나는 부끄러워진다. 별들이 나를 바라보고 있기 때문이다'고 하며 밤 바닷가에서 얼굴을 붉혔다.

성경은 이렇게 기록하고 있다. '날은 날에게 말하고 밤은 밤에게 지식을 전하니 언어가 없고 들리는 소리가 없으나 그 소리가 온 땅에 통하고 그 말씀이 세계 끝까지 이르도다.' 나는 이 말씀의 저자가 바람 자고 파도 잔잔한 날, 밤바다를 바라보며 기록했을 것이라고 믿는다.

헬렌 켈러는 '바람이 담 넘어서 불어오네.'라고 노래했지만 그녀가 바다를 볼 수 있었다면 바람은 바다 끝에서 불어온다고 했을 것이다. 어느 선원은 바다를 바라보다가 자리를 털고 일어나 동료를 불렀다. '이제는 배에 올라타야 하지 않겠는가? 선착장에서 갈매기를 쳐다보며 노래나 부르고 꿈이나 꾸는 것으로 생을 허비해서야 되겠는가? 저 바다 끝으로 거친 파도를 헤치며 능숙한 솜씨로 항해하고 싶지 않은가?'

놀만 맥레인은 그의 자전적 소설 『흐르는 강물처럼』에서 '삶의 모든 것은 하나가 되어 흐르는 강물이 되고, 결국 세상에서 가장 큰 강인 바다를 만나 녹아 없어진다.'면서 흐르는 강에서 바다를 바라보았다.

환경학자 레이첼 카슨은 그의 저서 『우리를 둘러싼 바다』의 마지막 부분을 이렇게 장식 했다. '모든 것은 영원히 흐르는 시간처럼 결국에는 바다로, 바다의 강인 오케아누스에게로 귀의한다.' 뿐만 아니라 '바다는 실질적이면서도 정신적인 생명의 근원'이라고 주장하면서 '문명의 방해를 받지 않고 조용히 새벽이 시작되고 어둠이 짙어지는 곳, 태곳적 신비를 간직하고 있으면서도 늘 새로움으로 가득찬 곳, 나는 이 바다에서 생명의 경이와 신비를 발견한다.'고 고백했다.

'삶을 멈추고 듣는 것이 시詩다'라고 한 유시화 시인이나 '깊은 생각은 반드시 침묵을 수반하고 침묵은 깊은 생각을 더욱 심화시켜준다'고 한 이재철 목사의 글을 읽으면서 나는 수평선이 바라보이는 바닷가 한적한 갯바위에 앉아 있는 그들을 본다.

억만 겹 세월을 지내면서도 바다는 변함없이 여전하다고 사람들은 말한다. 그러나 그렇지 않다. 수평선상에 태양이 떠오르는 시간에 눈을 감고 있거나 해가 지는 시간에 서쪽을 바라보지 않고 있다면 부끄러운 일이다. 바라보지 않으면 전혀 변함없는 그림이지만 바라보는 자에게는 날마다 순간마다 생명처럼 새로워지기 때문이다.

아름다움은 언제나 새롭고 살아있는 것이다. 그래서 바다는 아름다운 것이다. 시인들만이 바닷가에서 가슴이 설레는 것이 아니다. 해가 뜨고 해가 지는 곳, 바람이 시작되고 바람이 사라지는 곳, 어둠이 끝나고 다시 어둠이 시작되는 곳, 바다.

바다끝에 선 손자

섬에 들어와 내가 누리는 가장 큰 축복은 수고함 없이 항상 바다 끝을 바라보는 것이다. 바라볼 뿐 아니라 바람이 되어 그곳까지 날아가기도 한다. 바다의 저쪽 끝, 수평선은 하늘이 시작되는 지점이다. 그곳은 세상의 시간이 소멸되는 곳이고 소멸된 시간이 다시 부활하는 곳이다. 북구의 해양민족 바이킹족은 용사들이 죽으면 불태운 시신을 배에 태워 바다 끝으로 떠밀어 내보냈다고 한다. 영원이 시작 되는 곳으로.

바다를 끼고 있는 모든 나라의 신화와 전설에 등장하는 영웅은 바다 끝을 향해 떠나면서 그 스토리가 시작된다. 바다 끝을 향해 떠나는 것, 그것을 우리는 모험이라 부르고 그 모험 이야기는 그대로 작품이 된다. 오디세이아를 출항시키면서 호머는 우리를 신화 속으로 안내한다. 조셉 콘라드도 헤밍웨이도 멜빌도 바다로 떠나면서 작품을 시작한다. 지금 나는, 바로 그들이 향해 떠난 바다 끝을 바라보며 이쪽 바다 끝에 서 있다.

'어떤 특정한 장소와 하나가 되는 것에는 많은 시간이 필요하다. 우리는 조금씩 절망하면서 그 세계로 건너간다. 그것은 여러 주에 걸쳐 서서히 깨어나는 잠과 같다. 그러다 어느 날 아침, 우리는 눈을 뜨고 마침내 그곳에 있게 된다. 진정으로 그곳에 있는 것이다. 우리는 자신이 어디에 있는지 이제 막 알기 시작한다.' 히말라야 오지 부탄에서 3년을 보낸 후 부탄사람이 되어버린 제이미 제파의 얘기다.

파도에 스치고 바람에 부대끼면서 지난 6년에 걸쳐 서서히 나의 잠이 깨어난 곳, 시간을 건너서 영원이 시작되는 저쪽 바다 끝을 바라볼 수 있는 외딴 섬 이곳 조용한 바닷가, 날마다 생명이 빛처럼 환하고 평화가 바람처럼 일어나는 곳, 지금 내가 숨 쉬는 곳이다.

(08.02.02)

사라져가는 섬

그런데 지난 주 사단이 났다. 새벽기도 가던 윤 할머니가 발을 헛디뎌 해변 길에서 바다 쪽으로 떨어졌다. 오른 손목과 갈비뼈 3개가 부러지고 척추 뼈에 금이 가는 부상을 당했다.

1년 만에 다시 연재 글을 시작한다.

"눈부신 모래사장, 시원한 바닷바람, 시원始原까지 뻗친 수평선의 끝, 이런 바닷가 풍경과 잊혀진 섬에서 벌어지는 시간 저쪽의 삶 이야기가 아스팔트와 콘크리트 구조물에 둘러싸인 도시 감옥에 사는 사람들에게 한 두 숨 신선한 산소가 되지 않겠느냐?"고 해서 다시 연재를 시작하기로 했다.

나는 글쟁이가 아니다. 책을 통해 이것저것 나의 흥미와 관심의 욕구를 채우고, 매일 성경을 읽고, 날마다 일기를 쓰는 것 정도가 글과 연관된 나의 일상日常이다. 내 글에서 표현이 서툴거나 미진함이 드러날 것이다. 바로 글쓴이의 한계이다. 내 나이 64세, 나 자신에게 더 이상 세련된 글쓰기나 미끈한 서술을 기대하기는 어려울 것이다. 그러나 진실한 자세로 정직하게 섬 이야기를 펼쳐 나갈 것임은 약속할 수 있다. 그 섬에서 연재 글을 통해 사랑하는 사람들, 그리운 사람들을 다시 만나게 됨을 진심으로 감사한다.

30년 전, 지금 내가 살고 있는 이 섬(동소우이도)에 사람들이 가장 많이 살 때는 20세대가 넘었고 주민은 180여 명이었다고 한다. 당시 초등학교 학생 수만 40여 명이 되었다니 지금으로는 상상할 수가 없다. 그 많던 어린이들이 어디로 사라지고, 명절이면 모래해변에서 편을 갈라 축구시합을 하던 청년들은 지금 어느 하늘 아래서 고향 해변을 그리워할까?

지금은 주중에는 우리 부부를 포함해 9명이 살고 주말에는 전도사 부부가 들어왔다가 주일 예배를 인도하고 나간다. 그런데 지난 주 사단이 났다. 새벽기도 가던 윤 할머니가 발을 헛디뎌 해변 길에서 바다 쪽으로 떨어졌다. 오른 손목과 갈비뼈 3개가 부러지고 척추 뼈에 금이 가는 부상을 당했다. 뭍 생활을 정리하고 섬으로 들어올 준비를 하면서 어머니(윤 할머니)와 함께 사는 아들이 모시고 나가 병원에 입원시켜드렸다. 그래서 주민 둘이 빠져나갔다.

교회가 있는 무등골에 사는 최 할머니는 오래 전부터 거동이 힘든 분이다. 그래서 최 할머니와 인척이 되는 윤 할머니가 매일 식사와 집안 청소 등을 챙겨 드린다. 그런데 윤 할머니가 병원에 입원하는 바람에 시중들어 줄 사람이 없어 최 할머니도 다음 날 뭍에 사는 아들 집으로 나갔다. 혼자 사는 송 할머니와 문 할머니는 자녀들이 추석 명절이라고 들어왔다. 지난겨울 영감님이 돌아가신 후 송 할머니는 종종 혼자서 약주를 드신다. 한번 취하면 며칠씩 식사를 거르기 일쑤다. 영감님 없이 혼자서 처음 쇠는 명절을 앞두고 쓸쓸함을 견디지 못해 드신 약주가 과했나 보다. 서울서 내려온 아들이 영양실조에 걸린 어머니를 보고 깜짝 놀라 병원에 입원 시켜드린다며 어머니를 모시고 오늘 아침 배로 나갔다.

문 할머니 자녀들도 명절을 보내고 병원에 물리치료 하러 가는 어머니를 모시고 아침배로 떠났다. 윤 할머니는 80세, 최 할머니와 송 할머니는 79세, 문 할머니는 88세이시다. 토요일 오후 전도사 부부가 들어올 때까지 우리 부부를 제외하면 무등골 마을에 신 선장과 허 할머니만 남는다. 신 선장이 66세, 허 할머니는 70세다.

아침배가 떠나고 오랜만에 하늘은 전형적인 초가을 맑고 푸른 하늘이다. 바다는 수평선까지 매끈하다. 눈부신 햇빛을 받으며 파도는 조개껍질 같은 햇비늘로 부서진다. 바람은 어디로 사라졌는지 갈대 잎 하나 흔들리지 않는다. 갑자기 세상이 적막강산이다. 커다란 액자로 둘러칠 수만 있다면 눈앞에 전개되는 그림은 조용한 바닷가 정물화 풍경이다. 시간은 멈춰 있고, 살아 있는 것은 모두 숨을 죽이고 있다. 나 역시 죽은 소리를 깨우지 않으려고 조용히 눈알을 굴리면서 생각을 추스른다.

지난여름 몇 분 손님이 섬에 사는 우리를 찾아왔다. 부부끼리도 왔고 친구들과도 왔고 직장동료와도 찾아왔다. 먼 길을 찾아온 그들이 정말 반가웠다. 다시 한 번 그들에게 감사의 마음을 전하고 싶다. 그들이 섬을 떠나면서 하나같이 다시 오겠다면서 손을 흔들었다. 꼭 오겠다고……. 그러나 나는 안다. 다시 오기 힘들 것임을…….

서울에서 출발한다면 목포까지 4시간 찻길, 목포서 섬까지 3시간 30분 뱃길, 시내에서 보내는 시간과 기다리는 시간을 합하면 한 두 시간을 더 보태야 한다. 섬에 들어오고 나가는 동안의 지겨움과 불편함을 생각하면 끔찍할 것이다. 그뿐 아니다. 막상 섬에 들어와 사람이 없는 것을 보면서 느끼는 쓸쓸함, 황량함, 적막감. 그리고 해가 지면서 시작되는 밤은 하루를 더욱 지겹게 만든다. 스스로 만들지 않으면 즐겁고 재미있는 일이라곤 하나도 없는 곳이다. 다시 찾아오기 힘든 이유다.

뭍에서 찾아온 나의 친구들뿐 아니다. 섬에서 태어나고 자란 사람들도 마찬가지다. 좁은 초등학교 운동장을 소란케 했던 어린이들도, 축구팀 2개를 이루던 청소년들도 이제는 아득한 옛이야기가 되어버렸다.

뭍의 삶은 다시 그들을 섬으로 돌려보내지 못할 것이다. 이제 죽은 자들만이 섬을 지키고 언젠가는 죽은 자마저 사라질 것이다. 왜 그럴까? 굳이 이유를 설명할 필요도 없다. 오늘 현대인들이 가장 싫어하고 두려워하는 것들이 이곳에 다 있기 때문이다. 외로움, 지겨움, 느림, 불편이 그것이다.

그러나 곰곰이 생각해 보면 이것들은 모두 상대적이다. 사노라면 더 외로울 수도 있고, 더 답답할 때도 있다. 시간이 더 천천히 갈 수도 있고, 옛날처럼 끔찍하게 불편할 수도 있다. 그리고 사람이 없다고 꼭 외로운 것은 아니다. 외로워서 병들거나 우울증에 빠지거나 자살하는 사람은 대부분 도시에 있다. 외로움을 다른 각도에서 바라볼 수도 있다. 위대한 깨달음, 성취, 지혜, 기도의 응답은 혼자 있을 때 얻게 되지 않던가.

지겨움은 홀로 있는 훈련을 하지 못한 사람들에게 오는 증상이다. 나이가 들어서도 외로움을 즐길 수(최소한 '견딜 수') 없다면 그의 노년은 불행하기 쉽다. 사람은 결국 혼자 남기 때문이다.

도시에 사는 많은 사람들이 시골 생활은 너무 불편하다고 한다. 마트와 편의점이 없고 목욕탕과 병원이 없다고 불평한다. 그러나 시간을 절약하고 돈을 절약하고 물을 아끼는 것을 생각하면 얻는 것이 훨씬 더 많다. 의사를 만날 일 자체가 별로 없다. 더욱이 사람은 습관의 동물이다. 익숙해지면 불편은 금세 잊어버린다. 그리고 약간의 불편함으로 얻는 기쁨을 생각해 보라. 날마다 눈을 뜨면서 발가벗은 원시 대자연을 만나고, 24시간 무공해 숨을 들여 마시고, 공짜로 웰빙 음식을 들고, 여름

안개 속으로 사라지는 섬

밤 통유리 창에 부딪치는 반딧불 요정을 보며, 밤마다 투명한 하늘을 가로 지르는 별똥을 볼 수 있는 곳에 사는 것이 축복 아니겠는가? 행복과 편리한 생활을 혼동하거나 비슷한 것으로 착각하지 말라. 행복과 편리함은 서로 관련이 없을 뿐더러 방향과 차원이 다른 것이다.

자연의 숨결을 들으며 땀을 흘릴 때 나는 최고로 행복하다. 기쁨으로 할 일만 있다면 작은 불편 정도는 섬의 천국 생활에서 충분히 감싸 안을 수 있다.

주민들이 빠져나간 설렁한 선착장이 오늘 따라 쓸쓸하게 보인다. 그렇지만, 노년을 이곳에서 보낼 수 있음은 일생 내가 누리는 최고의 축복이다.

(10.10.01)

수평선의 비밀

세상에서 헐떡거리며 추구했던 모든 것이 해변에서 잠깐 동안 나의 눈요기가 되는 마른 조개껍질만도 못하게 된다. 쓸데없는 것들이 사라지면서 평온이 대신 자리한다.

지난 달 23일 간 미국 여행을 다녀왔다. 관광여행이 아니어서 여기 저기 돌아다닌 것은 아니고 동부에서 유학 중인 아들과 2주, 서부에 사는 누님들과 1주 보내고 왔다. 아들과 함께 있을 때는 세 아이의 엄마인 며느리가 늦게서야 공부를 시작해 손주들을 돌봐 주며 집안일을 거들어 주었고, 서부에서의 일은 병환 중인 큰누님을 찾아가 뵙는 것이었다.

23일 만에 인천공항에 도착하자 여행의 피로가 몰려오면서 완전히 녹초가 되었다. 사흘 동안 서울서 몸과 마음을 추스르고 난 후 섬으로 들어왔다. 섬에 들어와서야 제대로 밤잠을 잤다. 여행 중엔 계속 수면제를 들었다. 일상의 리듬을 혼란케 하는 시차 극복이 나이든 사람들에게 얼마나 힘든 일인지, 그리고 동서부 간 3시간 차이가 나는 미국에서는 왜 수면제가 필수상비약인지도 알게 되었다. 뿐만 아니라 잠을 잘 자지 못함이 얼마나 고통스럽고 무서운 것인가도 실감할 수 있었다. 쉽게 잠이 들고 편안하게 잠을 잔다는 것이 얼마나 큰 축복이고, 밥을 맛있게 먹는 것과 함께 건

수평선을 바라보며

강의 바로미터 임도 알게 되었다. '하나님이 사랑하는 자에게 잠을 주신다'는 성경 말씀이 말씀 그대로의 의미임을 확인할 수 있었다.

잠이 오지 않는 날은 평소에 느끼지 못했던 잠을 방해하는 온갖 별의 별 거리가 나타난다.

잠을 잘 자는 날은 전혀 나타나지 않는 현상이다. 시계 초침 소리가 너무 크게 들리고, 이불이 너무 두꺼워서 답답하거나 얇아서 몸이 싸늘해진다. 베개가 너무 높거나 낮고, 한쪽 발이 시리고, 종아리가 쑤시고, 등이 가렵다. 금세 소변이 보고 싶어지고 목이 말라온다. 즐겁고 유쾌하고 아름다운 생각은 아무리 결심하고 다시 시작해도 금세 사라지고 쓸데없는 걱정, 근심과 미움, 억울하고 불쾌한 생각이 쉬지 않고 머릿속을 채운다. 이쯤 되면 어둠은 공포가 되고 밤은 지옥의 시간이 된다.

여행을 끝내고 귀국 사흘 후 섬으로 들어왔다. 거의 한달 만이었다. 바다는 흉흉했고 날씨는 우중충했다. 밤새 칼바람 소리와 해변 자갈을 굴리는 파도 소리가 전체 주민 열 명도 못 되는 외딴 섬을 더욱 춥고 쓸쓸하게 했다. 새벽기도 갔다 돌아오는 코빼기 길에서 만나는 하늬바람은 한겨울 북풍처럼 매섭고 세찼다. 그러나 섬에 돌아온 첫날 밤, 저녁 8시도 못 되었는데 졸음이 밀려오기 시작했다. 겨울 이불을 준비하지 못해서인지 이부자리가 썰렁했지만 상관없었다. 미국서 사온 작은 선물을 교회 성가대원들에게 나눠주는 생각을 하다가 잠이 들었다. 목이 말라 한밤 중에 한번 잠이 깨었지만 다시 바로 잠이 들었다. 새벽 종소리가 나를 깨웠다. 그 후 사흘 밤을 계속 단잠으로 잤다. 이제 수면제는 바이바이, 어둠의 공포도 잠 못 이루는 고통도 사라졌다. 하나님은 사랑하는 자에게 잠을 주신다. 역시 진리의 말씀이다.

맘이 편안해야 잠이 온다고 한다. 맘이 불편하거나 상심이 가득하면 아무리 피곤해도 잠이 오지 않는다. 걱정 근심이라는 것은 대부분 잠 안 오는 밤에 생겨나는 것들이다.

나의 경우, 잠을 잘 자는 날은 즐겁고 유쾌한 생각을 하다가 끝을 맺지 못하고 잠에 빠진다. 예를 들어 동네 노인들과 말씀을 나누는 중에 끼워 넣을 우수개 소리나, 내가 보낸 이메일을 열어보고 기뻐할 친구를 생각하거나, 손주들 생일선물로 만들 소라껍질 목거리, 나무총을 생각하다보면 나도 모르게 잠에 빠진다.

왜 섬에 들어오면 맘이 편해지는가? 내 삶이 익숙한 곳이어서 일 것이다. 그러나 그것만으로는 부족하다. 일평생 한 곳에서만 살아온 사람 중에도 편안함을 얻지 못해 잠 못 이루는 사람이 많지 않은가? 그렇다면 이곳이 자연이어서일 것이다. 보이는 것은 하늘과 바다, 수평선과 섬, 원래부터 그대로 있어온 숲과 해변, 들리는 소리는 바람과 파도, 그리고 갈매기의 울음, 내 살갗을 어루 만져주는 온기와 서늘함은 햇볕과 그늘을 찾아다니는 북쪽에서 흘러오는 바람, 밤에 나를 지켜 주는 것은 어두운 밤바다와 하늘의 초롱한 별.

일반적으로 우리는 눈에 보이는 사물이 나를 위협하는 것이 아니라면, 그것을 갖고 싶거나 그것이 되고 싶어하는 본래적 성향이 있다고 한다. 꽃을 보면 나도 한 송이 꽃이 되거나 꽃향기가 되고 싶어진다. 한적한 숲길을 보면 그곳을 걷고 싶거나 호젓한 분위기에 젖고 싶어진다. 바다를 보면 바닷바람을 맞고 싶고 수평선이 그리워진다.

섬에 들어오면 나는 금세 섬의 일부가 된다. 수평선, 파도, 눈부신 모래해변, 바람, 갈매기, 밤하늘의 별, 동이 트는 여명의 바다, 울창한 숲, 11월에 피는 비파 꽃향기, 갯바위에 핀 보라색 해국, 노란색 산국이 친구로 나를 반긴다.

섬에 들어오는 순간 나는 자연의 일부가 된다. 나의 24시간은 나의 몸체인 자연의 시간이 된다. 해지는 바다를 바라봐도 허망하지 않고, 낙엽 푹신한 숲길을 걸어도 서글픔을 느낄 수 없다. 햇빛에 발한 하얀 조개껍질을 주우면서도 쓸쓸하거나 외롭지 않다. 이들은 나의 친구가 된다.

세상에서 헐떡거리며 추구했던 모든 것이 해변에서 잠깐 동안 나의 눈요기가 되는 마른 조개껍질만도 못하게 된다. 쓸데없는 것들이 사라지면서 평온이 대신 자리한다. 자연의 일부가 된 내가 자연 속에서 편안함을 누리는 것이 당연하지 않은가? 그래서 해가 지고 어둠이 깔리면 잠속에 빠져들고 새벽 갈매기 끼욱 소리에 눈을 뜨게 되는 것 아닐까?

섬 생활이 주는 유익 중 가장 큰 것은 돈을 쓸 일이 거의 없다시피 하다는 것이다. 배를 타고 육지로 나가지 않는 한 실제로 돈을 만지는 경우가 거의 없다. 보이지 않으면 관심에서도 멀어지고 관계도 없어지는 법이다. 돈 때문에 신경 쓸 일이 없어진다. 돈이 없어서 걱정하지도 않고 돈이 많아서도 걱정하지 않는다. 근심 걱정의 대부분이 돈 때문 아닌가? 돈에서 자유롭기 때문에 섬 생활이 마음 편한가 보다.

또 하나는 시도 때도 없이 수평선을 바라볼 수 있기 때문이다. 수평선 앞에 서면 나는 혈압과 호흡이 잦아들고 나도 모르게 심호흡으로 정신이 맑아지고 가슴 속이 산소로 충만해진다. 수평선을 바라보면 세상에서 그것을 붙잡으려고 죽을 둥 살 둥 열심히 뒤좇던 그것이 우습게 여겨진다.

하늘과 바다, 삶과 죽음, 시원始原과 영원永遠이 서로 맞닿는 곳, 그 수평선의 비밀은 무엇인가? 지구 과학자들은 수평선水平線을 이렇게 설명한다. 바다와 하늘이 만나는 선, 또는 바다 위에 보이는 하늘과 바다가 닿아 경계를 이룬 것처럼 보이는 선을 말한다. 그러나 실제로 바다와 하늘이 만나는 것은 아니다. 시인들은 그 반대다. 하늘과 바다가 만나는 곳, 즉 바다가 끝나고 하늘이 시작 되는 곳을 수평선이라 한다. 수평선을 보면서 우리는 아득한 시간의 저편을 여행한다. 그곳에 어찌 세상 근심이 함께 하겠는가?

태양처럼, 밤하늘의 별처럼, 모든 이에게 해당되는 축복이지만 즐기는 사람만 얻을 수 있는 축복, 수평선이 주는 축복, 평안과 자유, 그리고 편안한 잠……. 오늘도 수평선을 바라보며 가슴 시리게 감사한다.

(10.12.01)

보물섬

뭔가 엉뚱한 일이 벌어지는 것 같았다. 작업하는 사람들이 가져온 이바지(선물)라며, 반장 집 할머니가 라면 한 박스씩을 집마다 돌렸다.

지난달 7월 2일 토요일, 우리 섬에 실제로 있었던 일이다. 그 날 대형 굴삭기와 작업 인부 몇 명이 들어왔다. 동네 반장이 그들 일행을 맞으며 자기 집으로 안내했다. 반장과는 사전 연락이 있었던 모양이다. 무슨 일로 이 작은 섬에 대형 굴삭기가 들어왔는지 동네 주민 중에는 제대로 아는 사람이 없었다. 반장도 마찬가지였다. 비용을 받으며 숙식을 제공하고 섬 안에서 안내를 해 주는 정도였다.

특수작물을 시험재배하기 위해 오랫동안 묵혀 있던 밭을 갈아엎기 위해 굴삭기를 들여왔다는 것이다. 1000여 평 되는 동네 최 할머니 묵은 밭을 40만 원 주기로 하고 1년 간 임대했다고 한다. 아무리 생각해 봐도 뭔가 상식에 맞지 않는 일이 벌어지는 것 같았다.

첫째, 이런 큰 공사(또는 작업)를 하는데 아침까지도 동네 사람들이 아무도 모르고 있었다.

둘째, 선착장에서 현장까지 가려면 갯가에 난 콘크리트 길 300여 미터를 지나야 한다. 다시 해변까지 난 좁은 오솔길 400여 미터를 통과해야 한다. 해변에서 다시 250미터 길이의 모래사장을 지나서야 최 할머니 밭이 있다. 작업을 하기 위해서는 경사진 갯바위를 깨고 밭으로 올라야 한다. 거기까지 가기 전에도 묵은 밭이 많은데, 하필 그렇게 멀고 불편한 밭을 작물 재배장으로 선택했는가?

셋째, 아무리 야산이 다 된 밭이지만, 1000평도 못되는 밭을 갈아엎는 데는 소형 굴삭기로도 하루이틀이면 충분한 작업이다. 그런데 왜 저렇게 토목 작업장에서나 볼 수 있는 무지막지한 대형 굴삭기가 동원되었는가? 바위와 콘크리트를 깨는 데 필요한 브레이커(breaker)까지 실어 온 점도 의문이다.

뭔가 엉뚱한 일이 벌어지는 것 같았다. 작업하는 사람들이 가져온 이바지(선물)라며, 반장 집 할머니가 라면 한 박스씩을 집마다 돌렸다. 점점 이상한 생각이 들고 또 정말 무슨 일을 하려는가? 궁금해졌다. 동네 사람들은 특수작물 한다는 것을 제외하면 아무것도 모르고 있었다. 특수작물이 뭔지도 모르는 촌사람을 완전히 무시하고 있었다. 도대체 무슨 일을 하는지 동네 사람들을 위해서라도 물어봐야 할 것 같았다.

그들이 묵는 반장 집으로 찾아갔다. 굴삭기가 지나간 마을 갯가 콘크리트 길 한쪽이 깨져 있었다. 그들이 타고 온 승합차 유리창에는 유명 방송국 표지판이 붙어 있었다. 내가 다가가자 약간 긴장하는 것 같았다.

분위기를 편하게 해주려고 가장 점잖고 부드러운 표정과 음성으로 환영 인사를 했다. 무슨 일로 들어왔냐고 묻자, 특수작물 시험재배 프로젝트를 위해 야산이 된 밭을 매러 들어왔다고 한다. 일행 중에 여자도 한 분 있었다. 방송국에 소속 된 카메라 전문가란다. 이 프로젝트가 성공하면 TV방송에도 나올 거라고 한다. 진정성이 없어 보였지만, 자연을 훼손 시키지 말 것과 굴삭기가 지나면서 파손된 콘크리트 갯길을 원상 복구해 달라고 부탁하고 물러나왔다. 물론 내가 국립공원 지역 내에 거주하는 현장 자원보호단임을 밝혔다. 일단 국립공원 분소에는 낯선 사람들의 굴삭기 작업에 대해서 통보를 했다.

다음 날, 우리 섬을 담당하는 국립공원 지킴이가 다녀갔고, 그 다음 날엔 국립공원 분소 직원이 현장으로 찾아와서 무허가 작업과 공원 지역 훼손을 지적하며 작업을 중단시켰다. 그렇지 않으면 형사 처벌 대상이라고 자연공원법을 들어 설명해 줬다.

보물이 숨겨 있을 성 싶은 바닷가 동굴

결국 그들은 나흘 만에 장비와 함께 섬을 떠났다. 정식 작업허가를 받아 다시 오겠다고 했지만 다시 올지 안 올지는 아무도 모른다. 지난 7월 초 사흘 동안 우리 섬에 있었던 해프닝이다.

그 일이 있은 후 나는 동네에서 다시 왕따가 되었다. 작업하는 동안 그들이 떨어트리는 푼돈을 기대했던 주민들의 나를 바라보는 눈초리가 심상치 않았다. 그들이 작업을 끝내지 못하고 도중에 철수한 것에 대해 노골적으로 나에게 감정을 드러내는 사람도 있었다. 국립공원하고는 아무 관련도 없는 일임에도 내가 신고를 하는 바람에 작업이 중단되고 자기들도 손해를 봤다면서 입을 삐쭉이는 사람도 있었다. 몇 명 살지도 않는 섬에서 나는 이럴 때가 가장 곤혹스럽다. 함께 의로운 일을 하는 데에도, 사람들 간에 이해와 공감을 나누는 데에도, 최소한의 의식 수준이 필요함을 절감하는 사건이었다.

며칠이 지난 후 이상한 소문이 퍼지고 있었다. 우리 마을뿐 아니라 이웃 마을, 그리고 섬을 오가는 여객선의 선원들도 다 알고 있었다. 소문의 내용은 66년 전 해방이 되어 일본인들이 철수하면서 우리 섬에 막대한 보물을 묻어두고 갔다는 것이다. 바로 그 보물을 찾기 위해 굴삭기를 들여와 작업을 하다가 국립공원 측의 단속으로 중단하고 돌아갔다는 것이다. 남북으로 길게 뻗어있는 우리 섬에 동서해안을 관통하는 굴이 있는데, 서쪽 출구 쪽에 보물을 숨겨 놓고 굴 입구를 메워버렸다는 것이다. 그곳이 바로 최 할머니 밭과 가까운 갯바위 어느 지점이며, 5미터만 땅을 파면 보물을 찾을 수 있다는 것이다. 땅 표면의 색깔도 다르다는 것이다. 어디서 구했는지 보물이 숨겨진 지점을 가리키는 지도까지 가지고 왔다고 한다.

어디서 이런 엉뚱한 이야기가 갑자기 생겨났을까? 우리 섬의 모양은 남북으로 길게 뻗어있고 동서로는 홀쭉하다. 섬의 허리 부분에 동서로 난 굴이 하나 있다. 옛날부터 난리가 나면 그 굴로 피난해 들어간다고 해서 피난굴이라고 부른다. 어린 시절 굴을 드나든 주민 이야기로는 굴의 길이는 100미터가 넘는다고 하고 서쪽 출구는 간조 때만 드러난다고 한다.

2년 전 겨울, 동쪽 입구를 통해 나도 직접 그 굴에 들어가 봤다. 40여 미터 들어간 후, 굴 폭이 너무 좁아져서 포기한 적이 있다. 조금만 더 들어가면 다시 넓어진다고 하는데, 폭만 좁아진 것이 아니라, 바닥에 쌓인 모래 때문에 천장도 낮아져 40미터 근처에서 움찍거릴 수가 없었다. 무섭기도 했다.

그 때 그 굴의 입구에는 박쥐들이 겨울잠을 자고 있었다. 우리 섬에서 보물 이야기의 근거가 될 만한 것은 바로 이 피난 굴밖에 없다. 내게는 보물보다는 박쥐가 걱정이었다. 그나마 우리 섬에 남아 있는 박쥐들의 보금자리가 보물찾기 소란 속에서 사라지지 않을까? 그러면서도 한편 보물에 대해 궁금했다.

바람이 불고 파도가 일렁이는 지난 주 어느 날, 혼자서 일전에 굴삭기 작업을 하던 갯바위를 찾아갔다. 최 할머니 밭 아래 해변 바위를 깨다가 만 흔적이 있었다. 그 아래 깊숙한 곳에 굴 입구가 있을 것 같은 바위가 있었다. 야산이 다 된 최 할머니 밭에는 사람들이 구덩이를 메운 것 같은 돌밭 무더기도 있었다. 근처에 보물이 숨겨 있을 것 같기도 하고 모든 것이 다 뜬금없는 이야기 같기도 했다.

돌아와서 섬에서 태어나 자란 할머니에게 여쭈어봤다. 일본 사람들은 한 번도 섬에 들어온 적이 없었다고 한다. 그때는 풍선風船이라고 하는 돛배를 타고 다녔는데, 면사무소가 있는 섬에서 여기까지 오는 것도 쉽지 않은 일이었다 한다. 또 인근 섬에서는 보물이 될 만한 것을 수집하기도 힘들었고 큰돈이 될 만한 사업을 할 만한 지역도 아니었다. 이 지역 인근에서 해방 후 지금까지 풍문으로라도 보물에 대한 이야기는 없었다. 그리고 서해안 먼 바다에 있는 우리 섬이 일본에서 가까운 곳도 아니고, 다시 찾아오기도 힘 드는데 이런 곳에 보물을 숨기고 도망가진 않았을 것 같았다.

결국 한 여름날의 해프닝으로 결론을 지었다. 몬테크리스토 백작이나 로빈슨 크루소, 캐리비언 해적선 선장의 꿈 이야기로 치자. 다 지어낸 이야기 아닌가?

그럼에도 불구하고 마지막 끈 하나를 붙들고 있는 나를 발견한다. 탐욕의 불은 껐지만 그 온기는 쉬 사라지지 않는다. 만일 그들이 우리 마을 반장에게 먼저 가지 않고 나에게 처음부터 찾아왔다면 어땠을까? 반장보다 교활한 내가 소문내지 않고 그들의 보물탐사 작업을 도와주지 않았을까? 국립공원에 신고할 필요도 없이, 이 뜨거운 여름에 우리 집 밭갈이 하는 것처럼 동네 사람들도 감쪽같이 속이면서 보물찾기에 눈이 벌게 있지 않았을까?

그렇지 않아도 후덥지근한 계절에 끈끈한 탐욕의 스멀거림이 나를 더욱 무덥게 한다.

(11.08.01)

가족 해변

여행의 성공과 실패는 어디서 오는가? 업무상 출장처럼 여행 목적지를 자신이 선택할 수 없는 경우를 제외하고 필자의 경험으로는 여행은 어디로 갔는가 보다는 누구와 함께 갔는가에 성패가 갈라지곤 했다.

필자가 다니던 직장에서 있었던 여직원의 얘기입니다.

토요일 오전 11시에 결혼식을 올리고 그날 오후 하와이로 신혼여행을 떠났습니다. 4박 5일인지 5박 6일인지 하는 단체관광 팀의 일원으로 갔다고 합니다. 하와이에 도착하니 현지 시간으로 당일 오전 9시였습니다. 호텔에 도착하자마자 로비에 짐만 맡기고 일행과 함께 관광버스에 올랐습니다. 하루 종일 예정된 관광코스를 돌고 한식당에서 저녁 식사까지 마치고 호텔로 돌아왔습니다. 드디어 이들에게 첫날밤이 시작되는 순간입니다.

신부가 신랑에게 자기는 시간이 많이 걸리니 먼저 샤워를 하라고 했습니다. 화장실에 먼저 들어간 신랑이 칫솔을 입에 물고 변기통에 앉아 그만 잠이 들어버렸습니다. 한 시간 쯤 정신없이 자다가 일어나 놀라서 나가보니 침대위에 신혼여행 가방을 펼쳐 놓고 신부 역시 관광차림 그대로 소파에 쓰러져서 골아 떨어져 있었답니다. 신부에게 담요를 한 장 덮어 준 신랑은 침대 위에 기어 올라가자마자 다시 골아 떨어졌고요.

다음 날 아침식사를 끝낸 일행들이 버스에서 기다리다가 신혼부부가 내려오지 않으니까 가이드를 보냈습니다. 그때까지 신부와 신랑은 각각 소파와 침대에서 자고 있었답니다. 신랑 신부는 그 후 계속 반 쯤 잠긴 눈으로 일행을 따라다녔습니다. 서울 도착할 때까지 자기들을 이상한 눈초리로 보는 일행들 때문에 아주 김 샌 신혼여행을 보냈다고 합니다.

그 얘기를 듣고 보니 저라도 그랬겠다는 생각이 들었습니다. 결혼식 날은 신랑 신부가 얼마나 신경을 많이 쓰고 분주하고 피곤한 날입니까? 난생 처음 하는 해외여행에 처음 타보는 비행기가 또 그들을 얼마나 긴장케 했겠습니까? 10시간 가까이 비행기를 타고 다시 10시간 가까운 하루 관광 코스를 돌았으니 녹초가 되지 않을 장사가 어디 있겠습니까?

가족 해변

우리의 삶을 여행으로 비유하는 경우가 많다. 인생 여정을 나그네 길이라고 노래하기도 한다. 여행, 국어사전에는 다른 고장이나 다른 나라에 가는 일을 여행이라고 설명하고 있다. 뿐만 아니라 대부분의 사람들은 여행을 계획할 때 (여직원의 신혼여행지 하와이 같이) 어디로 갈 것인가를 제일 먼저 생각하게 된다.

필자도 섬에 들어오기 전까지 해외여행을 포함해 많은 여행을 했다. 돌이켜 보면 의미 있고 보람 있는 여행이 있었는가 하면 다시 생각하고 싶지 않은 씁쓸한 실패작도 있었다.

여행의 성공과 실패는 어디서 오는가? 업무상 출장처럼 여행목적지를 자신이 선택할 수 없는 경우를 제외하고 필자의 경험으로는 여행은 어디로 갔는가 보다는 누구와 함께 갔는가에 성패가 갈라지곤 했다. 신혼여행은 물론이고 인생 여정 또한 마찬가지다. 그래서 인생의 여행 동반자인 배우자 선택이 중요한 것이다.

하루 여정도 마찬가지다. 나는 매일 새벽기도로 하루 여정을 시작하면서 그날 나와 함께할 분이 곁에 있는가를 확인한다. 그것이 열매 맺는 일상의 기본이기 때문이다. 특히 일생에 단 한 번 하게 되는 신혼여행, 그 진정한 의미는 추억에 남는 가장 아름다운 곳이 아니라 잊지 못할 추억을 함께 만들 사랑하는 신랑, 또는 사랑하는 신부와 함께 하는 것이다.

너무 경치가 아름다워서 넋을 잃고 신혼여행 온 것을 깜빡 잊을 정도라면 곤란하다. 찾아가 본 근사한 관광지는 기억에 남는데 신혼부부가 함께 나눈 인생설계는 생각이 나지 않는다면 그것은 신혼여행이 아니다. 신혼여행지로 사람들에게 잘 알려진 유명한 곳, 그래서 관광객들로 북적거리는 곳에 가는 신랑 신부들을 보면 나는 늘 아쉬운 생각이 들고 앞서 얘기한 하와이로 신혼여행 갔던 여직원이 생각난다.

그러면서 이런 꿈을 꿔본다. 필자가 살고 있는 섬엔 크고 작은 모래해변이 다섯 개 있다. 어느 모래사장이던 모래가 곱고 경사가 완만하며 숲으로 둘러싸인 경치가 일품인 해변이다. 더욱이 이 중 두 곳은 외부인에게는 전혀 알려지지 않은 곳이다. 동네 사람들 중 한 두 명이 일 년에 한 두 차례 해변으로 밀려온 나무 쪼가리를 줍거나, 목줄을 끊고 도망간 염소를 찾으러 가는 경우를 제외하면 도무지 인적이 없는 곳이다.

나는 그 중 한곳을 우리 가족 해변으로 하기로 했다. 뭍에 있는 가족이나 손님이 오면 사람들이 아무도 모르는 그 비밀장소로 안내할 것이다. 여름에 손자 손녀가 오면 방학이 끝 날 때까지 거기서 발가벗고 뛰놀게 할 것이다. 부부 손님이 오면 거기서 수평선으로 떨어지는 장엄한 태양 앞에 서게 할 것이다. 작은 아들이 여자 친구하고 같이 오면 그 모래사장에서 함께 모닥불을 피우며 밤하늘의 별들을 바라보게 할 것이다. 신랑 신부가 들어온다면 아담과 이브가 되어 바닷바람을 맞으며 파도소리를 들으며 눈부신 태양 아래서 서로 사랑하는 데 거침없게 해 줄 것이다. 신랑은 세상에 오직 신부만 있고, 신부는 신랑 외에는 그 누구도 곁에 없는 오로지 그들만이 주인공인 신혼 기간을 보내게 해 주겠다. 이곳은 이름 없는 곳이고 불편한 곳이기도 하지만 사랑하는 사람하고만 함께 온다면 에덴동산 같은 신혼여행지가 될 것이다.

물론 그 가족해변은 내 소유가 아니다. 그러나 나는 나의 것이라고 생각한다. 그 곳은 소유가 없는 곳이기 때문이다.

(05-07-15)

갯강구

그런데 갯강구는 한두 마리만 보이는 적이 없다. 어느 봄날 날짜를 정해 모두 다 함께 나오고, 어느 가을날 정해진 날짜에 모두 함께 씻은 듯 사라진다.

이 글을 쓰기 위해 진화론을 소개한 글을 다시 한 번 훑어봤다.

진화론은 기본적인 과학지식을 가진 이들에게는 생물학의 기본 공식처럼 거부감 없이 다가온다. 상식을 가진 사람이라면 진화론을 인정하는 것이 상식이라고 할 수 있겠다는 생각이 들었다. 특별히 창조론을 고집할 필요가 없는 사람이라면 진화론을 받아들이는 데 별 문제가 없을 것 같았다. 그러나 내게는 몇 가지 확신을 가질 수 없는 점이 있었다. 자연도태설이나 적자생존 이론을 주장하기에는 너무 많은 예외가 드러난다. 그리고 진화론을 설명하기 위해 필요한 가정과 추론이 너무 많았다. 아직 그 증거를 발견하지 못한 것은 과학자들의 숙제로, 논리가 부족한 것은 몇 백 만년에서 몇 억년으로 거슬러 올라가는 긴 시간에서의 가능성으로 변명하고 있었다. 우리가 상상할 수 없는 긴 시간이라면 침팬지나 사람의 할아버지가 같다고 주장해도 누가 '절대 아니다'라고 고집 부리겠는가?

그렇다면 진화론에 비해 창조론은 더 믿을 만한가?

나 자신 스스로 창조론을 확신하기에는 논리와 지식의 한계를 느낀다. 내가 갖고 있는 자연과 과학에 대한 일반 지식과 상식으로는 창조론 앞에서 고개를 끄덕이지 못한다. 성경의 기록을 그대로 받아들이기에는 나의 상식이 용납하지 않는다. 그러나 진화론자들이 주장하는 생물의 기원을 우연과 맹목적적으로 접근하는 것보다는, 창조론자들이 주장하는 필연과 합목적적으로 설명하는 것에 훨씬 더 신뢰가 간다. 섬에서 여름 내내 함께 생활하는 갯강구를 보면 더욱 그렇다.

경상도에서는 바퀴벌레를 강구라고 한다. 갯강구도 강구라고 부른다. 바퀴벌레가 갯강구와 형태가 비슷하고 몸놀림이 민첩하기 때문에 그럴 것이다. 그러나 바퀴벌레와 갯강구는 달라도 한참 다르다. 같은 절지동물 문(門, phylum)에 속하지만 바퀴벌레는 곤충류로, 갯강구는 갑각류로 강(綱, class)에서부터 따로 분류된다. 갯강구는 바퀴벌레보다는 게, 새우, 가재와 훨씬 더 가까운 친척이다. 지느러미와 꼬리만 없다면 3억 년 전 고생대 시기의 화석 삼엽충과 오히려 비슷한 모습을 하고 있다.

인터넷에서 찾아본 갯강구에 대한 설명은 다음과 같다.

갯강구 - 갯강구과의 갑각류로써 몸길이 3cm~4.5cm까지 자라며 해변의 어둡고 습한 곳에서 떼지어 산다. 바닷가 바위틈에서 밀집해서 살지만 물속에서는 살 수 없다. 한국, 일본, 중국 등지에 분포하며 잡식성 동물이다. 보기에 징그럽지만 해충은 아니다. 몸의 등껍질 부분은 황갈색, 또는 흑갈색을 띠고 몸은 전체적으로 긴 타원형 형태를 이루고 등 쪽이 약간 솟아있다. 머리에 마디가 있는 더듬이 한 쌍이 길게 뻗어 나와 있다. 꼬리 부분에도 한 쌍의 꼬리 다리가 있고 그 끝이 다시 뾰족한 촉수로 분기된다. 가슴마디는 7개이고 복부는 꼬리마디를 포함해 6개이다. 마디 진 등껍질의 양쪽 끝 부분은 창날처럼 날카롭다. 7쌍의 걸음 다리가 있다.

갯강구를 잡아 뒤집어 보면, 다리가 곤충처럼 몸통의 가운데 부분이 아닌 몸통 양 끝에 붙어 있음을 알 수 있다. 몸통 양 끝에 붙어 있는 7쌍의 다리가 몸 중앙으로 들어와 한번 구부러졌다가 다시 몸 밖으로 뻗어 나간다. 겉에서 보면 일반 곤충의 다리처럼 보이지만, 이것이 바로 갯강구가 민첩하게 움직이는 비결이다. 인기척이 나면 쏜살같이 도망친다. 재미있는 것은 도망가다가 길 모서리나 낭떠러지를 만나면 그대로 몸을 날려 절벽 아래로 떨어지는 것이다. 바닥이 바위거나 바다거나 상관없다. 절벽의 높낮이에 상관없이 아무리 딱딱한 바위에 떨어져도 다치지 않는다. 타박상도 생기지 않는다. 몸이 가벼워서도 그렇겠지만 떨어지면서 순간적으로 몸을 보호하는 시스템이 작동하기 때문일 것이다.

갯강구

식성은 잡식성이다. 모든 생물의 사체와 쓰레기를 해치우는 해안의 청소부다. 반면, 갯강구는 도요새나 물떼새, 또는 해안 가까이까지 헤엄쳐 나오는 어류의 먹이가 되기도 한다. 낚시 미끼로 사용되기도 한다. 특히 노래미의 별식이다.

물론 우리 섬에도 갯강구가 많다. 천적이 거의 없다. 갯강구의 천국이라고 할 수도 있다. 그렇다고 우리 섬의 갯강구가 10년 전보다 더 많아진 것 같지는 않다. 갯강구를 유심히 관찰하게 되면서부터 갯강구의 비밀이 더욱 궁금해졌다. 그 중 하나가 위급할 때 절벽에서 몸을 던지면서 그곳이 안전하다는 것을, 떨어지면서 몸을 보호하여 바닥에 부딪쳐도 다치지 않게 하는 낙하술을 어떻게 알까?

또 하나는 겨울잠을 잔 후 매년 4월 하순 어느 날 나왔다가, 10월 하순 어느 날 감쪽같이 사라지는데, 세상에 모습을 드러내고 사라지는 그 날짜를 어떻게 알고, 약속한 것 같이 모두 함께 그 날짜를 지키는가?

우리나라 같이 사계절이 분명한 곳은 가는 계절과 오는 계절이 한 동안 뒤섞여서 오락가락 하다가 새 계절에 들어선다. 사람들은 연한 새싹이 하나 둘 보이다가 찬바람이 사라지고 들판이 연두색으로 변하는 것을 보면서 봄이 온 줄 안다. 식물만이 아니라 겨울잠을 자는 모든 동물도 그렇다. 며칠 또는 몇 주 시차를 두고 앞서거니 뒤서거니 하면서 몸을 드러낸다. 그런데 갯강구는 한두 마리만 보이는 적이 없다. 어느 봄날 날짜를 정해 모두 다 함께 나오고, 어느 가을날 정해진 날짜에 모두 함께 씻은 듯 사라진다.

10월 하순, 갑자기 갯강구가 사라진 다음 날부터는 한 마리도 볼 수 없다. 8월 하순에는 알에서 깨어난 새끼가 떼를 지어 나타난다. 6개월

간의 긴 겨울잠을 자기 위해 늦여름 초가을 동안 충분히 영양분을 섭취하여 성장하기 위해서는 더 늦게 부화해서는 안 되는 타임일 것이다. 조금 일찍 세상에 나왔다가는 따가운 여름 햇살에 어린 새끼들 몸이 익어버릴지도 모른다. 10월 25일 전후, 일조량과 대기의 온도와 겨울잠의 조건을 계산해서 산출된 어느 시간을 기점으로 수 만 마리의 강구 떼가 순식간에 사라진다. 갯강구의 신비다.

또 다른 신비는 갯강구의 고도高度 또는 해변에서의 거리 계산 능력이다. 우리 집은 바닷가에 가까이 있고 만조시에는 해면에서 4-5미터, 간조시에는 8-9미터 높이에 위치한다. 우리 집 마당 뿐 아니라 현관, 방, 창고, 세면장에서 수시로 갯강구를 만난다. 그런데 우리 집 뒤란에서 거리로는 7-8미터 떨어져 있고, 고도로는 2-3미터 높이 있는 이웃집에서는 전혀 갯강구를 구경할 수 없다. 바다 끝에서부터인지 해면 위에서부터인지 갯강구가 활동하는 경계의 정확성에 고개를 흔들 뿐이다.

우리 집에는 방부목(防腐木)에 흰 페인트를 칠한 마루베란다와 벽을 편백나무 소재로 마감한 손님방이 있다. 갯강구가 손님방 근처에는 얼씬도 하지 않는다. 방부목에 남아 있는 화학소재 때문인지, 흰 색깔 때문인지, 편백향 때문인지, 아니면 습도나 온도가 맞지 않아서인지 나는 모른다. 내가 아는 것이라고는 사람은 느낄 수 없는 아주 미세한 조건과 상황 때문에 마루 베란다와 편백나무 내장의 거실을 갯강구가 싫어한다는 것뿐이다.

타일이 깔린 현관이나 세면장, 시멘트 바닥의 창고, 그리고 모노륨 방바닥으로는 어느 틈새를 통해서든지 들어온다. 방안으로 들어온 갯강구는 인기척이 있으면 귀퉁이나 틈새로 쉬 숨어 들어가지만, 성질이 급해서인지 2-3분만 느긋이 기다리고 있으면 다시 슬금슬금 밝은 데로 나온다. 바퀴벌레에 대한 선입견 때문인지 갯강구가 방에 들어오면 잡아 죽이고 싶어하는 사람들이 많다. 아니면 사람들 본성 속에 숨어 있는 잔인함 때문인지도 모른다. 방안에 들어온 놈을 모기약을 뿌려 잡기도 하지만 파리채나 걸레를 덮어 잡을 수 있다. 그러나 그렇게 엽기적으로 잡아 죽이지 않아도 자고 일어나면 방바닥에 얌전하게 죽어있는 갯강구를 발견할 수 있다.

먹을 게 없어 굶어 죽은 것인가? 그새 몇 시간을 못 참는단 말인가? 수명이 다해서인가? 그렇다면 왜 동료들의 보살핌 속에서 죽지 않고 하필이면 사람 사는 데 들어와 외롭게 죽는단 말인가? 내가 알기로는, 물론 나의 상식이나 지식으로는 도저히 알 수 없지만, 갯강구에게 익숙치 않은 방안의 온도, 습도, 음향, 냄새, 조명(照明), 공기의 구성 요소와 밀도 등이 갯강구를 죽음으로 이끌었을 것이라고 생각한다. 갯강구가 생존 가능한 조건과 환경의 경계가 예민하게 제한되어 있고, 그 경계 밖으로 한발자국만 나가도 다시 일상으로 돌아올 수 없는 독특한 몸 구조 때문일 것이다. 사람은 느낄 수 없는 미세한 차이도 감지할 수 있는 갯강구의 정교한 시스템에 놀랄 뿐이다.

제한된 환경에서밖에 생존할 수 없고, 미세한 인기척에도 도망갈 수밖에 없는 미물이 대한민국의 어떤 갯가에서나 거침없이 돌아다니는 것을 보면서, 그러면서도 더 늘지도 줄지도 않는 것을 보면서, 더 보태거나 진화가 필요 없는 갯강구의 완벽한 생체구조와 생존전략에 고개를 숙일 뿐이다.

적자생존? 자연도태? 진화론의 이론으로는 갯강구의 생존과 번식을 설명할 수 없다. 긴 시간을 지내면서 환경에 많은 적응을 하긴 했을 것이다. 그렇다고 갯강구가 가지고 있는 고유의 염색체 수가 바뀌어 지지 않았다. 우리가 모를 뿐이지 지구상의 모든 생물처럼 갯강구 역시 다양성과 조화를 위한 기여와 생존의 합목적성을 갖고 창조되지 않았겠는가? 갯강구의 생애를 인간의 상식과 인식으로 이해하지 못한다고 해서 우연히 맹목적적으로 탄생되어 지금까지 적자適者로 생존하고 있다고 말하기에는 너무 무리하는 것 아니겠는가? 누가 그들이 우연한 돌연변이로 나타나서 고등동물로 진화하는 과정의 생물이라고 얘기할 수 있겠는가?

갯강구가 겨울을 나기 위해 떠나는 날이 가까워 온다. 10월 20일부터는 날마다 눈여겨 살펴보면서 그들이 떠나는 날을 확실하게 기록해 둬야겠다. 그래서 내년에는 그들이 정말 달력을 아는지 확인해 볼 참이다.

(11.10.01)

주낙

"아 고기가 어디로 간다요? 금년에 못 잡으면 내년에 잡지라. 요 앞바다 고기는 다 내꺼나 마찬가진디……." 그는 늘 혼자서 바다에 나간다.

연전 우리 섬에 젊은이 하나가 들어왔다. 이웃집 윤 할머니의 둘째아들이다. 젊은이라지만 50세가 넘은 나이다. 우리 섬에서나 젊은이지 뭍에서는 장년인 셈이다. 남매를 두고 있는데 위로 딸은 대학졸업 후 직장에 다니고 아들은 고등학교를 졸업하고 바로 직업군인의 길을 들어섰다. 부인은 뭍에서 아직도 일을 하면서 딸과 함께 지낸다.

부부끼리는 두어 달에 한번씩 서로 오가며 해후를 한다. 그 집 속사정이야 잘 모르지만 추측하건대 섬에서 혼자 사는 82세 된 홀어머니를 뭍에 사는 7남매 자녀들이 걱정하던 중에 둘째 아들이 자녀들도 이제 다 컸으니 자신이 섬에 들어가 어머니 곁에 있겠다고 손을 든 것 같다.

젊은 시절 군복무를 마치고 뭍으로 나가기 전까지 형제들 중에 가장 나중까지 섬에서 부모님을 도와 밭일도 하고 소도 키우고 어장漁場 일을 했던 아들이다. 나이가 들어 도시생활에 피로를 느끼면서 섬에서 보낸 젊은 시절이 그리웠던가 보다. 섬에 들어온 첫 해에는 이웃 섬마을의 새우 잡는 배를 탔다. 다음 해는 허가 없는 작은 배를 구해서 혼자 주낙도 하고 그물도 놓으면서 고기를 잡아 팔았다. 그리고 금년, 정식으로 선박 검사를 신청해 배를 등록하여 어업허가를 받고 어구漁具도 정비해서 어업을 본업으로 하게 되었다. 지난 해 겨울 들여온 송아지 두 마리를 어미 소로 키우고, 흑염소 댓 마리를 돌보는 것은 부업이다.

대개 춘분이 지나면서 시작하는 주낙은 소설小雪 즈음에 끝낸다. 주낙은 줄낚시의 줄임말일 것이다. 봄철에는 그물을 내려 게를 잡고 여름엔 미역을 매기도 한다. 그러나 주업은 주낙이다. 잡히는 고기는 우럭과 장어다. 볼락이라고 부르는 노래미도 제법 잡히지만 그걸 찾는 사람은 별로 없다. 종종 간제미와 농어, 그리고 제사상에 오르는 장대가 걸리기도 한다. 우럭과 장어는 금년부터 킬로그램당 만이천원을 받는다. 깨끗하게 갈무리해서 팔 때는 이천원 씩 더 받는다. 장어를 깔끔하게 갈무리하는 데는 여간 기술이 필요한 것이 아니다.

헝클어진 낚시줄을 고르는 윤 할머니 둘째 아들

지난 봄철에는 꽃게를 잡아 킬로 당 만원을 받았단다. 이제 금년 한해 주낙 철도 얼마 남지 않았다. 다음 사리 전에 서 너 차례 더 나갈 거란다.

"고기 잡아달라고 부탁을 많이 받았다면서요?"

"예, 그지만 언제까지 잡아서 보내주겠다는 얘기는 안 했지라."

"그래도 철 지나기 전에 잡아야지요."

"아 고기가 어디로 간다요? 금년에 못 잡으면 내년에 잡지라. 요 앞바다 고기는 다 내거나 마찬가진디…"

그는 늘 혼자서 바다에 나간다. 엉킨 낚싯줄을 고르는 것도, 잇감('미끼'의 현지어)을 끼는 것도 혼자서 다 한다. 주낙은 잇감을 낀 줄낚시를 바다에 던져놓았다가 두어 시간 후에 걷어 올리는 것이다. 한 바구니('고리'라고 부른다)의 원줄은 배의 크기에 따라 200~300미터 길이이다. 그리고 그 원줄에는 대략 2미터에 한 개씩 50~60센티 정도 길이로 '세미'라고 부르는 낚싯줄이 달려 있다. 한 고리에 평균 100~120개의 낚시가 줄줄이 달려 있는 셈이다. 주낙 낚시의 잇감으로는 오징어를 제일로 쳐주지만 값이 비싸 고등어나 꽁치 또는 전어를 쓴다. 큰 배에서는 한번 나갈 때 100고리 이상을 가지고 나가지만 혼자 작업을 하는 그 친구는 보통 다섯 고리를 가지고 나간다.

주낙 작업은 조금날을 중심으로 보통 3, 4일 전에 시작하여 3, 4일 후까지 한다. 간조(가세)나 만조(찬바지)로부터 두어 시간 전에 낚싯줄을 던져놓았다가 간조나 만조 시간에 맞춰 걷어올린다. 낚싯줄을 걷어올릴 때는 낚싯줄을 따라가면서 걸려 있는 고기를 잡아 떼어내기도 하고 허탕친 낚시 바늘의 잇감도 빼내야 하기 때문에 무척 바쁘다. 그래서 걷어올린 낚싯줄을 그냥 바구니에 담아온다. 그때 낚시 바늘이 서로 엉키면서 헝클어진다. 주낙 일 중 가장 힘든 것이 바로 헝클어진 낚싯줄을 추슬러 골라내고 떨어진 바늘을 다시 매 주는 작업이다. 한 고리를 고르는 데 대개 한 시간이 걸린다.

큰 주낙배를 가지고 있는 사람들은 모두 엉킨 낚싯줄만 고르는 사람을 전용으로 두고 있다. 도초면 선착장에는 하루에 서른 고리까지 고르는 아주머니도 있다. 주낙 바구니 한 고리를 고르는 데 3천 원의 임금을 받는단다. 우리 마을 친구는 혼자서 한다. 혼자 서너 시간 동안 한 자리에 앉아 낚시 바늘을 고른다. 혼자 노래를 흥얼거리기도 하고 라디오를 켜 놓고 하기도 한다.

고기 잡는 모든 작업을 혼자 하지만 잡아 온 고기를 저울에 달아 팔 때는 노인 어머니가 곁에서 눈금을 확인하고 고기값 받는 것을 거든다. 어른 팔뚝만큼 굵은 장어를 잡으면 팔지 않고 죽을 쑤어 동네 사람들과 나눠 먹고, 솥뚜껑 만한 광어가 올라오는 날은 동네 사람들을 모두 선착장으로 초대한다. 팔팔한 놈을 그대로 썰어 먹는다. 섬에서는 생선회 만드는 것을 그냥 썬다고 한다.

가끔 "조금 더 드리시오.", "이만 허믄 충분하다." 하면서 나이 든 어머니와 다툼 하는 것을 제외하고는 큰 소리하는 일이 없다. 그의 모습은 늘 편하고 여유롭다. 그에게는 급한 것이 없다. 분주하게 살지 않는다. 가족을 만나러 나가거나 아들이 휴가 오는 경우에나 평소보다 조금 일찍 일어나 어구를 챙기며 바닷바람을 가늠하는 정도다. 그 친구를 볼 때마다 나는 10년 전 들었던 이야기가 생각난다.

* * *

아직 해가 중천인데 중년의 어부가 어구를 정비해 놓고 선착장 그늘에 앉아 쉬고 있다. 그 앞을 지나가던 노신사가 얼굴을 찡그리며 물었다.

“젊은이는 해 떨어지려면 아직 멀었는데 고기 안 잡고 뭐하고 있소?”

“오늘 잡을 고기는 다 잡았는데요”

“그래도 시간이 남았는데 훤할 때 고기를 더 잡아야지”

“더 잡아서 뭐하게요?”

“그걸 말이라고 하나. 고기를 잡아서 팔아 돈을 더 많이 벌어야지”

“돈을 더 벌어서 뭐하게요?”

“더 벌어서 배를 더 큰 걸 사고 나 같이 많은 선원들을 부려서 고기를 잡으면 큰 부자가 될 수 있잖은가?”

“큰 부자가 되어서 뭘 하게요?”

“그래서 늙으면 편안하게 쉬어야지”

“노인 어르신, 지금 제가 뭘 하고 있는 것 같습니까?”

* * *

오늘도 출렁거리는 바다 때문에 주낙을 나가지 못하는 그 친구를 보니 내 마음이 오히려 급해진다.

“파도 때문에 오늘도 못 나가겠네.”

“그러면 내일 나가지요. 바다가 마르면 모를까 고기가 어디 가겠어요?”

그 친구의 얘기를 들으면서 내 마음 속에 부끄러움이 차오른다. 우리 섬에 오면, 언제라도 그 친구를 볼 수 있다. 봄부터 늦가을 기간에 찾아온다면 그 친구가 잡은 생선을 썰어 줄 수도 있다. (11.11.15)

누리장나무

그럴 때 집 뒤로 돌아가서 향나무가 심어진 곳을 찾아가 "어흠! 어흠!" 하며 두어 번 헛기침을 했을 갓 쓴 양반의 모습을 그려본다.

100년 전 일이다.

일본 사람들이 우리나라에 와서 보니 일본에서는 정원수로 값비싸게 쳐 주는 향나무를 우리나라 양반 집에서는 뒷간을 가리는 데 쓰고 있더란다. 무식한 조선 사람들이 나무의 값어치를 모르고 천대한다고 했을 것이다. 일본인 덕분에 그때부터 향나무가 뒤란에서 옮겨져 정원수 대접을 받기 시작했다.

향나무는 우리가 잘 알다시피 향긋한 냄새를 풍기는 늘푸른 바늘잎나무다. 함경도 근처를 제외하고는 우리나라 거의 모든 곳에서 볼 수 있다. 나무줄기는 향 재료로 사용한다. 어린 시절, 제사 때마다 어른들이 마른 향나무를 연필처럼 깎아서 그 부스러기를 향으로 피우던 생각이 난다. 재목을 조각목이나 고급 가구 재료로 사용하기도 한다. 목재가 단단하고 벌레가 먹지 않고, 칠을 할 필요가 없이 색감이 진하고 향기로우니 비싸게 팔리는 것은 당연하다.

그렇게 귀한 나무를 왜 우리네 양반들은 뒷간 근처에 심었을까? 향기 때문이었을 것이다. 뒷간을 드나들면서 풍겨오는 점잖지 못한 냄새를 향나무 향기로 카무플라주하기 위해서였다. 또 하나는 향나무가 사철나무였기 때문이다. 사시사철 푸른 잎이 무성했으니 뒷간 채를 가리기에 적합했지 않겠는가?

점잖은 양반 체면에 손님으로 간 집에서 집 주인이나 하인들에게 뒷간이 어디냐고 묻는 것이 거북했을 경우, 지금처럼 화장실 표지판을 찾아 두리번거릴 필요도 없이 향긋한 향나무 냄새를 맡거나 푸른 사철나무 서너 그루 자라고 있는 곳을 찾아가면 되지 않았겠는가. 그럴 때 집 뒤로 돌아가서 향나무가 심어진 곳을 찾아가 "어흠! 어흠!" 하며 두어 번 헛기침을 했을 갓 쓴 양반의 모습을 그려본다. 그러나 이제는 그런 향나무와 뒷간의 그림을 그릴 수 없다. 뒷간은 사라져버리고 향나무는 정원으로 자리를 옮겨버렸기 때문이다.

또 하나, 뒷간을 멋스럽게 하는 나무가 있다. 누리장나무다. 남한 전역에 자생하는 키가 2-3미터까지 자라는 활엽소교목이다. 남쪽, 특히 전라도 해안과 도서지방 섬마을에서 흔히 볼 수 있는 나무다. 늦여름에 아주 예쁘고 독특한 꽃이 피고 가을에는 꽃받침에 보석처럼 예쁜 씨앗을 맺는다. 브로치나 귀걸이 모양의 열매다. 그런데 예쁜 꽃과 열매와는 달리 나무 전체에서 고약한 누린내가 난다. 그래서 나무 이름도 누리장나무다. 내가 사는 섬마을에서는 누룽나무라고 부른다. 이 나무는 냄새 때문에 정원 근처에는 갈 수 없다. 야산에서 저절로 자란다. 언제부터인지 모르지만 이곳 섬 지방에서는 뒷간을 지키는 나무로 애용되고 있다. 특별히 구할 필요도 없다. 야산이나 밭의 경계에서 저절로 자라는 누리장나무를 한 그루 캐어다가 뒷간 입구에 심는 것이다. 사철나무는 아니지만 봄부터 가을까지 잎이 무성하고 꽃과 열매는 눈으로 보기에도 풍성하고 탐스럽다. 그러나 그래서 뒷간을 지키는 나무가 된 것은 아니다. 바로 독특한 냄새 때문이다. 누리장나무 곁에 오면 그 냄새 때문에 뒷간에 볼일 보러 온 착각에 빠지기도 한다. 뒷간 근처에 서서 볼일 보러 온 사람을 반기는 나무다. 그러면서 먼저 냄새를 풍김으로 배설의 욕구를 증진시키는지도 모른다. 이 나무의 효과는 뒷간에서 나는 냄새와 흡사한 나무의 냄새를 서로 혼화하고 중화시켜서 그것이 똥냄새인지 나무의 독특한 향?인지 모르게 만드는 것이다. 고약한 냄새를 비슷한 자연의 냄새로 버무려 거슬림을 덜어주는 선조들의 은근한 지혜를 엿볼 수 있는 나무다.

누리장나무 꽃

늦여름, 뒷간 앞에서 예쁜 꽃을 피우고 있는 누리장나무를 보면 뒷간이 세워질 때부터 원래 그 자리에 자라왔던 것 같은 느낌이 든다. 서로 짝이 잘 맞는 한 쌍의 그림이다. 누리장나무에 비하면 향나무와 뒷간의 그림은 효과를 극대화시키기 위해 조금은 의도적으로 짝을 맞춘 느낌이다. 누리장나무가 자연스런 시골 풍경화라면 향나무는 도시에 잘 꾸며진 공원의 느낌을 준다. 그러나 이제는 시골이나 도시를 불문하고 뒷간이 없어졌으니 나무가 주는 풍경을 감상할 수도 없다.

몇 명 살지 않는 이 섬에서 우리 부부는 청년으로 살고 있다. 아내는 동네에서 알아주는 TV 고치는 기술자다. 각종 고지서와 세금 계산서가 오면 제일 먼저 아내에게 보여준다. 우체국이나 농협 또는 면사무소에 전화할 일이 있으면 먼저 아내를 찾아온다. 뭍으로 나가는 화물과 자녀들에게 보내는 택배 상자에 주소를 쓰는 것도 아내 몫이다. 보일러나 펌프 수리는 내 몫이다. 40킬로가 넘는 가스통을 운반하거나 도서민의 정주(定住) 지원 대책으로 군에서 무상으로 배급하는 쌀부대를 옮기는 일, 미끄러운 선착장에서 물건을 들어주거나 손을 잡아 주는 것도 내 일이다.

우리 부부의 수고에 동네 노인들이 고마워하면서 한 마디씩 하신다.

"젊은 부부가 없었으면 애 먹을 뻔했어."

섬에 들어와 우리 부부는 젊은 부부가 되어버렸다. 노인들이 우리 부부를 젊게 인정해주니 우리 자신도 젊다고 생각한다. 젊은이와 노인은 나이가 갈라놓는 것이 아니다. 상대적인 개념일 뿐이다.

이 시대에 많은 사람들이 젊어지기 위해 운동을 하고 처진 배를 집어넣고 주름살을 제거하고 피부 마사지를 받는다. 나는 그런 사람을 보면 뒷간을 가리고 있는 향나무가 생각난다. 그런가하면 노인들 속에서 청년으로 사는 조금 덜 늙은 사람을 보면 누리장나무가 생각난다.

누리장나무의 꽃이 떨어지고 열매를 맺는 계절이다. 뒷간 나무가 주는 예쁜 추억 한 편이 우리 부부를 젊게 해준다.

(10.10.15)

흰 꽃 향의 신비

꽃은 아름다운 형태와 화려한 색깔로 바라볼 수도 있고, 그 꽃이 내 뿜는 향기로도 감상할 수 있다. 나보고 선택하라면 모양이나 색깔보다는 향기 좋은 꽃을 택하겠다.

1년 열 두 달을 4계절로 나눌 때 각 계절은 석 달씩이다. 봄은 3월부터 5월까지, 여름은 6월부터 8월, 가을은 9월부터 11월, 겨울은 12월부터 이듬해 2월까지를 말한다. 나는 어릴 때부터 이것이 계절의 공식이고 자연 법칙인 줄 알았다. 나이가 들면서 위도緯度상 온대지방에만 4계절이 있음과, 우리나라와 같이 각 계절이 거의 같은 기간인 3개월씩 나눠어 있는 나라는 지구상에 극히 드물다는 것을 알게 되었다.

다른 나라를 여행하면서부터는 우리나라가 살기 좋은 나라이고, 자연의 축복을 받았다는 것이 바로 4계절이 분명하다는 뜻으로 나름 해석하기도 했다. 그래서 2월 말부터 3월 초에 걸쳐 강추위가 계속되더라도, 3월로 들어서면 꽃샘추위라고 하면서 2월 추위와 구분한다. 11월 하순에는 얼음이 얼기 시작하고 한 겨울과 맞먹는 북풍이 불어와도 애써 바바리코트를 고집하고 겨울부츠는 신지 않는다. 12월이 오기까지는 가을의 끝을 붙들고 놓치고 싶지 않다는 뜻일 것이다.

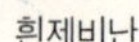

흰제비난

꽃향기가 진한 분꽃나무 꽃

어수리

근래에 이상 기후로 여름이 길어지고 봄, 가을이 짧아지면서 열대지방처럼 우리나라도 한해를 4계절이 아닌 우기와 건기로 나눠야 하지 않느냐? 하며 우려하는 사람도 있지만, 나처럼 4계절 의식이 굳어버린 사람은 3월 들어 내의를 벗으면서 봄을 시작한다.

나에게는 3월 1일이 봄의 시작일이다. 날씨에 관계없이 말이다. 눈이 녹지 않고 기온이 아직 영하의 날씨래도 상관없다. 3월로 달력 장을 넘기면서 5월 말까지 봄에 해야 할 일로 마음이 먼저 분주해진다.

도대체 봄 계절이 뭐가 특별해서 마음이 먼저 바빠지는가? 꽃이 피는 계절이기 때문이다. 봄의 상징은 누가 뭐래도 꽃이다. 꽃이 피지 않는 봄이라면 3월의 달력 장을 몇 차례 넘겨도 봄이라고 할 수 없다. 내가 사는 남쪽 섬마을 역시 꽃과 함께 봄이 시작된다. 우리 마을을 대표하는 3월의 꽃은 매화꽃과 심장화라고 하는 천리향, 그리고 비파꽃이다. 이 꽃들의 특징은 다 흰색이고 매혹적인 향기가 있다는 것이다. 분홍색 매화꽃도 있지만 우리 마을에서는 하얀 매화꽃이 훨씬 많다.

비파는 3월 들어서 처음 피는 꽃은 아니다. 겨울이 시작되는 12월 초부터 꽃봉오리가 터지기 시작해 겨우내 꽃을 피운다. 일찍 피고 진 꽃받침에는 3월이 되면 도토리만한 열매가 자라기 시작한다. 사철나무인 비

노린재나무꽃

천리향꽃

인동초

파는 열매, 씨, 이파리 모두 귀한 약재로 사용되는 식물이다. 한 겨울 푸른 잎 속에서 꽃이 만개해 남쪽에서는 정원수로도 사랑을 받는다.

그러나 나에게 비파의 매력은 단연코 꽃향기이다. 비파 꽃 향을 색깔로 표현하자면 새벽 여명의 신비한 진주색 하늘 빛깔이다. 진하지만 천박하게 느껴지는 향이 아니다. 한마디로 신선하다. 살구 씨 냄새가 밴 고급 실크의 촉감이 느껴지는 향이다. 여느 향처럼 취해서 몽롱해지는 것이 아니라 맡을수록 정신이 맑아지고 상쾌해진다.

비파 밭을 지날 때마다 아내는 꽃 한 송이를 꺾어 온다. 유리병에 꽂아 놓으면 일주일은 간다. 방안에서 풍기는 비파 꽃 향이 나를 행복하게 해준다.

천리향은 흔히 볼 수 있는 자주색 꽃이 피는 개량종이 있지만, 우리 마을엔 우이도 섬에서 자생하는 흰색 꽃을 말한다. 겨울이 한창인 1월 중에 하얀 꽃망울이 생겨서 강추위와 눈보라의 시달림을 이겨내고 3월에 들어서야 꽃망울이 벌어진다. 작은 꽃들이 몇 개씩 뭉쳐서 작은 수국 꽃 같이 송이를 이룬다. 천리향이란 이름처럼 꽃 향이 천리를 간다고 할 정도로 진하다. 꽃이 만개한 천리향 한 그루만 있으면 다른 꽃은 생각이 나지 않는다. 천리향 꽃에 코를 바싹 갖다 대면 향기가 너무 진해서 제대로 꽃 향을 맡을 수가 없다. 여럿도 필요 없다. 마당에 한 그루 천리향이 있으면 정원에 꽃 향이 가득해진다. 집을 드나들면서 옷에 향기가 배면 실내도 향긋해진다.

우리 마을 산에 자생하는 천리향의 특징은 화분에 옮겨 심는 것을 무척 싫어하는 성질이 있다. 화분으로 옮겨서 꽃을 피우는 경우가 열에 하나도 못 되고, 화분에서 5년 이상을 제대로 견디는 놈은 거의 없다.

3월 초순, 우이도 숲속에 천리향이 진동할 때이다. 그러나 그 매혹적인 향기 때문에 최근 불법적으로 남획되고, 한 겨울 야생 염소 먹이로 사라져 가는 것이 아쉽다. 90년대 초까지 우이도 섬에 지천으로 자라던 풍란이 멸종되어 지금은 전설이 되어버린 것처럼 야생 천리향도 옛 이야기가 될지 모른다.

매화꽃은 내가 더 이야기할 것도 없다. 우리 선조들이 가장 아끼고 즐기는 사군자 중 하나다. 사군자 중에서도 으뜸으로 친다. 꽃과 향기가 좋을 뿐만 아니라 열매와 씨도 식용이 가능하며 약재로 사용한다. 나무 이름도 둘이다. 꽃과 향기를 이야기할 때는 매화라고 하고 열매를 말할 때는 매실이라고 부른다.

매화 꽃 향은 있는 듯 없는 듯 은은하다. 꽃에 코를 대고 아무리 킁킁거려도 향기를 맡을 수 없다. 매화 꽃밭에 들어서도 그 향기를 맡지 못하는 경우도 있다. 그러다가 은근하게 향기 한 줌이 코 속으로 스며든다. 오래 계속되지도 않는다. 주위를 둘러보면 멀지 않은 곳에 활짝 핀 매화꽃을 발견한다. 왜 우리 선조들이 매화꽃을 으뜸으로 쳐 주었는지 알 것 같다. 눈바람 속에서 피어서만은 아니다. 스스로 드러내지 않는 그 은근함 때문이다.

꽃 향이 진한 것들 중에는 유독 흰색 꽃이 많다. 향이 너무 진해서 역겨움을 느끼게 하는 꽃도 흰 색이다. 백합이나 돈나무 꽃이 그렇다. 내가 사는 섬에서 볼 수 있는 꽃들 중에는 매화, 비파, 천리향 외에도 목련, 돈나무, 백합, 유자, 아카시아, 인동초, 치자가 있다. 모두 향기가 진한 꽃들이다. 그리고 하나같이 꽃 색깔이 흰색이다. 그 중 인동초는 꽃이 시들해지면서 금색으로 바뀌기도 한다.

가장 단순하지만 모든 색깔을 다 받아들일 수 있는 어버이 색, 흰색의 꽃에서 유독 향기가 진하다는 것의 의미가 무엇일까? 사람들의 눈에 띠게 화려하고 풍족하게 살면서 향기가 아름다운 사람으로 산다는 것이 힘들다는 뜻일 것이다. 꽃은 아름다운 형태와 화려한 색깔로 바라볼 수도 있고, 그 꽃이 내뿜는 향기로도 감상할 수 있다. 나보고 선택하라면 모양이나 색깔보다는 향기 좋은 꽃을 택하겠다.

3월에 섬을 찾아오는 분들께 매화와 천리향과 비파 향을 맡게 해주고 싶다.

(11.03.15)

꿈꾸는 4월

바로 그날, 2001년 4월 5일, 우이도를 향해 여명의 바다를 항해하는 순간에 이미 나의 섬 꿈은 이루어진 것이나 다름없었다.

양지바른 언덕에 4월의 햇볕이 가득하다. 풀밭에 주저앉아 먼 바다를 바라보면 졸음이 찾아올 것이고, 눈을 감으면 금세 꿈을 꾸게 될 것이다. 꿈꾸기 좋은 계절이다.

그러고 보면 '꿈'이란 단어처럼 부정과 긍정의 양 극단에서 분명하게 대조를 이루는 동음이의同音異義가 없는 것 같다. 꿈은 일장춘몽一場春夢, 이룰 수 없는 헛되고 허망한 것의 대명사이기도 하지만, 통일의 꿈, 꿈과 용기, 꿈동산, 꿈이 있는 민족, 마틴 루터 킹 목사의 꿈 등을 말하면 모든 적극적인 소망과 이상과 긍정의 대명사가 되기도 한다.

사전은 '꿈'이란 단어를 1)잠을 자면서 무의식 속에서 꾸는 꿈과 2)이루어지기를 바라는 이상, 목표 그리고 3)이루어질 수 없는 허망한 망상, 공상이라고 풀이하고 있다. 이 세 가지 뜻에다 '즐거운 상태나 분위기'(예: 꿈같은 신혼 시절)를 하나 더 보태기도 한다. 좌우지간 방향이 전혀 다른 의미를 갖고 있는 한 단어임에는 분명하다.

그러나 한편 의심이 든다. 수면 중에 일어나는 착각, 환각적 체험이나 성취하고 싶은 이상과 목표 또는 비전(vision), 그리고 마지막으로 허망한 기대나 이룰 수 없는 바람을 꿈이라고 할 때, 정말 전혀 뜻이 다른 단순한 동음同音의 단어일 뿐일까?

100프로 우리말인 '꿈'이란 단어가 서로 극명하게 다른 의미를 가짐에도 불구하고 우리 조상들은 왜 한 단어 속에 두루뭉술하게 그 의미를 혼동해서 사용해 왔을까? 우리 먼 조상들이 정말 그렇게 어리석었을까? 아니면 뜻은 서로 달라 보이지만, 그 안에 뭔가 통하는 것이 있지 않을까? 내 생각엔 단순한 동음이의가 아닌 것 같다. '꿈'의 영어 단어인 드림(dream)을 찾아보면 알 수 있다. 드림 역시 꿈과 같은 여러 가지 의미를 가지고 있다. 꿈이나 드림이나 모두 잠자는 동안 경험하는 현실과 같은 느낌, 앞날에 성취하고 싶은 목표나 이상, 덧없는 바람이나 망상의 뜻을 가지고 있다. 그러고 보면 서로 다른 뜻으로 풀이되지만 뭔가 공통분모가 있다는 생각이 든다. 무의식, 간절한 바람, 성취(도달)되기 어려움, 현실에서 동떨어짐 같은 의미가 꿈(dream)이란 단어의 중심에 흐르고 있다. 그렇다고 해서 자다가 꾼 꿈을 청운의 꿈과 혼동할 필요도 없고, 모든 꿈을 일장춘몽이라며 '꿈 깨!'라고 강요할 수도 없다.

38년을 함께 살아 온 아내에 비해 나는 잠자면서 꿈을 많이 꾸는 편이다. 그리고 잠이 깨어서 꿈의 많은 부분을 기억하기도 한다. 어떨 땐 꿈 내용을 생생하게 기억하면서 숨을 헐떡거리거나 안도의 한숨을 쉴 때도 있다. 생각하면 부끄러운 너절하고 허망한 꿈도 많이 꾸었다.

나의 유년과 청소년 시절은 바람과 환상의 구분이 명확치 않은 시절이었다. 그 시절 대부분의 헐리우드 키드가 그렇지만 나는 좀 심했던 것 같다. 초등학생 때는 무지개 뜨는 날이면 그 무지개가 땅에 닿는 지점을 찾아 들판을 달려간 적도 있었다. 그곳에 보물이 묻혀 있다고 믿었다. 내가 해양대학을 간 숨은 이유 중 하나는 마도로스가 되어 보물섬 같은 무인도를 찾아가 보겠다는 생각이 없었다면 거짓말이다. 그러나 나의 모든 꿈은 잠에서 깨면서 사라지거나 헛된 추억으로 사라지는 그런 꿈만은 아니었다. 실제로 간절히 이루어지기를 바라며 붙들어 결국 성취한 꿈도 있다. 그 중에는 오대양을 항해하는 꿈도 있었고, 영혼이 아름다운 여인을 반려자로 삼고 싶은 꿈도 있었고, 미 대륙과 아프리카 오지를 여행하는 꿈도 있었고, 나이 들면 베란다에 나가 수평선으로 지는 해를 볼 수 있는 바닷가에 사는 꿈도 있었다.

오늘은 그 꿈 이야기 한 토막이다.

10년 전, 2001년 4월 5일 식목일, 그 당시에는 공휴일이었다. 한 해 전, 전남교육청의 '폐교자산 매각공고'를 통해 전라남도에만 이미 250여 개의 문을 닫은 초등학교가 매각 대상으로 나와 있음을 알고 있었다. 그 중 절반은 소재가 뭍이었고, 나머지 절반은 섬에 있던 것으로 기억한다. 그때 이미 농촌과 어촌과 섬에서는 돌이킬 수 없을 정도로 인구가 줄어가고 특히 시골 마을의 초등학교 아이들은 썰물처럼 도시로 빠져나가고 있었다. 섬에 소재한 폐교(대부분 분교) 중 오랫동안 내가 붙들고 기대했던 꿈을 이루어 줄 만한 섬과 폐교가 나타났다. 그래서 그 섬을 직접 답사해보기로 했다. 바로 그날이 2001년 4월 5일이다. 4월 4일 오후 배로 목포에서 출항해 신안군 도초도에 도착했다. 오래 전 어선들과 어부들로 붐비던 어촌의 영화는 사라지고 선착장은 조용하고 차분했다. 주민들도 뜸했고 외지인도 보이지 않았다. 선착장을 벗어나니 수로가 잘 정

하루 1회 섬마을과 목포를 오가는 섬사랑6호

비되어 있는 넓은 들녘과 바닷가로 널려 있는 염전이 인상적이었다. 오랜만에 낯선 곳을 혼자 여행하는 기분이 묘했다. 가슴이 설레고 두렵기까지 했다. 마치 혼자서 처음 해외여행을 떠나는 것 같은 설렘과 두려움으로 전율이 왔다. 아지랑이 피어오르는 도초도의 들판을 바라보는데, 가슴 뿌듯한 흥분이 나로 하여금 깊은 호흡을 하게 했다. 이런 것이 바로 결단, 용기, 도전, 성취의 기분이라는 느낌이 왔다. 염전과 논을 경계로 뻗은 시골길을 걸으며 완연한 남도의 봄기운을 만끽했다. 그날 밤, 선착장에서 가까운 여관에 들어 다음날 새벽에 우이도로 떠나는 배를 타기로 했다. 내가 목표로 하는 섬은 우이도의 새끼 섬인 동소우이도와 죽도였다. 동소우이도에는 사람이 살고 있어서 배가 들어가지만 죽도는 이미 무인도가 되어 있었다. 두 섬에 초등학교 폐교 건물이 각각 하나씩 있었고, 전남 교육청에서는 매년 관리비를 지출하고 있었다. 신안군 도초면 사무소를 통해 우이도 현지에 파견 나와 있는 출장소장과 통화를 하게 되었고 동소우이도를 담당하는 이장을 소개 받았다. 4월 5일 새벽에 도초도에서 우이도로 떠나는 배(신해3호)를 타고 서소우이도에 내리면 이장이 직접 안내해 주겠다는 약속을 받았다. 가슴이 벌렁거려서 밤새 잠을 이루지 못했다. 무섭거나 공포감을 느끼는 것은 아니었지만 두려웠다. 세상 경험을 제법 한 50대 중반의 건장한 사내가, 말이 안 통하는 곳도 아니고 돈이 없는 것도 아니고, 단지 낯선 곳에 처음 가보는 것뿐이었는데, 왜 그렇게 두렵고 겁이 났었는지 지금 생각해 보면 웃음이 난다.

새벽 6시 30분에 떠나는 배가 걱정이 되어 4시부터 일어나서 시간을 재다가 한 시간 전에 선착장으로 나갔다. 선착장은 깜깜했고 고요했다. 신새벽 하늘엔 별들이 초롱초롱했다. 목자와 처녀 별자리가 머리 꼭대기에서 빛나고 있었다. 우이도로 가는 몇 명 관광객과 함께 배에 올랐다. 배는 정시에 출발했다. 여명의 바다를 바라보며 깊은 숨을 계속 들이마셨다. 가슴은 풍선처럼 부풀어 오르고 있었다. 섬을 향한 나의 꿈이 이루어지는 순간이었다. 새벽 바닷길 한 시간 반을 항해해서 서소우이도에 내렸다. 코앞에 동소우이도가 보였다.

이장을 만나고, 작은 보트로 옮겨 타고, 폐교가 있는 섬을 방문하고, 오후 배로 섬을 떠날 때까지 나는 종일 흥분을 주체하지 못했다. 4개월 후, 공매를 통해 폐교를 매입하고 내가 소유자로 기재된 등기부 등본을 받을 수 있었다. 그리고 실제로 내 어릴 적 꿈이었던 수평선이 보이는 베란다는 섬에 들어와 산 지 6년이 지난 후에 완성되었다. 나의 섬 꿈은 이렇게 이루어졌다. 바로 그날, 2001년 4월 5일, 우이도를 향해 여명의 바다를 항해하는 순간에 이미 나의 섬 꿈은 이루어진 것이나 다름없었다. 대부분의 꿈은 물살처럼 바람처럼 흘러가버리는 것이고, 지나가면 흔적을 찾기도 힘든 것이다. 잠 속에서 꾸는 꿈도 그렇고 허황된 망상도 그렇다. 그러나 그런 꿈이라도 계속 붙들고 있다 보면, 그러면서 망상은 흘려보내고 껍데기는 까 버리다 보면 드디어 알맹이 꿈들이 남게 된다. 그 알갱이 씨앗을 결단과 용기와 인내로 품어주면 어느 날 꽃 피는 날을 볼 수 있다.

달력을 보면서, 10년 전 나로 하여금 열병을 앓게 했던 섬 꿈 생각이 났다. 처음 섬에 발을 디딘 날, 10주년을 기념해서 또다시 나의 가슴을 뜨겁게 하는 꿈을 꾸고 싶다.

(11.04.01)

섬_

일상 / 다시 돌아온 탐욕의 계절

다리

이제는 비금, 도초를 따로 구분하지 않는다. 수백 년 동안의 경쟁, 무관심, 시샘, 마음의 거리가 다리가 생기면서 사라졌다. 그것이 다리(bridge)의 진정한 역할이고 의미이다. 사람의 다리(leg)도 원래는 그런 의미를 포함하여 다리라고 부르게 되었을 것이다.

다리는 두 가지 다른 뜻을 가지고 있는 순우리말이다. 하나는 사람을 비롯하여 짐승이나 곤충 또는 새의 몸에 달려서 땅을 디디고, 걷거나 뛰거나 하는 일을 맡는 부분으로 영어로는 leg, 한자로는 족足을 말하고, 또 다른 하나는 개천이나 강의 양 둑 사이에 다닐 수 있게 걸쳐 놓은 것으로 bridge, 즉 교량橋梁을 말한다.

몸의 일부인 다리와 강이나 바다, 또는 계곡으로 벌어진 간격을 연결하는 다리는 무엇이 다르고 무엇이 같은가? 영어에서는 leg 과 bridge가 처음부터 서로 연관이 없는 다른 어원으로 시작되어 오늘에 이르고 있음이 분명하다.

그러나 우리말에서는 두 개의 다리가 같은 어원에서 시작하여 중간에 의미가 갈라졌지만, 아직도 같은 글자를 사용하고 있다. 물론 나처럼 국어학자가 아닌 비전문가의 생각이다.

나는 오래전부터 다리를 건너면서, 그 다리 아래 흐르는 강물이나 바다나 계곡을 내려다 볼 때마다 같은 다리면서 볼품없이 굵고 털이 많은 내 다리를 만져 보곤 한다.

곤충을 포함한 조류, 파충류, 다족류 등 모든 동물의 다리는 걷거나 뛰거나 점프를 하면서 이곳저곳 장소를 옮겨 다니는 역할을 한다. 어류는 다리는 없지만 지느러미가 다리 역할을 한다. 움직이지 않을 때는 땅에 다리를 딛고 몸의 균형을 잡고, 휴식을 취하거나 비상이나 점프를 위한 다음 동작을 준비한다. 주로 날개로 움직이는 새들도 다리가 없으면 이륙이나 착륙이 불가능하고, 또 땅에 다리를 딛고 취하는 휴식 없이 계

도초도와 비금도를 잇는 서남문대교

속 날 수만은 없는 것이다.

다리야말로 식물계와 동물계를 나누는 가장 분명한 외적 특징이다.

이동移動이 동물의 가장 큰 특징이라면 다리가 바로 그 역할을 하기 때문이다. 이동함으로써 먹이를 취하고 자기를 해치는 자를 피하고, 동료들과 놀이를 하며 즐기기도 하고 안정감을 느끼기도 한다. 이동하여 무리를 지음으로 정보를 교환하고 집단에서의 역할을 확인하고 집단의 안전을 유지한다. 이동함으로써 새로운 곳을 찾아가고 더 나은 곳으로 옮겨간다.

인류역사를 보면 인간은 늘 새로운 것을 찾아 끊임없이 이동했다. 아프리카에서 시작된 인류가 유럽과 아시아로, 그리고 바다를 건너 뛰어 아메리카로 호주로 이동하면서 인간의 역사가 진행되어 왔다. 그리하여 새로운 대륙을 발견하고 대륙을 횡단하고 대륙에 정주하면서 문명세계를 건설했다. 이제는 지구를 뛰어넘어 우주를 향하여 탐험을 계속하는 중이다. 이동의 수단인 다리(leg)가 없었다면 불가능했을 것이다.

사람들이 걸어서 건너기 힘든 곳을 연결하는 다리(bridge) 역시 마찬가지다. 인간이 다리를 만듦으로써 이동이 훨씬 신속해지고 편리해졌다. 그러나 다리의 역할은 다리 위로 사람이나 물건이 오가는 것으로 그치지 않는다. 다리가 놓임으로 인해 떨어져 있던 두 지역이, 그 두 지역에 사는 사람들이, 그 사람들의 삶이 하나가 되었다.

1917년 한강 다리가 생기면서 경기도의 변두리 포구였던 영등포와 노량진이 서울의 품안으로 들어왔다. 오늘날 한강의 기적은 한강에 놓인 다리를 말한다. 그 기적이 강남을 서울의 중심으로 만들었다. 다리가 없었다면 김포는 아직도 포구를 가진 어촌 마을로 그대로 있을 것이고, 영종대교가 없다면 인천국제공항 역시 상상하기 힘들다. 다리는 지역과 지역을 연결하고 사람과 물건의 교환이 이루어지는 그 이상의 의미를 가지고 있다. 개울을 건너 이웃마을을 잇는 다리가 없었다면 아직도 두 마을은 서로 잘났다고 뻐기며 경쟁하며 다툴 것이다. 다리로 인해 서로를 방문하게 되고 사람과 정보와 물건이 오가게 되면서 경쟁보다 이해가 더 커지게 되었다. 다리로 인해 서로간의 공통분모가 확장된 것이다. 다리야 말로 나눔, 이해, 소통, 화합, 통일의 상징이며 수단이다.

내가 살고 있는 신안군에는 830여 개의 섬이 있다. 그 중 사람이 사는 섬은 70여 개이고, 그 중심은 면사무소가 있는 13개의 섬과 무안군에서 연결된 지도읍이다. 지난 15년 사이에 놓인 자은도, 암태도, 팔금도, 안좌도를 잇는 세 개의 다리 덕분에 네 개의 섬이 하나로 통합되었다. 목포와 압해도를 잇는 압해대교가 작년에 개통되면서 압해도는 신안군보다는 목포시의 일원이 되어버렸다. 내가 살고 있는 우이도의 면사무소가 있는 도초도와 이웃 섬 비금도를 잇는 서남문대교가 1996년 가을에 개통되었다. 다리로 연결되기 전까지 직선거리로 1킬로 남짓한 거리지만 배를 통해 건너 다녀야 했고, 바람이 불거나 파도가 높을 때는 그나마 다닐 수가 없었다. 코앞에 있는 섬인데도 걸어서는 갈 수 없는 먼 거리였다.

도초에는 없는 병원, 서점, 소방서가 비금에 있는 것을 제외하면 생김새가 조금 다를 뿐 도초나 비금이나 비슷하다. 비금에 있는 교회, 노래방, 주점, 해수욕장이 도초에도 다 있고, 도초에 없는 극장, 목욕탕, 찜질방, PC방은 비금에도 없다.

비금의 특산물을 천일염, 시금치, 쌀, 병어라고 하지만, 포장만 다를 뿐 도초에서도 꼭 같이 생산되는 도초의 특산품이다. 그럼에도 불구하고 오래 전부터 도초 사람들이 비금을 이야기 할 때는 입을 먼저 삐죽거리고, 비금 사람들이 도초 이야기를 할 때는 코웃음을 먼저 띄운다. 비금도 사람은 늘 비금도초라 했고, 도초도 사람들은 반대로 모두 도초비금이라고 했다. 진짜 인물과 착한 사람과 정말 맛있는 것과 경치 좋은 곳은 모두 우리 섬에 있고, 별 볼 일 없는 것과 사기꾼과 고약한 것은 모두 건너편 섬에 있었다. 도초 사람들은 비금 사람들이 너무 영악스럽고 고집이 세다고 '억지 비금'이라고 부른다. 반면에 도초 사람들은 뒷심 없고 물렁하다고 '물개 도초'라고 불린다. 비금 사람들에게 도초는 비금에 비해 면적이 절반밖에 안 되는 작은 섬이고, 비금에서 노력해서 개발한 천일염과 섬초라는 브랜드로 판매하는 시금치 시장을 공짜로 잠식해 먹는 얄미운 이웃인 셈이다. 비금 사람들은 도초를 비금도초로 한 통속에 넣는 것마저 불쾌하게 생각한다.

도초 사람들에게는 도초도에는 없는 비금도의 병원엘 가기 위해 위험하고 불편한 뗏마(큰 배와 육지, 배와 배 사이를 오가며 짐 따위를 나르는 작은 배인 전마선을 의미하는 전라도 사투리)를 기다려 타기보다는 차라리 목포로 나가곤 했다. 뱃길로 5분 거리인 이웃 섬 병원보다 2시간 배를 타고 목포 병원으로 가는 게 마음이 훨씬 편했단다. 눈앞에 보이는 섬을 몇 십 년 동안 바라만 보면서 한 번도 건너가보지 못한 사람도 많았다.

그러다가 1996년 다리가 완공되었다. 이제는 하루에 수백 대의 자동차가 오가고, 그 자동차의 서너 배 되는 사람들이 다리를 건너다닌다. 비금에 있는 병원이지만, 환자의 절반은 도초 주민들이다. 식당, 마트, 카센터, 여관, 관광지 모두 비금, 도초 구분 없이 이용한다. 이제는 비금,

도초를 따로 구분하지 않는다. 수백 년 동안의 경쟁, 무관심, 시샘, 마음의 거리가 다리가 생기면서 사라졌다.

그것이 다리(bridge)의 진정한 역할이고 의미이다. 사람의 다리(leg)도 원래는 그런 의미를 포함하여 다리라고 부르게 되었을 것이다.

비금도와 도초도를 잇는 다리 중간에 '전망 좋은 곳' 이라는 표지가 붙어 있다. 표지 하단에는 영어로 'View Good Place'라고 친절하고 용감(?)하게 쓰여 있다. 다리의 정상부에서 바라보면 다도해로 떠오르는 아침 태양을 바라볼 수 있고, 남지나해 수평선상으로 떨어지는 석양을 바라볼 수 있는 지점을 말한 것이다. 그 다리를 바라볼 때마다 나의 다리도 서로 흉을 보는 이웃과 이웃, 틈이 벌어진 사람들 사이를 바쁘게 오가며 이해와 믿음을 전하고 꿈과 애정을 나누게 하는, 그리고 가끔 한 번 씩은 땅을 딛고 서서 전망이 좋은 사방을 둘러볼 수 있는 그런 다리가 되고 싶다. 그것이 발음과 어원이 같은 다리의 원래 의미 아니겠는가?

(08.08.04)

우리 시대의 나사로

부자는 나사로 곁을 지나면서 눈을 감아버렸거나 이렇게 말했을 것이다. "저 거지 새끼 보기 싫어서 쓰레기통을 보이지 않는 곳으로 옮기던지, 우리가 이사를 가던지 해야지 원!"

초등학교 시절 교회의 문턱을 몇 번 들락거렸다면 성경에 나오는 키 작은 삭개오와 함께 부자와 나사로 이야기도 잘 알 것이다. 요즘 이야기로 바꾼다면 나사로는 거지였고, 부잣집에서 나온 음식 찌꺼기로 연명하다가 영양실조로 일찍 죽은 소년이다. 그러나 죽어 천국에 가서 아브라함의 품에 안겼다.

부자는 좋은 옷을 입고 좋은 차를 타고 날마다 파티를 하면서 인생을 즐기며 살았다. 부자 역시 죽었다. 아직 다섯 명이나 되는 형제들이 살아있는 걸 보면 명대로 살다가 늙어 죽은 것은 아니다. 영양과다나 운동 부족으로 인한 성인병이 원인이거나 심장마비로 죽었을 것이다.

대학생이 되어 성경을 규칙적으로 읽기 시작하면서, 부자와 나사로가 나타나면 꼭 한 번씩 마음에 걸리는 것이 있었다. 아무리 자세히 들여다보고 전후를 살펴보아도 나사로가 천국에 갈만한 일을 한 것을 찾아볼 수 없었다. 개들이 헌 데를 핥을 정도로 나사로의 몸은 지저분했고 상처

투성이였으며, 틀림없이 동작도 둔하고 게을러서 남을 위한 일이나 소위 생산적인 일을 위해 수고한 적도 없을 것이다. 한마디로 짧은 인생을 살면서 착한 일을 하나도 하지 못하고 죽었다. 그런데 천국에 갔다.

반면, 부자는 부모의 유산을 받아서 부자가 되었는지 스스로 자수성가해서 부자가 되었는지는 모르지만, 자기 돈으로 인생을 즐기며 살았다. 부정직하게 돈을 벌거나 뇌물을 받았다는 말은 성경에 없다. 본인은 지옥에 떨어졌지만 아직 세상에 살고 있는 다섯 형제들은 자기처럼 지옥에 오지 않도록 배려하는 것을 보면 형제간 우애도 좋았던 모양이다.

한 가지 걸리는 것이 있다면 부자가 그 많은 돈으로 날마다 파티를 하며 자신의 인생만 즐기며 살았지, 남을 위해 선한 일을 했다는 이야기가 없다는 것이다. 아브라함의 품에 안긴 나사로를 보고, 자기 집 쓰레기통에서 음식물을 주워 먹던 나사로인 것을 알고 이름을 기억하는 것을 보면, 가난한 이웃이 있었다는 것은 세상에 살 때 이미 알고 있었다는 증거다. 성경에는 이 대목에 와서 늘 나사로의 천국행과 부자의 지옥행에 대한 이유와 설명이 명확한 답으로 나오지 않았다.

나이가 조금 더 든 후에 천국은 선한 일을 해서 가는 곳이 아님을 알게 되었다. 지옥 역시 악한 일을 해서 가는 곳이 아님도 알게 되었다. 부자가 지옥에 떨어진 것은, 영양실조에 걸린 거지 나사로가 개들과 함께 자기 집 쓰레기통 뒤지는 것을 보면서 운전수나 비서에게 이렇게 말하지 않았기 때문이다.

"쟤가 나사로 아니야? 오늘 중으로 쌀이라도 한 말 집으로 갖다 줘. 그리고 뭐 도와줄게 있는가 살펴보고. 저렇게 가난한 아이가 이웃으로 사는 게 참 마음이 아프구먼." 그 대신 그 부자는 나사로 곁을 지나면서 눈을 감아버렸거나 이렇게 말했을 것이다. "저 거지 새끼 보기 싫어서 쓰레기통을 보이지 않는 곳으로 옮기던지, 우리가 이사를 가던지 해야지 원!"

오늘날도 슬럼가라고 하는 빈민촌이 있다. 빈민촌을 사전에서 찾아보니 주로 도시에서 가난한 사람들이 모여 사는 마을이라고 정의되어 있다. 거기다가 비위생적인 환경을 보태는 학자도 있다. 인구가 밀집된 제3세계의 대도시는 모두 슬럼가를 끼고 있다. 멕시코시티, 카라카스(베네수엘라), 보고타(콜롬비아), 카이로(이집트), 카라치(파키스탄), 라고스(나이지리아), 요하네스버그와 케이프타운(남아공), 나이로비(케냐), 뭄바이(인도) 등 대부분 인구가 1500만 명 이상 되는 대도시는 하나같이 슬럼가와 함께하고 있다. 도시의 번창과 비례해서 슬럼가도 확장되어 가고 있다. 번쩍거리는 대도시는 풍족한 도시인과 슬럼가의 빈민이 함께 만드는 합동 작품인 셈이다.

그리고 또 하나 특징은 모든 도시 인근의 슬럼가는 쓰레기장과 함께 있다는 것이다. 쓰레기장이 그들의 사업장이고 생활 터전이다. 가난한 사람들이 쓰레기장으로 모여드는 것은 부자들이 접근하지 않고 간섭하지도 않기 때문이기도 하지만, 부자들이 버리는 것 중에는 충분히 쓸 만한 것, 먹을 수 있는 것이 많기 때문이다. 부자들의 낭비 덕분에 슬럼가가 유지되고 발전하는 셈이다.

『탐욕의 시대』를 쓴 사회학자 장 지글러가 브라질의 수도 브라질리아의 리슈(쓰레기 하치장)에 가서 본 풍경이다. 뚜껑 없는 하수도와 굶주린 개들, 영양실조에 걸린 아이들이 제멋대로 뒤엉켜 커다란 덩어리를 이룬다. 엄마의 품에 안긴 젖먹이들의 눈과 입, 코에는 보랏빛의 파리들이 들러붙어서 윙윙 소리를 낸다. 곳곳에 배설물이 널려 있다. 파리 떼들은 배설물과 젖먹이들의 코 사이를 부지런히 왕복한다.

나는 악취 때문에 숨이 멎는 것 같았다. 쓰레기장을 감독하는 관리의 거만한 표정과 쓰레기 줍는 자들에게 보내는 경멸적인 눈초리 앞에서는 얼굴을 돌리고 싶었다. 고양이만큼 몸집이 큰 쥐들이 역한 냄새가 나는 사람들의 다리 사이를 아무렇지도 않게 돌아다니고 있었다. 심한 악취를 풍기는 플라스틱 양동이 속에는 밀가루, 쌀, 말라비틀어진 채소, 고기 조각, 생선 대가리, 뼈 등이 제멋대로 섞여 있었다. 작업반장에게 양동이 속의 내용물이 어디로 가느냐고 물었다.

"돼지 먹이용"이라고 힘없이 대답했다. "나는 관광객이 아니오. 유엔식량조사관이오. 그러니 여기서 무슨 일이 벌어지는지 반드시 알아야겠소." 하면서 그의 손에 10레알짜리 지폐를 쥐어줬다. 그때서야 변명이라도 하듯 우물쭈물하면서 입을 열었다. "우리나라 아이들은 배를 곯고 있습니다. 아시겠어요?" 이곳 쓰레기장 아이들의 이름이 나사로가 아니라고 누가 말할 수 있겠는가?

절대빈곤층은 하루 1달러 이하로 살아가는 사람들을 말한다. 현재 지구상의 인구 67억 명중 30%에 달하는 20억 명이 절대빈곤층에 속한다. 지난 10년 동안 1억 명이 늘었다. 절대빈곤층에 속하는 사람들 대부분은 영양실조와 영양소 결핍에 빠져 있다. 특히 어린이들의 영양실조와 영양소결핍은 치명적인 문제가 된다.

어린이들의 기아와 영양실조는 어느 날 또는 잠시 동안의 굶주림이 아니다. 죽는 날까지 그 후유증이 지속되는 악성 질병의 원인이 된다. 가난한 나라 사람들의 특징인 빈혈, 실명, 구루병, 각기병, 정신장애, 출산중 사망, 신생아 사망 등이 영양소 결핍으로 인한 질병들이다. 영양 결핍으로 인한 사망자와 불구자는 온갖 노력에도 불구하고 해마다 그 숫자가 늘어간다.

그게 나하고 무슨 상관인가? 우리도 경제 불황으로 죽게 생겼는데, 우리나라에도 결식아동이 많은데 어떻게 다른 나라까지 도와줄 수 있느냐? 이렇게 주장하는 분들께는 할 말이 없다. 우리나라는 하루 평균 50달러 이상으로 살아가는 나라다. 하루 1달러 미만으로 살아가는 절대 빈곤층 앞에서 어떻게 눈을 돌릴 수 있겠는가? 민망하고 곤혹스럽고 부끄럽지 않은가?

우리나라는 체중미달보다는 과체중으로 인한 질병이 훨씬 많은 나라다. 영양결핍보다는 비만이 훨씬 더 사회적 문제가 되는 나라다. 우리보다 더 잘 사는 나라를 쳐다볼 필요도 없다. 나사로를 이웃으로 둔 그 부자도 남들만큼은 자선을 베풀며 살았을 것이다.

식량의 절대량 부족이라는 말도 맞지 않다. 과체중과 비만이 없는 인도 국민과 같이만 먹는다면, 지금 생산되는 식량으로 100억 명이 먹을 수 있다고 전문가들은 주장한다. 문제는 나눔이다. 가난은 나눔이 아니고는 해결할 수 없는 숙제다.

아프리카의 자연환경과 생태계 보존에 인생을 걸겠다고 남아공 국립공원 실습장으로 떠났던 작은 아들이 지난 3월 잠깐 귀국했다가 갑작스럽게 월드비전에 입사했다. 유엔을 제외하고 세계 최대의 민간 구호기관인 월드비전에서 아프리카의 자연과 환경 대신 굶주리는 사람들을 위해서 일하게 되었다. 이제부터 아들은 나눔으로 인한 갈등에서 벗어나기 힘들 것이다. 직장에서 아들이 날마다 만날 나사로들을 생각하면서 이 글을 쓴다.

(09.05.07)

바실옥으로의 초대

바실옥 현판

오래 전, 내 가슴이 말랑말랑할 때부터 바닷가 해변 언덕에 베란다와 큰 통유리 창이 있는 집을 꿈꿔왔다. 해질 무렵 찻잔을 들고 베란다로 나가 수평선상에 펼쳐지는 황혼을 바라보고……

8년 전, 지금 사는 집을 신안교육청으로부터 구입할 때 교실 한 칸, 관사 한 채, 그리고 창고로 쓰이는 폐 관사가 한 채였다. 교실을 개조해서 섬사랑학교 간판을 달고 관사에는 우리 부부가 거주해 왔다.

섬사랑학교는 기도와 명상, 휴식과 회복이 필요한 사람을 위한 공간으로 사용하고 있다. 금년 봄, 옛 분교의 창고로 사용하던 폐 관사를 헐고 새로 집을 지어 '바실옥屋'이라 이름 지었다. 오래 전, 내 가슴이 말랑말랑할 때부터 바닷가 해변 언덕에 베란다와 큰 통유리 창이 있는 집을 꿈꿔왔다. 해질 무렵 찻잔을 들고 베란다로 나가 수평선상에 펼쳐지는 황혼을 바라보고, 철석거리는 파도 소리를 들으며 잠을 이루고, 새벽 갈매기 우는 소리를 들으며 잠을 깰 수 있는 그런 집을 갖고 싶었다. 오래된 그 꿈이 소원이 되었고 믿음으로 바라는 기도가 되었다. 그리하여 믿음은 바라는 것들의 실상이라는 성경 말씀처럼 나의 꿈과 소원과 믿음이 실상으로 나타났다. 그래서 바실옥이라 이름 지었다.

바실옥이 완공되기까지 적지 않은 예산과 뭍으로부터 들여온 자재와 기술자가 투여되었지만, 내 자신의 수고와 노력 또한 무시할 수 없을 만큼 들어갔다.

첫째는 다도해해상국립공원지역 내에서 정식으로 건축허가를 받아 주택을 짓는 일이 쉬운 일이 아니었다. 준공검사가 완료되기까지는 아직도 한두 개 서류가 더 필요하다. 실제로 건축과정에서나 섬 생활의 안전에는 아무런 필요가 없는 형식적인 서류들이다. 그래서 더 힘들었다.

다음은 뭍에서 들여오는 포클레인, 레미콘, 자재 운반 트럭의 물색과 일정 조정, 내·외부 공사를 위한 기술자들이 들고 나는 배편, 숙식, 풍랑주의보로 인한 일정차질 등 문제점들이 많았다. 주민들이 섬에서 떠나는 이유를 집을 지으면서 확인할 수 있었다.

다음은 크게 어려운 문제는 아니었지만 상수도와 오·배수 파이프 시스템, 화장실과 세면장 설비, 방수 시멘트 작업, 전기 공사, 침실과 마루의 니스 칠을 아내의 도움을 받아 하면서 겪은 나의 시행착오도 보태져야 할 것이다.

나의 지난 7년 동안의 섬 생활은 스스로 충분히 만족스런 생활이었다. 처음 섬에 들어와서는 정년을 기다리지 못하고 일찍 들어온 것에 대한 아쉬움이 없지 않았지만, 이제는 대부분 은퇴한 친구들을 보면서 은퇴 선배로서 경륜과 위치를 자랑한다. 맑은 공기, 수평선상에서 시작되는 그림 같은 여명과 황혼의 풍경, 초록 숲이 주는 선선함과 풍성함, 자연과 계절의 바뀜을 통해 느끼는 창조주의 숨결, 무공해의 싱싱한 먹거리 등, 어느 하나 값으로 칠 수 없는 귀중한 축복이다.

그런데 시간이 지나면서 내가 간과했던 한 가지 아쉬운 것이 드러났다. 이 좋은 것들을 함께 나누며 땀 흘리고 감사하며 영혼과 감성을 더욱 깊고 풍성하게 할 친구가 그리운 것이다. 아내가 곁에 있어서 친구 역할의 90프로는 감당해 주지만 나머지 10프로의 갈증이 종종 나를 숨막히게 하곤 한다. 그래서 결심하고 지은 것이 바실옥이다. 바실옥의 용도는 이렇다. 물론 지금까지 섬사랑학교와 같이 바실옥도 기도와 명상이 필요하고 또 휴식을 통해 재충전하여 몸과 마음과 영혼의 에너지를 회복하기를 원하는 모든 사람에게 문을 열어 놓겠다. 그러나 바실옥은 특별한 경우를 제외하고는 최소 한 달 이상 오래 머물 사람들에게 우선 제공하려고 한다. 3개월, 6개월, 1년 기한으로 머문다면 더욱 좋은 조건을 제시할 것이다. 그래야 제대로 된 섬 생활을 체험할 수 있고, 섬 생활 속에서 얻는 축복을 함께 나누며 나도 아쉬운 것을 보충할 수 있지 않겠는가?

바실옥은 거실과 침실로 나뉘어 있다. 부엌은 트여 있어 거실의 일부다. 미국식으로 한다면 온전한 one bed apartment다. 부부끼리는 충분히 넓게 사용할 수 있고, 단순한 것을 좋아하는 사람이라면 한 가족이 살 수 있는 공간이다. 바실옥을 짓는 동안에 동네 사람들이 이제 몇 년 지나면 동네 사람들이 다 죽고 사라질 텐데, 이렇게 돈 들이고 수고해서 새 집을 짓느냐며 혀를 찼다. 내 생각은 정반대였다. 집을 새로 지음으로써 사람들이 섬으로 들어오게 하겠다는 것이었다.

섬을 방문한 사람들 중 몇몇은 하루 이틀 만에 섬 생활에 혹 해서 빈 집을 좀 알아봐 달라고 부탁하는 친구도 있었다. 우선 그런 친구들에게 연락해서 섬 생활을 한 달 또는 두 달 경험해 보지 않겠냐고 초대할 것이다. 그러면서 함께 낚시도 하고, 갈매기 똥이 굳어 바위가 된 무인도도 탐험하고, 독사가 스르륵 지나는 숲길을 걷기도 하고, 그리고 저녁놀과 밤하늘과 새벽안개와 갯바위를 부수는 풍랑을 보면서 뭍에서는 한 번도 나눠보지 못한 이야기를 할 것이다. 시간과 공간의 한계 너머를 이야기하고, 탐욕의 부질없음을 이야기하고, 함께 커피를 들면서는 지혜와 사랑과 하나님의 섭리에 대해서도 이야기를 나눌 것이다.

그런 사람에게 나는 바실옥을 우선적으로 제공하고 싶다. 지금까지 '그 섬에서' 연재 글을 읽어주신 독자들이 바로 그 대상이다. 연재 글이 아닌 바실옥에서 나와 함께 차를 들면서 그 섬에서의 이야기를 계속 만들어 가고 싶다.

(09.06.09)

장마철 소회

그러나 인생을 유쾌하게 하고 기쁘게 하는 많은 이야기들은 예정에 없었던 사건이 원인이 된다. 모든 위대한 작품의 시작은 예상하지 못했던 사건으로부터 시작한다.

장마철이다. 짜증나는 계절이다.

날씨는 후텁지근하고 몸은 땀에 젖어 있고 업무는 제대로 진척되지 않고 마음은 멀리 바닷가에 가 있다. 평소답지 않게 유머에도 웃음이 나오지 않고 기분은 착 가라앉는다. 좋은 일이라고는 하나도 없고 아픈 것 같지는 않은데 몸은 무겁고 밥맛도 없다. 갑자기 일상이 예정과 기대와는 정반대로 전개되는 느낌이다. 이럴 때의 느낌을 한마디로 짜증이라고 한다. 짜증난다는 말은 신경질 난다. 답답하다. 막막하다. 어떻게 할 줄 모른다. 참기 힘들다는 뜻을 포함하는 아주 부정적인 말이다. 대개는 예고 없이, 갑자기 계획이 취소되거나 바뀌어질 때, 또는 예정에 없던 돌발 상황이 발생했을 때 그런 기분이 느껴진다. 대부분은 천재지변으로 인해 그런 경우가 생기지만, 사람들의 실수나 사고 때문에 그런 경우도 많다.

비행기를 많이 타는 사람들은 안개나 폭우로 예정된 비행기가 뜨지 못하거나 예약담당자의 실수로 비행기를 타지 못한 경우를 더러 경험해

봤을 것이다. 제때 비행기를 타지 못해 당황하며 짜증내는 사람들의 표정을 나는 공항에서 많이 봤다.

그러나 인생을 유쾌하게 하고 기쁘게 하는 많은 이야기들은 예정에 없었던 사건이 원인이 된다. 모든 위대한 작품의 시작은 예상하지 못했던 사건으로부터 시작한다. 기대하지 않았던 엉뚱한 한 마디가 유머가 되고 개그가 된다. 걸작이라고 부르는 작품을 살펴보면 기대하지 않거나 우려했던 사건을 최선을 다해 처리하고 마무리하는 과정을 그린 것이 거의 대부분이다. 우리가 듣는 신앙 간증의 대부분은 "어느 날 갑작스럽게"로 시작되는 모험 이야기 들이다.

우리를 신나게 하는 하루는, 평소처럼 아침을 먹고 출근을 하고 별일 없이 사무실에서 하루 업무를 마치고 제시간에 퇴근을 해서 가족과 함께 저녁을 들고, 드라마를 보고 잠자리에 드는 평범한 하루에서는 결코 발생하지 않는다. 뜻밖의 전화를 받아야 하고, 사무실에서 별난 일이 발생해야 하고, 엉뚱한 사람으로부터 이메일을 받아야 하고, 갑작스런 중역의 호출이 있어야 하고, 퇴근 시간에 10년 만에 옛 친구를 만나야 하는 우연한 사건이 있어야 한다.

우리들이 사는 세상에서 예상하지 못했던 사건의 기록이 바로 역사가 되고 평소와 다른 별일이 개인에게는 인생이 된다. 성공이란 것도 자세히 들여다보면 예정에 없던 항로에서 얼마나 지혜를 발휘하고 최선을 다했는가의 결과이다.

실패는 성공의 어머니란 말도 그래서 나왔다. 불편함을 통해서 발전이 이루어지는 것도 마찬가지다. 그러고 보면 짜증나는 일이 발생한 순간이 바로 모험이 시작되는 시점이다. 그런 점에서 불행하게도 나는 섬에 들어온 이후 짜증과는 거리가 먼 생활이었다.

지난 몇 년 동안 돌발 변수가 거의 없는 일상을 살고 있다. 제시간에 차를 못 타는 경우도 없고 약속을 못 지켜서 곤혹스런 경우도 없다. 교통사고 같은 돌발 사고는 기대할 수도 없다. 뜻밖의 손님이 찾아오는 경우도 없고 전철에서 초등학교 동창을 만나는 행운도 기대할 수 없다.

매일 새벽에 계획했던 그만큼의 땀을 흘리고 책을 보고 편지를 쓰고 하는 것이 그날 일과의 전부다. 가끔 풍랑주의보가 발효되어 뱃길이 끊어지는 경우가 있지만, 보통은 하루 전에 예비특보가 발효되어 미리 대비할 수 있다. 그러나 두어 달에 한 번 정도는 예비특보 없이 갑작스럽게 당일에 주의보가 내려져 배가 오지 않는 경우가 있다. 또 안개가 깊게 낀 날은 배가 왔더라도 선착장에 배를 대지 못하고 떠나는 경우가 있다. 이런 날 면사무소가 있는 도초도나 목포로 나갈 계획이 있는 사람은 난감해진다.

갑작스럽게 기상이 악화되는 가능성도, 미리 예비특보를 내릴 수 없는 상황도, 선착장에 배를 댈 수 없는 경우도 이성적으로는 충분히 이해할 수 있지만, 그로 인해 나의 계획과 일정이 틀어지면 짜증이 나지 않을 수 없다. 섬 생활에서 내가 짜증을 맛보는 유일한 경우일 것이다.

여름방학을 이용해서 며느리가 손주 셋을 데리고 귀국해 섬으로 들어왔다. 유학 중인 아들은 혼자 밀린 공부를 하느라고 학교에 남아 있다. 손주들과 섬에서 함께 보내기로 한 4주 예정 기간 중 2주가 지났다. 아이들은 노느라고 정신이 없어 세월 가는 줄도 모른다. 바닷가 모래사장에서, 게가 기어 다니는 풀밭 마당에서, 산딸기 익어가는 숲속 오솔길에서, 방금 젖을 뗀 새끼 강아지랑 함께 노는 아이들의 여름은 행복 그 자체다. 그러나 며느리에게는 하루 24시간 아이들을 돌보며 오랜만에 시부모 밥상을 챙겨드리는 일이 즐겁지만은 않을 것이다. 며느리를 위해서 모두 함께 1박 2일의 뭍 나들이를 하기로 했다.

아침배로 도초도에 나가 주일 예배를 드리고 오후 배를 타고 목포를 거처 광주에 도착, 미국에는 없는 넓은 사우나에 가서 아이들 물놀이 겸 목욕을 하고, 해 지기 전에 무등산을 돌아보고, 저녁으로는 담양 떡갈비를 들고, 이튿날 목포로 돌아와 낮 배를 타고 섬으로 들어오는 여행 계획이었다. 어떤 여행이던지 여행은 일정을 짤 때 가장 즐겁고 떠나기 전에 더 설레는 법이다.

토요일 밤에 심상치 않게 바람이 불어왔다. 일요일 새벽엔 바다도 출렁거렸다. 지난밤에도 예비특보가 없었는데 예정에 없이 일요일 아침에 풍랑주의보가 발효되고 결국 아침배가 오지 않았다. 이런 것을 우리 속담에 가는 날이 장날이라고 한다. 바다는 점점 더 흉흉해졌다. 뭍으로의 1박 2일 가족 여행은 계획을 짜면서 즐긴 것으로 만족해야 했다. 잠깐 동안 짜증이 났지만 갯바위에 부서지는 물보라를 보면서 뭍이 아닌 섬에서의 또 다른 1박 2일의 계획을 하고 새로운 아이디어를 짜내는 중에 짜증은 멀리 사라졌다.

우리의 인생 여정 또한 자기가 원하고 계획하는 대로 되는 것이 아니다. 그리고 원하는 그대로 되는 것이 꼭 좋은 것도 아름다운 것도 아니다. 지금까지 내가 들은 이야기 중 가장 재미없는 이야기가 있다.

한 사내가 있었다. 부잣집 외동아들로 태어나 어렸을 때부터 건강하고 착하고 총명했다. 학교에서는 공부를 잘 했고 모범생이었으며 집에서는 부모의 자랑이었다. 공부를 잘 해서 일류 대학에 합격했고 졸업을 하고 유학 가서 박사가 되어 돌아왔다. 부모님이 정해준 처녀와 중매결혼했다. 신부 역시 미인이고 수재였으며 알아주는 재벌집의 외동딸이었다. 사내는 직장에서도 능력을 인정받고 성실하여 남들보다 먼저 승진하였다. 부부간에도 금슬이 좋아 아들과 딸 남매를 낳았다. 사내의 삶은 한 번도 자신의 계획과 사람들의 기대에서 벗어남 없이 순탄했고, 평생을 좋은 집에서 좋은 차를 타고 인생을 즐기면서 모든 사람에게 칭찬과 부러움을 받으며 행복하게 살다가 죽었다.

나는 이런 편한 인생보다는, 내가 원하는 대로 되는 일이 없고 삶이 고달프더라도 기회와 선택, 모험과 변화가 있는 치열한 삶을 살고 싶다.

'사람이 자기 길을 계획할지라도 그 걸음을 인도하시는 이는 여호와시라.'는 성경 말씀이 아니더라도 세상은 내가 원하는 대로 되는 것도 아니고, 나의 원이 하나님의 뜻도 아님을 우리는 잘 알고 있다.

내가 은퇴해서 연고도 없는 섬으로 들어와 만 7년을 보내며, 꿈에서나 꾸던 삶을 살 줄 누가 알았겠는가? 마찬가지로 나의 남은 인생을 내가 바라는 대로 섬에서 조용히 흘려버릴지는 나도 모른다.

그러나 최소한, 뜻밖의 사태가 벌어져도 짜증내지 않고 새로운 기회 앞에 또 다른 모험을 떠날 각오는 되어 있다.

(09.07.15)

비파 밭

이 글을 읽고 우리 섬에 들어오는 분이 있다면 떡칠할 만큼 비파 맛을 보여 드리겠다고 약속한다.

'비파' 하면 대부분 성경에 나오는 악기를 연상할 것이다. 구약 성경 시편에 '수금과 비파琵琶로 하나님을 찬양'한다는 구절이 자주 나온다. 우리나라에는 없는 서양의 현악기다.

그러나 오늘 이야기는 우리나라 남쪽 따뜻한 곳에서 자라는 비파枇杷나무다. 비파나무 이름은 잎사귀가 비파 악기 모양 같아서 그런다고도 하고, 비파 열매 씨앗이 비파 악기를 닮아서 그랬다고도 하지만 내 생각으로는 틀린 이야기다. 왜냐하면 사람들이 만든 악기보다 하나님이 만드신 나무가 훨씬 더 오래 전부터 있었기 때문이다.

비파나무를 모르는 사람들이 많다. 비파가 목포의 시목市木 임에도 비파를 모르는 목포 사람들이 많다. 비파는 잎이 두꺼운 사철나무로 11월 경 향기가 은은한 하얀 꽃이 무더기로 피어 겨울을 지내고, 다음해 6월 하순 경 살구 색깔의 노란 열매가 송이처럼 달리는 과실수다. 나무의 키는 다 자라도 5-6미터 정도밖에 되지 않지만, 가지가 옆으로 풍성하게 퍼져서 나무 한 그루에도 한 가족이 쉴 만한 그늘이 생긴다.

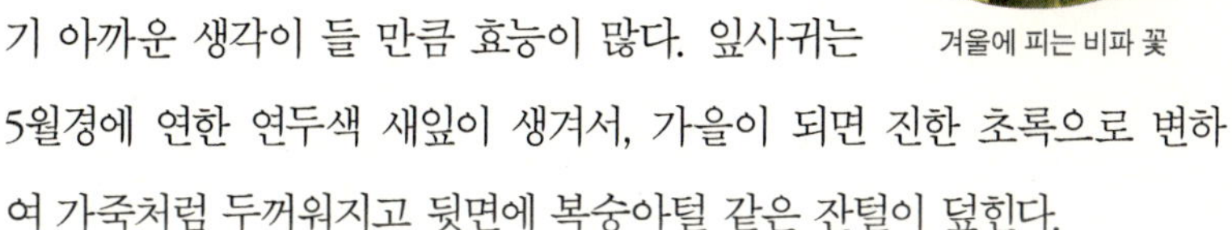
겨울에 피는 비파 꽃

비파는 좋은 꽃향기에서 시작하여 열매, 씨, 나뭇잎의 용도가 다양한 나무다. 열매는 크기가 살구만 하지만 무척 달콤하고 독특한 향기를 가지고 있다. 씨앗은 열매 사이즈에 비해 큰 편이다. 둥글고 큰 씨앗은 그냥 내뱉기 아까운 생각이 들 만큼 효능이 많다. 잎사귀는 5월경에 연한 연두색 새잎이 생겨서, 가을이 되면 진한 초록으로 변하여 가죽처럼 두꺼워지고 뒷면에 복숭아털 같은 잔털이 덮힌다.

전설에 따르면 인도에서는 석가모니 시대 이전부터 비파나무를 영묘한 약나무로 여겼다고 한다. 비파나무를 치료효과가 많다고 하여 대약왕수大藥王樹라 부르기도 하고, 잎은 근심을 없애준다고 무우선無優扇이라 불리기도 했다고 한다.

옛날부터 집에 비파나무 한 그루가 있으면 의사가 필요 없다고도 했다. 일본 사람들은 오래 전부터 비파나무를 가정 상비품처럼 귀하게 취급하고 있다. 우리나라에서는 전라도와 경상도 남해안 연안 따뜻한 지역에서 비파가 생산된다.

전남 무안군 망원면에 가면 평생 비파 농장을 하는 김장오 어른이 계신다. 비파를 재배하면서 그 효능을 연구하고 전파하는 데 일생을 바친 비파 전문가이시다.

비파에 대한 이야기는 인터넷 검색창에 들어가면 잘 소개되어 있다. 민간요법으로 전수되어 내려오는 비파의 많은 약효 중에서 한 가지만 선택하라면 통증을 가라앉히는 효과가 특출한 것이다. 통증이 있는 부위에 비파 잎사귀를 붙이고 그 위로 찜질을 해주면 되는 것이다. 씨앗의 속 알맹이는 뱀이나 벌레에 물렸을 때 짓이겨서 발라주면 독을 제거하는 효과가 크다고 한다. 그 외에 열매의 과육으로 만든 엑기스와 주스, 씨앗으로 만든 엑기스, 술로 담근 비파주, 잎으로 만든 비파차茶의 효능과 효과를 살펴보면 가히 만병통치약이라고 하지 않을 수 없다. 땀띠에서부터 독사 물린 데까지, 기침 감기에서 암까지, 불면증에서부터 비만까지, 모든 질병을 다스릴 수 있는, 그야말로 만병을 통치하는 나무로 알려져 있다.

섬에 들어오던 첫 해 나는 이렇게 귀한 비파나무를 50여 주 심었다. 무안에 사시는 김장오 어른에게 구입한 건장한 묘목이었다. 우리 섬의 허리에 해당하는, 만灣으로 둘러싸인 남쪽 방향, 마세해변이 바라보이는 바람이 없는 양지바른 야산에 비파나무 밭을 조성했다. 9년 전 이야기다. 지난 9년 동안 한 번도 가지치기를 하지 않았고, 비료도 주지 않았고, 농약도 뿌리지 않았다. 바닷바람과 파도소리, 흘러가는 구름과 밤하늘의 별들만이 비파나무의 유일한 친구였다. 그래도 나무는 무럭무럭 자랐다. 5년이 지나면서 처음 열매를 볼 수 있었다. 6년째는 동네 사람들과 나눠 먹고도 남았다. 7년째인 재작년과 8년째인 작년엔 너무 많은 수확으로 처치 곤란이었다. 절반 이상이 그대로 나무에 달려 풍뎅이의 식탁이 되어버렸다. 열매의 달콤한 과즙을 먹기 위해, 비파가 농익어갈 무렵에는 풍뎅이가 쉬파리 같이 몰려온다. 금년엔 작년보다 더 많이 열렸다. 우리 섬에서는 6월 말부터 본격적으로 익어 간다. 금년에 제대로 수확을 한다면 300여 킬로는 딸 수 있을 것 같았다. 그러나 이 과일의 가장 큰 단점은 오래 보관할 수 없는 것이다. 열매를 따서 하루만 지나면 생기를 잃고 표면에 흉터 같은 흠이 생기며, 이틀이 지나면 금세 신선도가 떨어지면서 물컹해진다. 보관과 유통이 어려운 아주 까다로운 과실이다.

인터넷에 들어가 보니 유기농 비파 열매 한 알 가격이 생과로 1000원이 넘는다. 그것도 사전 주문으로 일정량을 판매할 뿐이다. 뭍에서라면 비파열매를 수확해서 하루 만에 택배로 송달할 수 있지만, 섬에서는 하루 한 번 들어오는 배로 우체국까지 보내는 데도 하루가 걸린다. 어떻게 수익을 올릴 수 있는 방법이 없을까? 어제 처음으로, 황금색으로 잘 익은 비파 열매를 따먹으면서 아까운 생각이 들었다. 유기농보다 더 좋은 100프로 무공해 자연산 비파를 원하는 사람이 있지 않겠는가. 유통기간 때문에 우리 섬의 비파를 생과로는 처분할 수가 없다.

일단, 비파가 익어 가는 대로 따서 설탕과 1:1 비율로 섞어 병에 담가 놓자. 인터넷을 통해 배운 주스 원액(또는 엑기스)을 만드는 방법이다. 아들에게 인터넷 블로그나 카페에 우리 섬의 자연산 비파를 소개하고, 선착순으로 주문을 받아 판매하는 방법을 연구해 보라고 전화했다. 말린 비파 잎과 씨앗은 엑기스를 사는 분들께 보너스로 제공하기로 하자. 가장 바람직한 것은 비파가 익어갈 무렵 우리 섬 현장을 방문해서 직접 따가는 방법이다. 직접 우리 섬을 찾아온 분들께는 시중의 절반 값으로 제공하겠다고 하자, 아내가 입을 삐죽 내민다.

먹음직스럽게 익은 비파

"왜 그냥 공짜로 드리지 그래요." 비파가 익어가는 계절이다. 노란 열매 송이를 볼 때마다 내 마음은 부자가 된 느낌이다. 이 글을 읽고 우리 섬에 들어오는 분이 있다면 떡칠할 만큼 비파 맛을 보여 드리겠다고 약속한다.

(11.07.01)

다시 돌아온 탐욕의 계절

작은 섬에서 미역 철만 되면 사람들의 원초적인 감정을 실감나게 들여다볼 수 있다. 숨어 있던 탐욕, 시기, 질투가 살벌하게 드러난다.

나의 주민등록상 거주지는 신안군 도초면 우이도리다. 우이도 섬사람, 소위 도서島嶼 주민이다. 바람과 파도와 수평선이 주는 자유와 평화와 기쁨 외에도, 섬에 사는 사람들은 정부와 자연으로부터 많은 혜택을 받고 있다. 물론 섬에 살기 때문에 얻는 불이익도 많겠지만…….

첫째, 교통비에서 큰 혜택을 받는다. 모든 섬 주민은 배를 탈 때 선임船賃 할인 혜택을 받고 있다. 아무리 선임이 비싸더라도 도서주민 신분증을 내보이면 최대 5천 원이다. 5천 원에서 벗어나는 금액은 행정당국에서 부담해 준다. 물론 뭍에 자주 나가지 않는 사람에게는 그게 별게 아니겠지만, 홍도나 가거도까지 쾌속선 선임이 일반인에게는 왕복 10만 원 가까운 금액이니 도서 주민에게는 큰 혜택인 셈이다.

둘째, 매달 근로소득세를 내는 일정한 수입이 없는 낙도落島 주민들에게는 정주定住지원책의 일환으로 행정당국에서 양식을 무료로 배급해 준다. 매 3개월마다 1인당 20킬로 쌀 포대가 우체국 택배를 통해 배급된다. 우리 부부는 20킬로 쌀 포대 2개를 받는다. 쌀은 신안군 내에서 생산된 햇벼로 배급을 위해 최근에 도정搗精한 상등품이다. 우리 부부는 오래 전부터 현미를 먹기 때문에 배급 쌀은 손님용으로만 사용한다. 그래도 늘 쌀이 남아 도초나 목포의 어려운 사람들에게 종종 생색을 내곤 한다.

셋째, 매달 정기적으로 병원선이 와서 주민들 건강과 질병 치료를 무료로 관리해 준다. 병원선에서는 기본적으로 혈압과 혈당을 체크하고 엑스레이를 찍을 수 있다. 일반의와 치과의, 그리고 한의사 한 분이 승선하여 병원이나 보건소가 없는 낙도 주민들의 건강을 돌보아 준다. 전문의의 진단과 처방을 받아야 하는 약을 제외한 일반 상비약과 감기, 관절, 근육통 약을 무료로 지급 받는다. 파스 하나도 다 이름 있는 제약회사 제품이다.

그 외에도 낙도 주민이 받는 혜택이 많다. 국립해상공원에서는 늘 주민들에게 필요한 것이 없느냐고 문의가 온다. 우리 섬은 다도해국립해상공원 지역 내에 있다. 일 년에 몇 차례씩 뭍에서 자원봉사 팀이 들어와 주민들을 위한 이·미용 서비스, 집수리, 마을 소독은 물론 집집마다 구멍 뚫린 모기장 창틀도 갈아준다. 섬이 좋아 살러 들어온 나 같은 사람들에게는 그저 감사할 일이다.

그러나 우리 섬에서만 얻는 특별한 혜택이 있다. 섬에서 생산되는 것들이다. 모두 돈이 되는 것이다. 계절따라 생산되는 각종 산나물과 약초, 갯바위에서 얻을 수 있는 것들이 모두 다 공짜다. 우리 부부도 채취할 수 있는 쑥, 달래, 머위, 두릅, 고사리, 취, 그리고 바우옷, 굴, 소라, 고동, 톳, 미역 등이다.

우리 섬 해안은 갯벌이 아닌 갯바위가 바다와 육지의 경계를 이루고 있다. 그래서 낚시꾼도 자주 찾아오고, 갯바위에는 미역, 톳, 김, 가사리, 파래, 바우옷 등이 잘 자란다. 그 중에 으뜸인 것은 단연 미역이다. 자연산 돌미역을 말한다. 7월이 되면 갯바위에 검은 미역 줄기가 번뜩거린다. 시커먼 원유原油가 갯바위를 덮고 있는 것 같다.

옛날부터 '우이도미역' 이라면 알아줬고 그래서 값도 비싸다. 미역 20장을 한 뭇으로 해서 섬에서 파는 가격이 15만 원에서 20만 원 사이다. 여름 한 철 매는 미역을 날씨만 좋으면 2, 3일 내에 10뭇 가까이 할 수 있다. 2, 3일 작업으로 100만 원이 넘는 큰돈을 만질 수 있으니, 이 때쯤엔 모두 신경이 곤두서고 눈이 벌게진다.

미역 작업은 마을 공동 작업이다. 전에는 톳도 마을 공동으로 채취했지만, 수고에 비해 수익이 떨어져 지금은 하고 싶은 사람만 개인적으로 하고 있다. 공동 작업은 가족이 많던 적던 한 가구에 한 사람이 차출되어 공동 작업으로 미역을 매고, 그 미역을 정확하게 분배한다. 말려서 상품으로 파는 것은 각 가정의 몫이다. 금년에도 마찬가지다. 그런데 두 가정이 문제로 떠올랐다. 한 집은 노인 부부가 살다가 작년에 영감님이 돌아가시고, 혼자 살던 금년 초에 할머니가 뭍에 있는 요양시설로 간 집이다. 이 섬에 살다가 뭍으로 떠난 지 20년쯤 된 옛 주민이 그 소식을 듣고, 그 할머니 몫의 미역을 자기가 하겠다며 들어온다는 것이다. 할머니로부터 오케이를 받았다고 한다. 또 한 집은 역시 섬을 떠난 지 오래되었지만, 나이 들면 다시 섬으로 들어와 살겠다며 빈집에 주민등록을 그대로 얹혀두고 있는 역시 옛 주민이다. 미역 철이 가까워오면서 이들로 인해 주민들 신경이 곤두선다. 주민이라야 전도사 부부를 포함해서 일곱 가구다.

“금년엔 미역이 잘 자라서 일손도 부족하니까 와서 같이 하자고 하제 뭐.”

“뭔 소리여! 미역을 못 매 손해 보더라도 우리 거 우리가 손해보고 말제, 넘에게 줄 거 없어.”

“옛날처럼 하믄 안 되겠는가?”

“10년이믄 강산도 변하는디 강산이 두 번이나 변했고만, 그러고 그 사이 외지에서 들어온 사람이 또 몇인디 그려. 오장로님 안 그러요?”

이럴 때 왜 날 물고 늘어지나, 곤혹스럽게. 나도 섬에 들어와 이제 아홉 번째 미역 작업에 참여한다. 그 동안 경험으로 미역이 전반적으로 잘 자라지 않은 특별한 한 두 해를 제외하고는 미역이 없어서 채취를 못한 적은 없었다. 늘 미역은 충분했다. 오히려 일손이 부족하거나 날씨가 좋지 않아 다 매지 못하고, 다음 사리 물을 기다리다가 태풍에 날려 버린 적이 몇 차례 있었다.

작은 섬에서 미역 철만 되면 사람들의 원초적인 감정을 실감나게 들여다볼 수 있다. 숨어 있던 탐욕, 시기, 질투가 살벌하게 드러난다. 사랑과 배려, 공감과 나눔은 꽁꽁 숨어버린다. 물질의 부족 때문이 아니다. 오히려 절대 주민의 감소로 미역뿐 아니라 자연이 주는 혜택은 상대적으로 늘어가는 셈이다. 금년에도 미역 작업에 들어가기 전 원칙과 기준을 찾고 법과 공의를 주장한다. 내일 주민 전체 회의를 하자고 연락이 왔다. 옳고 그름을 따지고 논리와 이성을 앞세우는 데는 할 말이 없다. 그러나 그것들이 이 작은 마을의 문제를 해결한 경우는 한 번도 없었다.

오래 전 이 곳을 떠난 분들에게 이런 이야기를 듣고 싶다.

“내가 실제로 살지도 않으면서 미역한다고 어떻게 들어 가겠소. 나중

미역을 널어 말리는 노부부

에 늙어서 섬으로 다시 들어가면 그때나 같이 하게 해 주시오."

섬에 거주하는 주민들로부터는 이런 이야기를 듣고 싶다.

"일손도 부족한디 이참에 들어와서 함께 합시다. 일 년에 한번 이럴 때나 얼굴 보고 옛날 얘기도 듣고 하지요."

서로 그런 이야기를 하는 그런 마을에 산다면, 미역 열 뭇 수확한 것보다 더 부자 된 느낌이 들 것이다.

(11.07.15)

태풍 그 후

아내도 소쿠리를 가지고 나간다. "여보, 우리도 우럭, 장어 합해 한 5킬로 달라고 하시오. 애들도 오는데." 태풍이 지나고 동네 풍경이 한결 푸근해졌다.

주가 폭락과 경제 뉴스에 가려 9호 태풍 무이파 뉴스는 바람처럼 사라졌다. 그렇다고 태풍의 피해도 사라진 것은 아니다. 잠깐씩 화면으로 보여주는 이번 태풍의 피해는 대단했다. 그 중의 압권은 가거도 방파제 유실이다. 실제로 방파제가 완공된 후 가거도를 방문해본 사람들은 그 규모에 놀랐을 것이다. 30년에 걸쳐 세워진 방파제는 무한대한 인간 역량의 표징으로 보였다. 한마디로 중후장대한 토목공사의 상징이었다. 나의 눈에는 오래 전 보았던 미국 네바다의 콜로라도 강을 막은 후버 댐 정도는 되는 것 같았다. 가거도 방파제를 쳐다보면서 그 규모 앞에서는 나의 왜소함을, 건조기술 앞에서는 인간의 위대함을 함께 느꼈었다. 그런 방파제가 유실되고 100톤이 넘는 콘크리트 덩어리(테트라포드)가 파도에 밀려 방파제를 넘어왔다니 그 태풍의 위력 앞에서 두려움이 앞설 뿐이다.

태풍의 규모는 대개 풍속과 최저해면 기압에 따라 결정된다. 그리고 태풍으로 인한 피해는 태풍의 이동 속도, 세력권(영향권)의 크기와 위치,

태풍과 함께 오는 폭우에 좌우된다. 우리나라에서 맞는 모든 태풍은 적도나 남태평양에서 발생하여 북쪽 방향으로 이동한다. 태풍의 중심은 시계반대방향으로 원을 그리며 북상하는데, 같은 태풍의 세력권 안에 있어도 태풍 진행방향의 오른쪽에 있으면 왼쪽보다 피해가 훨씬 크다.

1959년 추석날 아침, 제주도와 남해안 일대를 휩쓸었던 사라호 태풍을 우리나라가 겪은 20세기 최악의 자연재해라고 한다. 2003년 9월에 있었던 태풍 매미 역시 사라호에 버금가는 피해를 남겼다. 사라호 태풍은 지금 정도의 기상관측장비를 가지고 있었다면 그 피해를 훨씬 더 줄일 수 있었을 것이다.

올 여름 태풍 무이파는 거기 비하면 한 단계 낮은 태풍이다. 그럼에도 불구하고 가거도 방파제가 유실될 정도의 위력을 보인 것은, 가거도가 태풍 진행 방향의 오른쪽에 있었고 예년 경우와 달리 태풍의 이동 속도가 무척 느렸기 때문이다. 참고로, 해상에서의 풍속이 초속 14m, 파고 3미터가 되면 풍랑주의보가 발효되어 여객선 운항이 통제되며, 풍속이 초속 16미터, 파고 4미터가 넘으면 주의보가 경보로 격상되고 모든 선박의 운항이 금지된다. 이번 무이파 태풍이 불어오는 날 최대풍속은 초속 39미터, 파고는 9미터에 이른다고 했다. 풍속이 40미터면 사람 몸뚱이가 날리는 것은 물론이고 자동차도 운행을 할 수 없다.

태풍 무이파는 내가 섬에 사는 지난 9년 동안 겪은 가장 큰 태풍이었다. 2003년 태풍 매미는 이 지역에서는 큰 피해가 없었다. 지난 8월 7일 일요일 오후부터 다음날 월요일 아침까지 거의 15시간에 걸쳐 폭풍우와 산 같은 파도가 섬을 가지고 놀았다. 지금까지 겪어 본 태풍은 5, 6시간만 지나면 큰 고비가 넘어가곤 했다. 그러나 이번 태풍은 밤이 새도록 강도가 줄어들지 않고 날이 밝아도 위력이 여전했다. 그렇게 오랜 시간을 태풍의 중심 세력권에 있었던 적은 없었다. 태풍 속에서 두 차례의 만조를 겪었다. 갯바위에 부딪쳐 깨진 파도가 지붕과 통유리 창에 떨어질 때는 물 폭탄이 터지는 것 같았다. 지붕 이음새에서 물줄기가 쏟아져 내렸다. 파도를 맞은 통유리 창은 부르르 떨렸다. 최근에 새로 단 바다 쪽으로 시원하게 난 통유리 창이 금세라도 박살날 것 같았다. 밤새 전기는 왔다 갔다 했다. 전기가 끊어지지 않았다 해도 누전 위험으로 전기를 켜 놓을 수도 없었다. 깜깜한 흑암 속에서 아내와 함께 공포에 질려서 날이 밝기만 기다릴 뿐이었다.

다음 날, 뒷산을 바라보니 바람과 함께 파도 보라가 산꼭대기까지 날아갔다. 사철나무를 제외하고 1년 생 잡초와 활엽수 잎들은 시커멓게 죽어가고 있었다. 특히 푸르름의 절정에 있던 예덕나무, 붉나무, 오동나무, 오리나무, 사방나무, 두릅나무, 칡, 그리고 쑥, 개모시, 명아주, 억새풀 등 잡초 잎이 바닷물에 절어 검게 변해 있었다. 우리 집 정원을 꾸며 주었던 단풍, 석류, 협죽도, 능소화도 줄기까지 더운 물에 삶은 것처럼 축 늘어져 있었다. 그나마 푸른 잎이 여전하고 생기를 잃지 않은 것은 사철나무들뿐이었다. 돈나무, 감탕나무, 동백나무, 후박나무, 향나무 등은 바닷물 폭포에도 끄떡 없었다. 활엽수와 상록수의 경계를 극명하게 확인할 수 있었다.

10년에 한 번 있을까 말까한 태풍 무이파는 우리 섬에 해안도로와 옹벽 유실, 뗏마 파손, 밭작물 피해, 건축물 파손 등 많은 재산 피해를 냈다. 다음날 선착장에 나온 주민들은 태풍이 할퀴고 간 상처를 보면서 모두들 맥이 빠졌다. 그러면서도 인명 피해가 없음을 감사했다.

금년 여름 우리 동네 미역 작업은 성공적이었다. 적게 한 집도 20뭇은

태풍이 부는 날

했고, 많은 집은 40뭇을 넘겼다. 서울에 물난리가 날 때도 햇볕이 쨍쨍 내리쪼여서 최상품의 미역을 널어 말릴 수 있었다. 처음 말린 미역은 한 뭇에 20만 원 운운하다가 나중에는 15만 원으로 떨어졌다. 수요 공급에 따라서 정해진 가격이다. 한 뭇에 15만 원으로 계산해도 한 집에 300만 원에서 600만 원의 수익을 올렸다는 말이다. 가난한 섬 주민들에게는 오랜만에 즐기는 돈 맛이었다. 집집마다 약간의 경제적인 여유가 생기고, 돈을 만지면서, 우리 마을이 조금이나마 행복해 졌는가? 내가 보기에는 천만의 말씀이다.

"한 뭇에 20만원을 받어? 도둑이 따로 없구먼."

한 뭇에 15만 원을 받은 할머니의 얘기다.

"미역 끝냈으니 이제 돌아가면 내년 여름에나 또 들어오겠구먼."

주민등록만 섬에 남겨둔 옛 주민이 마른 미역을 싸들고 떠나는 배를 보면서 또 다른 할머니가 입을 삐쭉인다. 아내가 옆집 할머니 미역을 팔아드리면 뒷집 할머니가 신경 쓰인다. 한 뭇 팔아드린다고 갖다 달래면 밤늦은 시간이나 신새벽에 살그머니 가져온다. 얼마에 팔고 얼마를 벌었다는 애기는 소문으로만 돈다.

"우리는 다 선물로 보내고 째까 팔았지라."

돈에 대해서는 속내를 드러내는 법이 없다. 시기심만 드러낼 뿐이다. 옆집 미역은 자기 것보다 사이즈가 작거나 잘 마르지 않았다고 비아냥한다. 미역을 지고 뭍으로 떠난 옛 주민들은 미처 다 매지 못한 미역이 아까워 다음 사리 때도 미역을 할 거냐며 못내 아쉬워한다. 그들이 떠나고 다음 날, 태풍이 휩쓸고 가서 남은 미역밭은 쑥대밭이 돼버렸다. 금년 미역은 끝났다.

태풍이 많은 피해와 상처를 남기고 지나갔지만, 한 가지 감사한 것은 무더위와 함께 미역 작업을 하면서 쌓인 주민들의 탐욕과 갈등과 시기심까지 씻어간 것이다. 태풍이 지나면서 선착장에 묶어 둔 뒷집 뗏마가 휩쓸려 나가 밧줄에 대롱대롱 매달렸다. 온 동네 사람들이 나와 함께 거들어 들어올렸다. 모래사장에 처박힌 선장집 기름 드럼은 동네 남자들이 동원되어 끄집어 올렸다. 마을의 모든 고추, 깨, 들깨, 콩, 고구마 등 밭작물은 한마디로 거덜났다. 그럼에도 "우리뿐이간디 다를 망했는디." 하면서 스스로를 위로한다.

태풍이 지나고 처음 맞는 사리다. 주낙을 하는 뒷집 아들 배가 유행가를 틀며 들어온다. 제법 고기를 잡았나 보다. 동네 사람들이 선착장으로 나온다. 아내도 소쿠리를 가지고 나간다.

"여보, 우리도 우럭, 장어 합해 한 5킬로 달라고 하시오. 애들도 오는데."

태풍이 지나고 동네 풍경이 한결 푸근해졌다.

(11.08.15)

단식斷食

소득이 줄어든다고 너무 걱정할 필요가 없다. 그 기회에 생활 속의 잡동사니 쓰레기를 치우고 단순하고 가벼운 삶을 살겠다고 결심하면 된다.

1월 들어 음산한 날씨가 계속되고 있다. 북쪽에서 불어오는 찬바람에 온몸이 떨린다. 가슴까지 얼어붙는다. 하늘은 먹구름으로 닫혀 있고 며칠째 해를 바라볼 수 없다. 갯바위에 파도가 깨지고 수평선과 하늘 끝이 함께 잿빛으로 엉킨다. 나갈 사람도 들어올 사람도 없지만, 풍랑주의보 덕분에 며칠째 배가 들어오지 못하고 있다. 흉흉한 겨울 바다는 바라보는 사람마저 우울하게 만든다. 지난 열흘, 내가 단식을 하던 기간 동안의 섬 날씨였다. 날씨가 화창했으면 방정맞은 생각으로 마음이 분주했을 것이다. 지나고 보니 오히려 단식하기에 딱 좋은 날씨였던 것 같다.

단식을 통해 목표한 체중까지 감량할 수 있었고 벙벙한 아랫배도 홀쭉하게 들어갔다. 몸이 가벼워지니 마음도 가벼워지고, 짧은 기간이었지만 나의 인내와 성취를 생각하면 자신감이 솟아난다. 그러나 단식 기간 동안 내가 얻은 가장 큰 유익은 음식물에 대한 현실을 확실하게 파악하게 된 것이다.

TV에 음식 화면이 그렇게 많이 나오는 줄 몰랐다. 인터넷 마켓에 나오는 각종 음식물 광고, 소문난 식당, 요리 강좌, 맛집 탐방, 건강식품, 궁중 음식, 웰빙 식단, 6시 내 고향이나 재래시장의 주인공인 지방 고유 음식, 여행지 소개에 나오는 이색 음식 등, 우리가 음식물 홍수에 살고 있음을 새삼 느꼈다. 그뿐 아니다. 드라마에도 음식 먹는 장면이 얼마나 많이 나오는가? TV에서 흡연 장면을 가린 것처럼, 음식을 화면 처리 한다면 방송국이 살아남을 수 있을까?

음식 섭취는 이제 양이나 질의 문제가 아닌 선택의 문제가 되었다. 선택에서 배제되는 음식 대부분은 없어도 되는 것이고, 쓰레기 통으로 들어가는 운명이 될 것이다. 선택되는 음식도 물론 맛이야 보증할 수 있겠지만, 대부분 우리 몸의 체중 증가, 비만 향상, 성인병 촉진에 기여할 뿐이다.

오늘 날 60억 세계 인구 중, 10억은 절대 식량이 부족해 기아선상에 있고, 두 번째 10억 명은 영양분 섭취가 부족해서 질병에 취약한 상태에 있고, 또 다른 10억은 비만과 과체중으로 고통을 받고 있다고 한다. 우리나라는 몇 번째 10억 명 안에 든다고 생각하는가?

과체중으로 고통받고 있는 현대인에게 단식斷食의 유익은 아무리 강조해도 부족함이 없을 것이다. 체중 감량이나 건강상 효과에 대해서는 차치하고라도, 시간 활용과 자신감을 얻는 것은 돈으로 계산할 수 있는 것이 아니다. 우리 삶 속에 알게 모르게 먹는 것에 투자하는 시간, 경비, 에너지가 얼마나 많은지 모른다. 음식을 준비하기 위해 시장엘 가고, 비용을 지불한다. 요리를 하고 밥상을 차리고 뒤처리를 한다. 그 동안 분주하게 냉장고를 여닫아야 하고 쓰레기통은 넘친다. 쓰레기 처리는 또 얼마나 큰 비용 부담인가? 잠깐의 즐거움과 포만감 뒤에 오는 체중 증가에 대한 걱정, 그리고 배설을 위한 시간과 부담을 합하면, 사람은 살기 위해 먹는 것이 아니라 먹기 위해 살고 있음을 실감한다. 단식을 하면서 얻는 실체적인 경비 절감과, 시간과 에너지의 절약만 하더라도 대단한 유익이다. 그러나 이런 절감 효과보다 더 큰 유익은 자신에 대한 믿음을 얻게 되는 점이다. 오늘날 우리 사회에서 가장 바람직한 성향의 사람을 한마디로 들라면 이렇게 이야기한다. 긍정적이고 적극적이며 창조적인 사람이라고. 거기다가 책임감, 조화력, 리더십, 전문기술과 인내심을 보태기도 한다. 그러나 자신에 대한 믿음이 없고 자신의 미래에 대해 회의적인 사람은 결코 이런 사람이 될 수 없다.

군대를 간 사람은 다 알 것이다. 훈련소를 나올 때쯤 날아갈 듯 가벼운 몸, 세상에서 어떠한 어려움도 극복할 수 있겠다는 자신감과 자긍심, 훈련을 잘 참고 이겨낸 후에 얻게 되는 성취감이다. 그리고 그 훈련의 절반 이상은 배고픔을 잘 견디어낸 것이다.

마찬가지로 단식기간을 잘 견디어내면 자신감이 팽배해진다. 세상에 두려울 것이 없어진다. 내가 하지 못 할 일이 없겠다는 자신감으로 충만해진다. 10여 년 전 1차 단식을 성공적으로 마친 후 나는 스콧 니어링* 처럼 단식을 통해 내가 세상을 뜰 가장 적당한 날을 선택할 수도 있겠다는 자신감이 생겼다.

소득이 줄어든다고 너무 걱정할 필요가 없다. 그 기회에 생활 속의 잡동사니 쓰레기를 치우고 단순하고 가벼운 삶을 살겠다고 결심하면 된다.

* "아름다운 삶, 사랑 그리고 마무리" 작가인 자연주의자 헬렌 니어링의 남편으로 100세가 되어 스스로 단식을 통해 세상을 뜬 저명한 사회주의자.

그 동안 조금 익숙했던 편리함도 알고 보면 나를 게으르게 하고 체중을 늘리고 성인병을 길러 준 것들이다.

불행하게도 우리나라엔 먹을거리가 넘친다. 근래에 들어서 에너지, 쓰레기, 과소비, 해외여행, 수입품, 인스턴트 음식 등을 절약, 절감하자는 국민적 캠페인과 함께, 과생산된 특정 농산품을 사먹자는 캠페인도 눈에 익었다. 모두들 넘쳐나서 문제다. 못 먹게 되어 버려지는 음식쓰레기, 소비를 못해 보관하는 관리비용, 비싼 음식과 고급 맛을 좇는 식탐, 식품 생산자(농어업)에 대한 경시감, 그리고 우리 몸에 불필요한 음식 섭취로 인한 질병과 삶의 질 저하 등이 모두 넘치는 음식 때문에 발생하는 문제들이다.

혹자는 그럴지도 모른다. 이렇게 문제를 일으키는 음식을 소비를 장려해서 없애도록 해야지 거기다가 단식 운운하면 어떻게 되겠냐고? 하지만 이는 금연운동을 하면서 빨리 담배를 다 피워서 없애버리자는 얘기와 비슷하다.

국민들의 삶의 질이나 행복과는 관계없이 우리나라 개인당 국민소득이 다시 2만 불로 올라섰단다. 대통령의 공약처럼 4만 불이 안 되었다고 불평도 실망도 할 필요가 없다. 어차피 그것은 속임수였고, 또 4만 불이 되었다고 꼭 좋은 것도 아니고, 2만 불이라고 꼭 나쁜 것도 아니기 때문이다. 1인당 국민소득이 한국의 1/10도 못되는 가난하고 작은 나라 부탄이 국가별 행복지수** 1위라고 한다. 국가적으로 '표준체중 갖기 국민 캠페인'이라도 대대적으로 벌인다면 행복지수를 높이는 데 지금 소득으로

**국가별 행복지수로 한국은 멕시코, 몽골, 인도네시아, 필리핀, 중국, 쿠바, 베트남, 스리랑카, 가봉, 가나보다도 못한 103위이다.

도 충분히 여유가 생길 것이고, 선진국의 4만 불보다 더 질 높은 삶을 만끽할 수 있을 것이다.

거기다가 국민정신이 자신감으로 팽배해진다면 시대적으로 혼란한 인류사회를 위해 대한민국이 인류 역사를 밝히고 선도하는 데 얼마나 큰 공헌을 하는 나라가 되겠는가? 이런 것이 나라의 품격을 높이는 것 아닐까?

(12.01.15)

정전停電

그런데 올 겨울 들어 가장 춥다고 하는 날, 바람이 불고 파도가 일어 나흘째 배가 들어오지 못한 설 다음 날, 우리 마을에 전기가 나가버렸다.

전기의 소중함을 모르는 사람은 없을 것이다. 문명사회를 지지하는 뼈대 또는 혈관이며 한시라도 없으면 곤란한 것을 들라하면 나는 전기를 들 것이다. 전기가 나갔을 때 그 당혹감과 불편함, 언제 전기가 다시 들어올지 모를 때 느끼는 두려움과 공포감을 경험한 사람들은 내 말에 동의할 것이다.

설 이튿날, 뉴스 첫머리에 귀경차량으로 혼잡한 고속도로가 나오던 시간, 내가 사는 섬에 전기가 나갔다. 우리 섬(동소우이도)의 전기는 한국전력에서 공급하는 전기가 아니고, 우이도 본섬의 내연 발전소에서 섬 주민을 위해 전기를 생산해 서소우이도를 거처 들어온다. 발전 용량이 150킬로왓트 정도의 소형으로 우리 섬까지는 송전탑을 통해 1km가 넘는 바다를 건너 들어온다. 우이도 전체 100여 가구에 전력을 공급하기에는 늘 용량이 달린다. 18년 전 발전소가 세워진 후, 그 동안 가구마다 들여놓은 냉장고와 김치 냉장고, 선풍기, 전기장판, 전기히터, 펌프 시설과 보일러 설비, 에어컨 등 각종 전기제품의 전력소비 증가를 생각하면 현재의 발전 용량이 두 배가 되어도 충분치 않은 실정이다. 그래서 추가로 전력 소비가 요구되는 저온 창고나 농사용 건조기 설치는 제한을 받고 있다. 전력 소비과잉 때문인지 노후 전선 때문인지 아니면 바닷바람이 원인인지 섬마을에는 종종 정전이 되곤 한다.

여름철에 정전이 되면 냉동실의 생선이 가장 문제다. 섬마을이어서 어느 집이나 생선 몇 마리는 냉동실에 늘 보관되어 있다. 여름날 한나절의 정전, 또는 누전으로 인한 배전반 차단으로 상한 생선 냄새가 냉장고에서 빠져나가는 데 1년이 더 걸린 집도 있다.

겨울에는 난방이 가장 큰 문제다. 9년 전, 내가 섬에 들어올 무렵에는 이미 나무를 때는 재래식 온돌은 찾아볼 수 없었다. 당시 값싼 어업용 면세유를 쉽게 구할 수 있어서 난방은 대부분 편리한 기름보일러로 바뀌어 있었다. 도시에 사는 자녀들이 고생하는 부모를 위해 경쟁하다시피 보일러를 설치해 드린 덕분이다. 근래에 들어서는 면세유를 구하기도 힘들고, 값도 비싸져 집집마다 전기장판을 깔고 전열기를 들여 놓았다. 전기장판에 이불을 깔아놓고 그 속에 들어가 TV를 보는 것이 할머니들의 겨울 일과인 셈이다. 그런데 올 겨울 들어 가장 춥다고 하는 날, 바람이 불고 파도가 일어 나흘째 배가 들어오지 못한 설 다음 날, 우리 마을에 전기가 나가버렸다. 발전소에서 바로 연락이 왔다. "동리(동소우이도) 마을 변전탑에 이상이 있어 전기가 나갔다. 파도가 너무 높아서 발전소의 작은 보트로는 동리 마을에 갈 수가 없다. 내일 오후에 바람이 자면 건너가서 고쳐주겠다."

그 날 밤, 1년 365일 우리 마을 선착장을 비춰주던 가로등도 나가고 교회의 십자가 등도 나갔다. 산에 오르면 땔감 나무는 흔했지만 장작불을 지필 난로도 없고 온돌방도 사라진 지 오래다. 방바닥은 금세 얼음장 같이 차가워졌다. 해가 지자마자 집 안팎이 깜깜해졌다. 날씨가 추워 냉장고는 걱정이 되지 않았지만 펌프가 돌지 않아 물을 쓸 수가 없었다. 집에 있는 이불을 다 꺼내 놓고 털옷을 겹겹이 끼어 입었다. 떨면서 악몽 같은 밤을 보냈다. 겨울밤이 이렇게 긴 줄 몰랐다. 한 계절을 보내는 것 같았다. 물이 나오지 않아 한 밤중에 밖으로 나가 바다 쪽으로 소변을 보는 일은 공포 그 자체였다. 눈발이 날려 하늘엔 별도 보이지 않고 바다는 깜깜한 먹물이었다. 아침엔 몸이 꽁꽁 얼어 일어날 수가 없었다. 프로판 가스를 사용해 생수로 라면을 끓여 먹었다. 날이 밝자 섬에 있던 분들이 다 집 밖으로 나왔다. 방안보다 밖이 덜 추웠는지, 아니면 이웃집 사람이 밤새 얼어 죽지 않고 일어났는지 확인하러 나왔나 보다.

햇빛이 환한 오후에야 발전소 기사가 찾아왔다. 전봇대에 올라가더니 잠시 후에 전기가 들어왔다. 밤새 펌프가 가동 되지 않아 물이 얼었지만 두어 시간 후부터 수도꼭지에서 쫄쫄 물이 새어 나오기 시작했다. 2012년 음력 정월 초이튿날 오후부터 초사흗날 오후까지 우리 섬에서 있었던 사건이었다.

인류가 지금과 같은 초문명사회를 이룩한 가장 큰 원동력이라고 할 수 있는 것은 무엇일까? 누천년을 이어 온 농경사회를 순식간에 산업화사회를 거쳐 초고속으로 지식과 정보의 사회로 변화시킨 전기轉機는 무엇일까? 사람들은 나침반이나 폭약의 발명, 인쇄술의 발전, 또는 마틴 루터의 종교개혁 덕분이라고 주장하는가 하면, 항해술의 발전이나 증기 기관의 발명과 산업혁명이라고 얘기하는 사람이 있다. 그러나 나는 전기電氣

의 발명과 실생활에의 이용이라고 감히 주장하고 싶다.

우리는 공기가 없으면 5분을 견디지 못하는 것처럼, 전기가 없으면 하루도 버티기 힘든 세상을 살고 있다. 서울 시내 전체가 정전이 되면? 지금 바로 전력공급이 중단되면 어떻게 될까? 그런 일이 작년 9월 15일 우리나라에서 정말 발생할 뻔했다. 전철 대신 버스를 타거나 엘리베이터 대신 걸어서 아파트 층계를 오르내리거나 냉동 보관된 시원한 음료가 아닌 미지근한 물을 마시는 것 정도는 불편거리도 아니다. 완전무결하게 우리의 일상이 중단되어버린다. 해가 뜨기 전까지는 어두워서 아무것도 할 수 없다. 물이 나오지 않아 마실 물도 밥을 지어 먹을 물도 없다. 샤워나 세수는커녕 변기의 오물도 내릴 수 없다. TV도 먹통이다. 통신은 올 스톱이다. 컴퓨터도 무용지물이 된다. 전철은 움직이지 못하고 승용차나 버스도 지금 연료탱크에 남은 것을 쓰고 나면 주유소에 가솔린이 있어도 펌핑할 수가 없다. 출근도 등교도 할 수 없다. 모든 건물이나 창고의 냉난방은 물론 공기 순환 팬도 가동이 되지 않는다. 은행, 주식 시장, 카드를 사용하는 모든 상점, 병원, 극장, 지하실은 아수라장이 될 것이다. 엘리베이터, 에스컬레이터, 교통 신호등, 감시 장치가 중단되고 현금 출납기도 사용할 수 없게 된다. 모든 공장은 스톱되고, 주위에 무슨 일이 발생했는지 알 도리가 없다. 통신망이 작동이 되지 않으니 전쟁이 일어나도 어떻게 할 수 없다. 비행기도 이착륙을 할 수 없고 고속열차도 통제 불능이다. 병원, 냉동 창고, 저온 창고, 그리고 가정의 냉장고에서는 썩는 냄새가 요동칠 것이다. 길거리는 오물 천국이 될 것이다. 고층 건물은 텅텅 빌 것이고, 사람들은 우선 먹고 살기 위해 물이 흐르는 강가와 땔감을 구하기 쉬운 숲 근처로 몰려 들 것이다. 도시에는 순식간에 전염병이 창궐할 것이고 도둑과 굶어 죽는 사람이 넘쳐날 것이다. 지옥이 있다면 바로 이런 곳 아니겠는가? 사람들은 문명을 모르고 사는 아마존의 인디언이나 뉴기니아의 식인종을 부러워하며 사라진 전기를 절규하면서 죽어 갈 것이다. 죽어 가면서 일찍이 구조주의 철학자 레비스트로스가 예견한 '문명인들이 상실한 원시적 행복과 결백성의 개념'을 아쉬워할 것이다. 인간은 자연을 빼고는 행복을 논할 수 없는 법이다. 사람들이 행복을 정의할 때 가족과 친지, 즉 사랑하는 사람들과 함께하며 동시에 자연과의 일체성을 유지하는 것이라고 말한다. 전기로 버티는 문명사회의 행복은 편리함, 편함, 달콤함의 다른 말이 아니다. 그러나 그것은 진정한 행복이 아니다.

이번 추위가 풀리면 전기가 나가도 두려워 할 필요가 없도록 준비를 해야겠다. 해변에 밀려온 나뭇가지도 주워오고 숲길에 쓰러진 소나무 둥치도 베어 와야지. 마루방에는 난로 놓을 자리를 만들고 벽엔 연통 구멍도 미리 뚫어 놓아야겠다. 냉장고 없이 살던 옛날 사람들처럼 바람 잘 통하고 그늘진 곳에 선반도 만들어 놔야지. 그리고 창고에서 먼지를 뒤집어쓰고 있는 비상 발전기도 점검을 해 놓을 것이다.

도회지에 사는 분들은 어디 있는지도 모르는 이곳 먼 바다 작은 섬, 동서우이도에서 정전이 되었음을 그나마 감사해야 할 것이다. 나에게는 이번 정전이 새 봄을 자연 속에서 시작하라는 경고였던가 보다.

(12.02.01)

닭 이야기

닭모이를 주는 아내

나는 가끔 할머니 모르게 닭장에서 계란을 훔쳐 먹었다. 날 계란의 맛은 약간 비리면서도 따뜻하고 고소했다.

50년도 훨씬 더 지난 옛날이야기다. 대처에 사는 우리 남매는 방학이면 시골 할아버지 댁으로 보내졌다. 어머니는 학교 가지 않는 동안 종일 빈둥거리며 노는 아이들로부터 해방되고 싶으셨고, 양식을 절약하는 뜻도 있으셨을 것이다. 시골 마을에선 제법 유지이셨던 할아버지는 대처에서 공부하는 손자 손녀들이 찾아오는 것이 자랑스러우셨던 모양이다.

할아버지 할머니는 슬하에 6남매를 두셨고, 6남매로부터 31명의 손자 손녀가 생겼다. 두 아이를 낳고 치과 치료를 잘못 받아 일찍 세상을 뜬 큰딸과 6.25로 잃은 큰아들의 경우만 없었다면 손주들이 40여 명 가까이 되었을지도 모른다. 방학이 되면 친손 외손 구분 없이 고만고만한 나이의 손주들 10여 명이 시골 할아버지 집으로 모여들곤 했다. 나에겐 형들도 있었고 누나들도 있었고 동생들도 있었다. 내 어린 시절의 추억이 풍성한 이유 중 하나다. 그 시절 시골 마을 어느 집에서나 닭을 쳤다. 돼지는 두 집에 한 집 꼴로 쳤고, 소를 치는 집은 드물었다. 소가 있다면 괜찮게 사는 집이었다. 물론 할아버지 집에는 소도 있었고 돼지도 있었고 닭도 쳤다. 닭들은 그냥 마당에 풀어놓아 맘대로 텃밭이나 뒤 울 대밭을 쑤시고 다니면서 모이를 주워먹고 벌레를 잡아먹었다. 그 당시는 사료라는 것을 몰랐고 가끔 쌀겨나 겉보리를 모이로 주는 정도였다.

암탉은 계란을 낳았고 봄엔 병아리를 깠다. 그 중 한두 마리는 방학 중에 찾아오는 손주들 몫이 되었다. 아이들이 많다 보니 할머니는 늘 닭죽을 쑤어 닭다리나 날개 한쪽씩을 죽 그릇에 넣어 주셨다. 나는 가끔 할머니 모르게 닭장에서 계란을 훔쳐 먹었다. 날계란의 맛은 약간 비리면서도 따뜻하고 고소했다. 어른이 된 후 오랫동안 날계란을 먹어보지 못했지만, 지금도 그 때 그 신선한 맛의 느낌을 잊지 못한다. 어린 시절이 끝나고 지금까지 숱하게 많은 계란과 닭고기를 먹었지만, 닭에 대한 추억은 그 시절의 것이 전부다.

아내와 나는 계란을 별로 좋아하지 않는다. 가끔 떡국을 끓이거나 국수를 삶을 때 계란을 찾는 정도다. 그러다가 근래에 계란의 수요가 생겼다. 섬에 사는 우리 집에 손님이 오면 생선 대접이 기본이다. 앞 바다에서 잘 잡히는 우럭과 노래미와 숭어회, 그리고 매운탕이다. 생선찜이나 구이, 매운탕에서 남은 잔반殘飯은 강아지의 특식이 되지만, 한번 상에서 물린 회는 그냥 버리기도 아깝고 강아지도 좋아하지 않아 처치 곤란이다. 그러다가 최근 아내가 새로운 요리를 개발했다. 바로 생선부침이다. 남은 생선회를 냉동고에 보관해 얼렸다가 필요할 때 꺼내 밀가루 계란 반죽으로 생선부침을 하는 것이다. 그때마다 아내는 이웃 할머니한테 가서 계란을 얻어오곤 한다. 이웃집 할머니 냉장고에는 항시 계란이 쌓여 있다. 절반은 유효기간이 지난 것이다.

"여보, 우리 좀 싱싱한 계란 먹을 수 없을까?"

그 얘기가 발단이 되었다. 나는 그렇지 않아도 매실 밭에 뿌려 줄 거름으로 닭똥(계분鷄糞)만 있으면 좋은 퇴비를 만들겠다고 생각 중이었는데 마침 아내가 먼저 닭 이야기를 하는 것이었다.

"몇 마리 사서 키울까?"

"그러지. 계란도 얻고 손님 오면 백숙도 만들어주게."

지난 1월 이야기였다. 마침 우리 집 뒤 울, 언덕바지에 오랫동안 갈아먹지 않은 묵은 밭이 있었다. 약간 경사가 있지만 닭을 키우기에는 상관이 없어 보였다. 물이 잘 빠지고 햇볕이 잘 들고 양편으로는 바람막이숲도 있었다. 밭에는 찔레와 갈대와 쑥대가 제멋대로 자라고 있었다. 밭 주위로 빙 둘러 말뚝을 박고 염소 그물로 울타리를 쳤다. 울타리 안에는 가로1m, 세로 2m, 높이 1.5m 되는 닭장도 만들었다. 동네에 굴러다니는 헌 자재를 이용했다.

닭이 추위를 싫어한다고 해서 바람이 통하도록 한쪽에 철망을 달아준 것을 제외하고, 앞에는 미닫이 문짝을 달고 지붕은 슬레이트를 얹고 좌우와 뒷면은 판자로 막아 찬바람이 들어가지 않게 했다. 한쪽 벽 아래에는 높이와 폭이 각각 40cm 정도의 개구멍 같은 출입구를 만들었다. 해가 지거나, 또는 비가 오면 닭들이 알아서 집으로 들어가는 문이다.

닭은 고향에 사는 시골 형님께 부탁했다. 암탉 12마리와 수탉 3마리, 도합 15마리를 한 마리에 4000원씩에 구입했다. 모두 진한 적갈색으로 건강하게 보였다. 크기는 병아리 티가 사라진 중닭이었다. 수탉은 꼬리 부분에 몇 가닥 검은 꽁지털이 솟아나 더욱 위용 있게 보였다. 낯선 닭장이 자기들의 새 집인 것을 익숙케 하느라고 이틀 동안 닭장 안에 가둬 놨다. 이틀 후에 닭장 미닫이문을 활짝 열어 놨다. 햇빛이 밝고 따뜻한 날, 용감한 놈 한두 마리가 먼저 닭장 밖으로 나오더니 다음 날은 대부분 밖으로 나왔다. 일주일 후부터는 아침저녁 모이를 가지고 가면 내 곁에 다가와 모이를 부어주는 내 손 바닥을 쪼기도 했다. 사람을 전혀 무서워하지 않았다. 모이를 다 먹고는 두세 그룹으로 뭉쳐 다니면서 풀밭에서 지렁이도 쪼고 굼벵이를 찾아 땅바닥을 헤집기도 했다. 닭장 안에 걸쳐 둔 횃대에 앉기도 했다. 양계장에서의 보낸 시절을 잊어가고 있었다. 닭들은 아침저녁 옥수수가 주재료인 닭 사료와 이웃 할머니가 갖다 주시는 쌀겨 반죽, 그리고 잘게 썰어주는 채소와 과일껍질을 잘 먹었다. 한 달이 지나기도 전에 중닭을 벗고 어른 닭이 되어가고 있었다. 이 정도면 두어 달 후부터는 싱싱한 계란을 먹을 수 있을 것 같이 보였다. 닭장 바닥에는 왕겨를 두툼하게 뿌려 줬다. 닭똥이 쌓이고 있었다. 한 달에 한 차례씩 걷어서 퇴비를 만드는 데 사용할 것이다. 귀한 손님이 오면 백숙이나 닭도리탕을 대접하겠다고 했지만 아무래도 어려울 것 같다. 이제 우리 집 한식구가 돼버린 놈을 어떻게 잡아먹는단 말인가?

지난 3월 10일 전후前後 무렵의 뉴스다. 양계장에서 출하되는 계란 1개의 값이 90원, 그런데 원가는 120원이란다. 지난해 가을, 1개 160원에 출하되던 가격이 40퍼센트 이상 추락한 셈이다. 사료 값과 난방비는 오르고 계란의 수요는 줄었기 때문이다.

몇 년 전, 조류독감으로 수많은 닭이 생매장된 기억이 생생한데 또 다시 양계산업이 파산 지경이란다. 그런 지경에, 나까지 닭과 계란을 집에서 키워 먹겠다고 했으니……. 뉴스를 들으며 죄송한 마음이 들었다.

(12.04.01)

넓은 방에서 얻는 행복

이틀 후, 집으로 돌아오자마자 아내는 새 장판이 닳아지도록 걸레질을 하고 청소를 했다. 그날 밤 오랜만에 방바닥에서 자면서 아내가 한 얘기다.

넓어진 방

지금 우리 부부가 사는 집은 원래 폐교에 딸린 관사로 9평이 채 안 되는 공간이다. 당시 학교 선생님 두 분이 자취하며 상주하던 건물을 섬에 들어오면서 입식으로 개조해 쓰고 있다. 2.5평 남짓한 침실과 나머지 공간에 거실과 부엌, 그리고 욕실, 보일러실이 있다. 섬 생활 나름의 질서를 갖기 위해 아침이면 폐교였던 교실로 출근해 하루를 보내고, 저녁 식사까지 마치고 퇴근해 관사에서는 잠만 자기로 했다. 관사 현관문을 열면 마당이 바로 바다로 터져 수평선이 한눈에 들어온다. 매일 수평선을 바라보며 하루를 시작하며 마무리한 세월이 벌써 10년이다.

* * *

내년이면 결혼 40년이다. 아내에게 여러 가지 장점이 있지만 살림살이 중에서 하나를 들라면 청결함이다. 집 안팎을 늘 깨끗하고 단정하게 가꾼다. 외출에서 돌아오면 가장 먼저 걸레부터 챙기는 아내다. 흙 묻은 바지는 방에 들어오기 전에 아예 현관에서 벗어야 한다. 나는 늘 흙은 깨끗한 것이라고 주장하지만 아내 앞에서는 변명이 먹히질 않는다.

장판이 헐거나 벽지가 누렇게 되면 아내는 참지 못한다. 지금 우리가 살고 있는 방의 벽과 천정은 맨 시멘트 위에 페인트를 칠한 것이다. 10년 세월의 흔적이 역력했다. 나는 익숙한 것에 별 불편함이 없었지만, 아내는 금 간 벽과 페인트 벗겨진 천정을 가리키면서 얼굴을 찡그렸다. 비닐장판도 수명을 다해 방바닥 찢어진 곳곳엔 테이프를 붙여 놨다. 그 사이 도배를 하지 못한 이유는 이곳 먼 바다 섬까지 기술자를 부르는 게 쉬운 일이 아니었기 때문이다. 그래서 차일피일 미룬 게 몇 년 되었다. 지저분한 걸 참지 못하는 아내에게는 그동안 스트레스가 많이 쌓였을 것이다.

드디어 10년 만에 장판을 다시 깔고 벽과 천정에 벽지를 바르기로 했다. 하루 일당 13만 원의 도배 기술자를 목포서 불러 왔다. 일이 적더라도 일단 섬에 들어오면 기본으로 이틀 일당을 지급한다. 자재를 싣고 오는 차량의 왕복선임船賃 93,000원은 별도다. 안방과 거실 다 해봐야 7평 남짓이지만, 그래도 한 사람이 하루에 마치기에는 힘든 작업량이다.

배 시간이 맞지 않아 자정 넘어까지 계속하여 하루에 끝내기로 했다. 기술자의 작업을 쉽게 해 주기 위해 미리 방안의 가구를 다 옮겨 놓았다. 벽에 붙어 있던 액자, 시계, 거울도 치우고, 선반과 커튼도 미리 떼 놓았다. 아내는 도배 작업하는 동안 병원 가는 일로 출타 중이었다. 밤새 도배 작업을 끝내고 기술자는 다음날 아침배로 떠났다. 기술자가 떠난 후 혼자서 액자와 시계와 거울을 달고, 벽 TV를 다시 걸었다. 책상과 냉장고까지만 겨우 들여 놓았다. 침대와 소파와 서랍장은 아내와 함께 들여 놓을 계획이었다. 이틀 후, 집으로 돌아오자마자 아내는 새 장판이 닳아지도록 걸레질을 하고 청소를 했다. 그날 밤 오랜만에 방바닥에서 자면서 아내가 한 얘기다.

"여보, 방이 깨끗해서도 좋지만, 그 전보다 훨씬 넓어진 것 같지 않아?"

"아직 가구를 들여놓지 않아서 그렇지."

"이 방이 이렇게 넓은지 몰랐네. 난 넓은 게 좋은데 그냥 이렇게 살까? 가구 들여놓지 말고."

"그래도 가구 없으면 불편하지 않겠어?"

"옛날 사람들이 침대나 소파가 있었나? 넓어서 행복한 게 더 좋지. 불편한 거야 조금 익숙하면 다 잊혀지잖아."

"……."

그러고 보니 내 눈에도 방이 도배 전보다 훨씬 더 넓어진 것 같았다. 넓으니까 좋긴 좋았다. 축복이 넘치는 방 같았다. 갇혀 있다가 풀려났을 때 느끼는 해방감, 자유, 여유, 평강, 기쁨, 그런 것들이 방안에 넘실대는 것 같았다.

* * *

가족 간의 유대를 강하게 하는 적절한 집 면적이 가족 한 사람당 5평이라는 일본의 통계가 있다. 자녀가 둘인 4인 가족라면 20평 정도의 집이 가정을 행복케 하는 가장 적합한 면적이라는 뜻이다. 그 정도 집안에 사는 가족이라면 서로 부를 때 큰소리 할 필요가 없다. 눈에 보이지 않아도 서로들 대강 뭘 하는지 알 수 있다. 무심한 척해도 엄마 아빠의 얘기를 들을 수 있고 속마음을 알 수도 있다. 부모 역시 자녀들의 고민을 얼마든지 눈치 챌 수 있다. 한 집에서 같은 공기를 호흡하면서, 동시에 같은 소리를 들으면서, 같은 따뜻함을 나누는 것이 바로 행복 아니겠는가?

4인 가족에게 20평은 너무 좁고 불편하다고 하는 사람도 있을 것이다. 그러나 아무리 넓은 평수의 집이라도 가구가 촘촘히 들어가 있으면 비좁고 불편하기는 마찬가지다. 넓은 방에서 행복하고 싶다면 먼저 가구를 없애야 한다.

"그래도 이게 없으면 불편하고 버리기에는 아까운데……."

우리는 일평생 늘 절대적인 것과 상대적인 것, 본질적인 것과 지엽적인 것, 내용과 껍데기 사이를 오가며 산다. 대부분의 껍데기는 아까운 가구처럼 편리하기도 하고 값도 나가고 그럴 듯하게 보이기도 한다. 비싸고 편리한 것이 행복이라고 착각하지 않는다면, 자유와 행복을 주는 넓은 방을 갖는 것이 그렇게 힘든 일도 아니다.

새로 도배를 해 깨끗하고, 가구가 없어 넓은 방에 누워 행복해 하는 아내를 바라보는 나도 행복했다.

(12.04.15)

대단한 고사리

그들이 들어온다는 소식에 윤 할머니가 한숨을 쉰다. "아이고 금년 고사리 다 끝났네."

내가 사는 섬, 산에 자생하는 참두릅은 날씨에 따라 며칠 차이가 있지만 해마다 4월 중순이 절정기이다. 그 타이밍을 놓치면 하루가 다르게 뻣세지는 두릅 순을 채취할 수 없다. 할 수 없이 다음 해를 기다려야 한다. 그렇다고 너무 서운해 할 필요는 없다. 두릅 철 끝이 바로 고사리 철 시작이기 때문이다.

우리 섬의 고사리는 여름에 나오는 자연산 미역과 함께 인근 지역에서는 알아주는 산품産品이다. 운도 따라주고 열심히만 한다면 한 집에서 50근 정도는 말린 고사리를 만들 수 있다. 작년엔 한 근(600g)에 35,000원에 팔렸다.

운이 좋아야 한다는 말은 첫째, 고사리를 꺾고 말리는 기간 동안 날씨가 좋아야 한다는 뜻이다. 하루 종일 숲을 헤치고 밭을 돌아다니면 생고사리 두 세 자루를 가득 채울 수 있다. 무게로는 30~40kg 정도다. 마른 고사리 4~5근을 만들 수 있다. 다음날 새벽, 생고사리를 삶아서 해풍이 불어오고 햇볕이 잘 드는 양지 바른 곳에 널어 놓고 다시 고사리를 꺾으러 나간다. 날씨만 좋으면 저녁 무렵 상품(上品) 우이도 마른 고사리 4~5근이 만들어진다.

두 번째 운은 고사리를 꺾으러 들어오는 외지인이 없어야 한다. 근래에는 동네 주민들의 눈총 때문에 연고가 없는 외부인은 들어오기가 힘들어졌다. 문제는 섬에 살다가 뭍으로 떠난 주민들과 뭍에 사는 자녀와 친척들이다. 여름에 채취하는 미역은 한 가구에서 한 명씩만 차출되는 공동 작업으로의 규칙이 정해져 있지만, 고사리를 채취하러 들어오는 옛 주민과 자녀, 친지들이 들어오는 것은 막을 방법이 없다. 이들이 한꺼번에 들어와 섬을 누비고 다니면 우리 부부의 경우에는 사실상 그 해 고사리는 접어야 한다. 우리 부부는 우리가 소유한 밭과 산, 그리고 그 언저리에 자라는 고사리만 꺾는다는 나름의 규칙을 가지고 있다. 그러나 일반적으로 야생 고사리는 누구든지 먼저 보고 먼저 꺾는 자가 임자다. 이틀만 지나면 그 자리에서 또 다른 고사리를 꺾을 수 있기 때문일 것이다.

금년 봄 고사리 철이 시작되는 무렵, 우리 섬에 상주하는 주민은 8명이었다. 그 중 하반신을 사용하기 힘든 할머니 한 분, 연세가 많아 멀리 숲을 헤집고 다니기 힘든 할머니 두 분, 꽃게 철을 맞아 그물 손질에 바쁜 이웃 윤 할머니 아들, 평소에도 고사리에 별 관심이 없는 노 선장을 제외하면 이웃 집 윤 할머니와 우리 부부만 남는다. 주말에 들어오는 전도사 부부는 열외로 한다.

금년 봄, 처음 고사리 순이 솟아오르면서 계속해서 닷새 동안 우리 섬에는 고사리 천지였다. 윤 할머니는 아침부터 섬 구석구석을 헤집고 돌아다니며 빈 자루에 꺾은 고사리를 가득 채워 놓는다. 아들이 낮에 한번 저녁에 한번 지게를 지고 가서 고사리 자루를 운반해 온다.

나도 아내와 함께 지게로 질 만큼 한 자루 가득 고사리를 꺾어 온다. 섬에 들어와 이렇게 마음 놓고 고사리를 꺾기는 처음이다.

섬 주민들 간에는 일종의 암묵적인 규칙이 있다. 은연중 서로 간에 고사리를 꺾는 구역이 정해진다. 우리 부부는 우리 소유의 매실 밭과 두릅이 자라는 야산, 생수를 떠다 먹는 우물가 언저리 묵은 밭에서만 고사리를 꺾는다. 사실은 우리에게는 이것만으로도 충분하다. 그리고 어제 고사리를 꺾은 곳에는 최소한 이틀 후에 다시 찾아간다.

그런데 외지인이 들어오면 구역과 타이밍에 대한 질서가 무너진다. 어제 꺾은 곳엘 오늘 다시 가고, 아침에 다녀온 곳엘 오후에 다른 사람이 또 찾아간다. 고사리가 자라는 밭이나 산 임자의 눈치를 보지도 않는다.

"고사리는 원래 임자가 없는 것이라요."

"하루 이틀만 지나면 또 자랄 건디 뭘 그리 욕심 내시오."

"누가 다 해 꺾어 묵고 해 묵을 고사리도 없드만……."

고사리를 찾아온 외지인들의 변명이고 불만이다. 우리 부부와 윤 할머니가 마음껏 고사리를 꺾는 사나흘 동안, 뭍에 사는 옛 주민들에게서 "이자 섬에 고사리가 좀 보이냐?"고 묻는 전화가 왔다.

"금년엔 좀 늦는갑소. 좀 더 있어야겄소." 윤 할머니 아들의 뜨악한 대답이었다.

며칠 간 신나게 고사리를 꺾는데, 드디어 이곳에서 30여 년을 시집살이 했던 분들이 들어온다는 연락이 있었다. 82세인 윤 할머니보다 15년은 더 젊은 팔팔한 분들이다. 섬 구석구석 모르는 곳이 없고 고사리 꺾는 일에 대해서는 베테랑이라 할 수 있는 분들이다. 그들이 들어온다는 소식에 윤 할머니가 한숨을 쉰다.

"아이고 금년 고사리 다 끝났네"

나도 곁에서 고개를 끄덕였다. 그러나 우리에게는 운이 좋게도 비가 오고 바람이 불어 이틀 동안 배가 다니지 못했다. 우리 부부는 잠시 비가 개일 때 나가서 한 봉지씩 고사리를 꺾어 왔다. 윤 할머니는 비옷을 입고 돌아다니며 젊은 베테랑(?)들이 들어오기 전에 한껏 고사리를 꺾었다. 주의보가 해제되고 사흘 만에 배가 들어오던 날, 베테랑들은 들어오고 우리 부부는 꼭 참석해야 할 결혼식이 있어 서울로 올라왔다. 서울로 올라 온 다음 날 아침 아내의 얘기다.

"서울 올라와 사람들을 만나 얘기하고 또 눈으로 보면, 실제로 우리가 살아가는 데 별것도 아닌 것이 대단하게 보이는 것 같아. 우리는 섬에서 그런 것 보지 않고 사니까 얼마나 좋은지 모르겠어."

"섬엔 뭐 대단한 게 없나?"

"뭐가?"

"고사리 말이야. 우리 고사리 누가 다 꺾어갈까 봐 나는 잠을 못 잤어."

"참, 당신에게는 대단한 고사리구먼."

(12.05.01)

명절 유감

"말도 마시오. 밤새도록 바다를 내리다 보믄서 '어따, 이만허믄 내일은 배가 안 오겄냐.' 하믄서 잠을 한 숨도 못 주무셨지라."

지금은 '명절' 하면 추석 한가위와 정월 초하루 설날만으로 알고 있지만, 옛날에는 명절이 많았다. 내 기억에 남는 것만으로도 정월 대보름, 삼월 삼짇날, 사월 초파일, 오월 단오, 유월 유두, 칠월 칠석과 백중, 동지 등이다. 지금같이 서양에서 들어온 그레고리 월력을 사용하기 전에는 한 달에 하루 정도 머슴과 종들을 쉬게 하고 떡과 음식을 나눠 먹으며 휴식을 취하면서 즐겼던 날이었지만, 지금은 공휴일이 된 석가모니 탄생일 사월초파일을 제외하고는 그런 날이 명절인지 모르는 사람도 많을 것이다.

그나저나 우리 민족에게 가장 큰 명절은 추석과 설날이다. 명절엔 흩어져 있던 가족이 함께 모여서 명절 음식을 들고 한 가족으로 만들어 준 조상님 묘에 성묘하는 것이 명절의 가장 중요한 요소가 되었다. 그래서 명절이 되면 우리나라 인구의 거의 절반이 고향을 찾거나 자녀가 사는 곳으로 이동하느라고 한바탕 법석을 떨게 된다.

우리 마을의 경우, 벌써 1년 이상 노인요양원에 있는 송 할머니와 간병인을 구할 수 없어 지난 달 뭍의 딸집으로 떠난 최 할머니를 제외하고, 현재 동네에 상주하는 주민은 다섯 가구 8명이다. 그 중 혼자 들어와 교회를 지키는 전도사는 추석날인 일요일 오전 예배를 인도한 후 오후 배로 나가서 가족과 함께 명절을 보내기로 했고, 허 할머니 부부는 추석 며칠 전 목포의 막내딸 집에 가서 하루를 묵고 왔다. 추석 지나고 서울 사는 아들과 큰딸을 보러 가기로 했단다.

둘째아들과 함께 사는 윤 할머니 자녀들은 추석을 쇠러 몽땅 섬으로 들어오기로 했다. 손주들까지 들어오면 10명도 넘을 것이다. 주낙으로 고기를 잡고 소를 키우면서 어머니와 함께 사는 둘째 아들은 두어 달에 한 번씩 가족을 보러 뭍에 나간다. 이번 추석엔 아내와 아이들이 들어온다고 어머니를 도와서 부지런히 추석 준비를 하고 있었다. 며칠 동안 주낙으로 잡은 생선을 주문받은 대로 다 보내면서도 씨알이 굵은 놈은 형님과 동생 가족은 물론 아내와 아들, 딸에게 생선회로 만들어 주겠다고 배 물창에 따로 살려서 보관해 놨다. 윤 할머니는 송편 빚을 쌀을 면사무소가 있는 도초 방앗간에서 쪄오고 여름내 갯바위에서 긁어모은 바우옷과 햇콩으로 바우옷 묵과 두부를 만든다고 가마솥에 하루 종일 불을 지피고 있었다.

선착장에서 가장 가깝게 사는 문 할머니 자녀들은 추석 연휴가 시작되기 하루 전 들어왔다. 두 아들과 두 딸이 가족과 함께 들어왔다. 나이 어린 손녀들은 명절이 시작되기도 전에 예쁜 한복을 차려입고 선착장에서 뛰어 논다.

우리 집은, 멀리 아프리카에 사는 작은 아들한테서는 인터넷으로 명절 인사가 왔고, 두 달 전 대전으로 이사 간 큰 아들이 추석 다음 날 혼자 들어와 지난 번 태풍 때 날아간 폐가 지붕 보수 작업을 도와주기로 했다. 명절과는 별 관계없는 아들의 귀향인 셈이다.

하루에 몇 차례 듣는 일기 예보로는 추석 전후로 먼 바다에 바람이 좀 일고 파고가 제법 높지만 (풍랑)주의보가 내릴 정도는 아닐 것 같았다. 그러나 추석 하루 전 기상 예보는 먼 바다 섬에 사는 사람들의 바람을 여지없이 뭉개버렸다. 내 보기에는 이 정도 풍랑이라면 배가 오고가는 데 전혀 지장이 없을 것 같은데, 결국 풍랑 주의보가 내려지고 말았다. 그것도 가장 고약하게 추석 전날 내려져서 먼 바다 섬이 고향인 귀향객의 발길을 묶어버렸다.

애들이 들어오는 건 아니지만, 그래도 추석 날 주일 예배에 입고 가겠다고 며칠 전부터 개량 한복을 꺼내 다림질을 해 놓은 아내 역시 실망스런 표정을 감추지 못한다.

추석 명절에 섬을 찾아온 문 할머니 가족

윤 할머니 둘째 아들이 선착장에서 하루 전 주낙으로 잡은 장어와 농어의 배를 가르고 있었다.

"아니, 어제 주문 받은 것 다 내 보냈다면서 아직 생선이 남았는가?"

"오늘 형님네랑 아그들 들어오믄 썰어 줄라고 물창에 몇 마리 살려 논 놈이지라."

"근데 왜?"

"오늘 배가 없어 못 들어온대니께 창자 빼서 말려놀라고라."

표정이 허전하게 보인다.

"엄마가 실망하셨겠네."

"말도 마시오. 밤새도록 바다를 내리다 보믄서 "어따, 이만허믄 내일은 배가 안 오겠냐." 하믄서 잠을 한 숨도 못 주무셨지라."

"연휴가 계속인데 추석날 들어오면 안 될까?"

"여러 사람 표 예약하고 바꾸고 하는 게 쉽지 않을꺼요."

"어머니 어디 가셨어요?"

"잠 못 주무셔서 쉬시라고 했는디, 아마 소 보러 갔는갑소."

"오늘 뭐 할꺼요."

"생선 갈무리 해 놓고 벌초하러 갈라고요. 동생들 오믄 같이 허려고 했는디……."

저녁에 윤 할머니가 바우옷 묵 한 덩어리를 가져 오셨다. 두부와 함께 명절 때마다 만드는 윤 할머니의 특식이다.

"어제 쌀 빠 온 걸로 우리랑 같이 송편 빚으시지요."

"송편은 무슨……."

바우옷 묵을 담았던 빈 그릇을 들고 뒤돌아서는 윤 할머니의 뒷모습이 쓸쓸하다.

반면, 주의보가 내리기 전 하루 일찍 가족들이 섬으로 들어온 문 할머니는 90세 연세에 어울리지 않게 손주들 손을 붙들고 이집 저집에 이바지를 전하느라고 바쁘다.

“건사님, 아그들이 가져 온 것 이거 쪼깨 잡숫시오”

사과 3개, 배 2개, 포도 한 송이가 든 봉지를 가져 오셨다. 한 시간 쯤 후 다시 검은 봉지를 들고 오셨다.

“이거 영숙이가 엄마 궈 먹으라고 한 상자 사온 건 디 몇 마리 들어보시오.”

봉지 안에 작은 생조기가 몇 마리 들어 있다. 잠시 후에 좀 더 큰 봉지 2개를 들고 또 오셨다.

“건사님, 손님방(게스트 하우스) 냉장고 비었지라. 영숙이가 사 온 조구 좀 보관해 주시오.”

아내가 냉동실에 있던 흰떡을 냉장실로 옮겨 놓고 냉동칸을 비워 드린다.

“여그다 너 노믄 내년 봄까지 너놔도 되겄네.”

금년 추석에 우리 마을에서 유일하게 제대로 명절을 보내시는 분이다. 90세 나이답지 않게 문 할머니의 뒷모습이 활기롭다.

(12.10.01)

사랑_

가족, 그리고 추억 / 가족의 이름으로

어머니

내가 초등학교를 졸업할 무렵, 처음 서양 영화를 보고 어머니보다 더 예쁜 여인이 세상에 있다는 걸 알고는 일주일 동안 절망에 빠졌던 기억이 있다.

나의 어머니는 살아계시면 금년 우리나이로 93세이시다. 8년 전 오랫동안 치매를 앓다가 돌아가셨다. 미국 사시는 누님들이 이제 60대 중후반이고, 내 나이 63세이니 어머니에 대한 기억을 간직한 사람도 이제는 몇 남지 않았다. 대부분의 인생이 짧은 세상을 살다가 시나브로 잊혀지고 100년이 지나면 가까운 가족의 기억에서조차 사라지는 것이지만, 누구에게도 어머니만은 그렇게 잊고 싶지 않은 분일 것이다. 나도 그렇다.

내가 아는 어머니(김신애 권사)에 대한 모든 것이다.

어머니는 1917년 함경남도 영흥군에서 김이준 씨의 여러 딸들 중 하나로 태어났다. 어렸을 때부터 총명했다고 한다. 만주에서 초등학교를 졸업하고 집에서 사춘기를 보내며 시집갈 나이를 채우고 있을 때 도회지에서 공부한 삼촌의 눈에 띄었다. 그 삼촌이 3.1운동 때 인쇄된 독립선언문을 운반하며 어른들의 심부름을 한 김창준 전도사다. 독립선언문에 서명한 민족 대표 33인중 하나이다. 나중에 감리교단의 지도자가 되었지만, 해방 후 북한으로 올라가서 남쪽에서는 그 이름을 부르는 것도 금기가 된 분이다.

그 삼촌이 조카의 영특함을 보고 평양으로 데려와 당시 기독교 학교인 정의고녀에 입학하게 해 주었다. 그 학교에서 사감인 이태영 선생과 교목이었던 정일형 목사를 처음 만났다고 한다. 정희고녀를 졸업하고, 역시 삼촌의 권면으로 서울로 유학하여 이화여전을 다녔다.

어머니는 영문학을 전공했고, 이화여전 학생 대표였던 성악가 김자경님과 같은 해 졸업을 하셨다. 졸업 후 잠시 경성시립 도서관에서 사서로 일하다가 당시 경성제국대학에 다니던 아버지를 만나 연애결혼을 하셨다. 태평양 전쟁이 한창이던 시절, 대학을 졸업한 아버지는 함경북도 회령 상업학교에서 선생으로 신혼시절을 보내셨다. 해방 공간에서 당시 대부분의 지식인과 같이 사회주의 사상에 경도되었던 아버지는 육이오 때 산으로 피신하였다가 변을 당하셨다. 그때 어머니 나이 34세. 내 위로 누님 둘, 여동생 하나, 이렇게 4남매가 어머니 몫으로 남았다. 그때부터 자녀들을 키우며 교육을 시키느라고 어머니는 고생을 많이 하셨다.

어머니는 미인이었고 멋쟁이였고 인텔리였다. 아이들이 넷이었지만 젊은 나이였다. 나이로 보면 아직 꽃이 한창 피기도 전이었다. 아이들이 없었거나 그 시대가 아니었다면 충분히 드라마의 여주인공 같은 삶을 사셨을 것이다.

내가 초등학교를 졸업할 무렵, 처음 서양 영화를 보고 어머니 보다 더 예쁜 여인이 세상에 있다는 걸 알고는 일주일 동안 절망에 빠졌던 기억이 있다. 그때의 어머니를 생각하고, 나의 아내가 그 나이를 지나고, 이제 며느리가 그 나이가 되는 걸 보면서 우리 4남매를 위해 희생한 어머

어머니 43 세 때 자녀들과 함께 찍은 가족사진 1960년

니의 젊음이 너무 안쓰럽고 죄송할 뿐이다. 어머니는 학교 선생님보다 아는 게 더 많았고, 그래서 나에게는 백과사전이나 참고서가 필요 없었다. 아버지 몫까지 하시느라고 어머니는 자녀 교육에 무척 엄하셨다. 사춘기가 될 때까지 어머니는 나에게 가장 무서운 분이셨다.

어머니에게 반항하던 사춘기 시절을 회상할 때 나는 가장 괴롭다. 외아들로서 나는 어머니에게 효도해 드린 기억이 별로 없다. 처음 직장 생활을 시작할 때는 술 때문에 어머니를 많이 실망시켜드렸다. 나는 어려서부터의 소극적이고 소심한 성격을 벗어나고 싶어 술좌석엘 빠지지 않았다. 술좌석이 생기면 절반은 별 의식 없이 참석했지만, 절반은 내가 원해서 술을 먹었다. 내가 술을 먹고 들어오면 어머니는 다음날 하루를 금식하셨다. 3, 4일씩 금식을 계속 하신 적도 있었다. 못된 아들이었다.

모범생이었고 재능이 있는 누님들은 고등학생 때부터 입주가정교사였다. 어머니의 기도와 교육의 결과였다. 딸들로 인해 어머니는 많은 위로를 받으셨다. 1960년대 후반, 대학을 졸업한 누님들은 누구의 도움도 없이 미국으로 건너갔다. 하늘의 별따기 같이 어려운 관문을 어떻게 통과했는지 모른다. 그때는 하나님이 함께 하셨다고 생각했다. 당시 우리 가족은 연좌제라는 족쇄에서 자유롭지 못했던 때였다.

내가 대학을 졸업하고 직장 생활을 시작하면서, 어머니는 남편이 죽은 다음 처음으로 맘 편하게 생활비로 쓸 수 있는 봉급을 만져 보셨을 것이다. 그때까지 누님들이 우리 가족의 생활비와 동생들의 교육비를 책임졌다. 내가 결혼을 하고, 직장에 근무하면서 얻은 경제적인 안정이 어머니에게는 그나마 작은 행복이 되었을 것이다.

그러나 그 기간이 너무 짧았다. 그 무렵 시집간 누이동생이 언니들이 사는 미국 이주를 꿈꾸다가 어렵사리 미국으로 건너갔다. 미국 도착 두 달 후, 불의의 사고로 유명을 달리하게 되었다. 어머니는 결혼 9년 만에 남편을 잃고, 27년 후 막내딸을 가슴에 묻은 것이다. 어머니는 그 해 가을을 내내 무너진 가슴으로 보내셨다. 막내딸이 남긴 외손자 울음소리가 밤마다 들린다고 하셨다. 막내가 죽은 후 4개월이 지나서 미국으로 건너가셨다. 거기서 막내딸이 남긴 외손자가 18살이 될 때까지 보호자가 되어 함께 사셨다.

외손자가 성년이 될 무렵 어머니에게 치매가 찾아왔다. 미국서 누님들의 수고가 많았다. 돌아가시기 4년 전, 한국의 아들에게로 돌아오면서 어머니는 삶의 끈을 놓으셨다. 서서히 망각과 상실의 늪으로 빠져들어 가셨다.

어머니는 평생을 정직하고 진지하게 사신 분이라 유머에 서툰 분이었는데, 치매가 깊어질 무렵 우리의 가슴을 서늘하게 해 주는 잊지 못 할 유머(?)를 남기셨다. 아내가 어머니를 목욕시켜드리며 여쭤봤다.

"어머니, 제가 누군지 아시겠어요?"

한참을 물끄러미 며느리를 쳐다보다가 이렇게 말씀 하시는 것이었다.

"네가 누구인지는 네가 더 잘 알 것 아니냐?"

또 한 번은 미국에서 작은 누님 가족이 찾아왔다. 외손녀들이 할머니께 인사를 드렸다.

"외할머니 오래간만이에요."

얼굴에 인자한 웃음을 머금고 물끄러미 손녀들을 바라보던 어머니가 말씀하셨다.

"네가 말이냐, 내가 말이냐?"

너무 철학적(?)이고 수준 높은 유머여서 생각할 때마다 웃음보다는 가슴이 서늘해진다. 어머니의 유머가 우리들에게 유언으로 남은 셈이다. 얼마 후 어머니는 아들에게 마지막으로 효도할 수 있는 기회를 주시고 떠나셨다. 아들의 품에 안겨 숨을 거두셨다. 우연인지, 그날을 기다리셨는지 50년 전 아버지가 돌아가신 바로 그날 밤 어머니도 눈을 감으셨다.

지난 주, 미국 사는 큰누님 내외가 섬을 다녀갔다. 어머니가 돌아가신 후 큰누님은 아내에게는 시어머니, 아이들에게는 왕고모 역할을 한다. 그 누님도 그렇고 나도 그렇고 돌아가신 분보다는 손주들 이야기 하느라고 마음이 바빴다. 어머니에게 사랑을 가장 많이 받은 큰누님과 외아들이 함께 있어도 이제 돌아가신 어머니는 저 멀리 가 계신다.

할아버지 할머니들은 손주를 보게 되면 꿈에서도 어머니가 잘 나타나지 않는다. 세월이 조금 더 흐르면 모든 노인들의 어머니는 자녀들뿐 아니라 세상 모든 사람들의 기억에서 사라질 것이다. 더욱이 기억마저 희미한 나의 아이들에게, 그리고 그 할머니가 안 계신 것이나 다름없는 손주들에게 증조할머니의 전설 한 토막을 남기기 위해 어머니 이야기를 되새겨 봤다. 살아계신다면 내일 모레가 어머니 93세 생신날이다.

(09.06.29)

부자 할아버지

"섬 할아버지는 뭐든지 다 갖고 있다고 그랬어요. 섬에서 보는 하늘이랑 바다랑 별이랑 다 할아버지 거랬어요."

지난여름 섬에 온 손자가 물었다.

"할아버지는 부자예요?"

갑작스런 질문에 잠시 당황했다. 그러나 이런 경우를 은근슬쩍 넘길 수 있는 교활한 어른으로 금세 돌아왔다.

"너는 어떻게 생각하니?"

"나는 할아버지가 부자라고 생각해요."

"왜?"

"할아버지는 집이 많이 있잖아요."

우리가 사는 폐교 교실과 관사, '바실옥'이라 이름 붙인 게스트하우스, 공작실로 쓰는 창고, 그리고 모래사장 곁에 있는 폐가를 말함이다.

"그리고 배도 있잖아요."

손자 이름을 따서 붙인 선외기船外機 '에녹호'를 말함이다.

"그리고 해수욕장도 있잖아요."

섬의 동남쪽 끝에 있는 폭이 50미터쯤 되는 작은 모래사장을 말함이다. 우리 가족을 제외하고는 1년에 한 사람도 찾아오지 않는 곳이다. 그래서 손자에게 그곳이 우리 가족 해수욕장이라고 말한 적이 있었다.

"사슴도 있구요."

무인도에 풀어준 사슴 얘기다.

"그리고 엄마가 섬 할아버지는 부자라고 그랬어요."

"그래? 엄마가 뭐라 그랬는데?"

"섬 할아버지는 뭐든지 다 갖고 있다고 그랬어요. 섬에서 보는 하늘이랑 바다랑 별이랑 다 할아버지 거랬어요."

"그래? 엄마 말씀이 맞다. 할아버지는 부자다."

"와!"

유학 중인 아빠를 따라 미국에 가서 2년째 살고 있는 8살 먹은 사내아이의 부자 할아버지가 바로 나다. 물론 나는 시쳇말로 전혀 부자가 아니다. 나를 아는 사람 중 아무도 나를 부자라고 생각하지 않는다. 50여 년 이상 우정을 나눠온 친구들도 이웃과 친척들도 나를 부자라고 인정하지 않는다.

함께 식사를 하면 친구들은 내가 식사 값을 내지 못하게 하고, 누님들은 동생이 좀 더 좋은 차를 몰고 다녔으면 한다. 이웃들도 그렇게 생각한다. 우리를 가난하다고는 않겠지만 부자하고는 거리가 멀다고 여길 것이다. 가지고 있는 것을 금액이나 재산 가치로 따지는 곳이라면 나는 그 자리를 피하고 싶다. 그렇다고 내가 가난하다고 스스로 생각한 적은 한 번도 없다. 지금까지 짧지 않은 인생을 살면서 가난하기 때문에 꿈을 접은 적은 없다. 조금 불편하거나 잠깐 동안 창피한 적은 있었지만 말이다. 가격으로 자랑할 만한 것은 얻지 못했지만 정말 하고 싶은 것, 나의 인생을 풍성하게 해주는 것을 돈이 없어서 포기한 적은 없다.

많은 사람들이 돈을 버는 목적으로 생활의 여유와 만족(소위 행복이라고 말하는), 그리고 긴급 상황에 대한 대비라고 말한다. 그러나 진정 삶을 행복하게 해 주는 것은 돈이 많은 것이 아니다. 욕심을 줄이는 것이다. 재벌이 되어도 자기들끼리 순서가 있고 재산을 더 늘리고 싶어서 헐떡거린다. 100년전 세계에서 가장 부자였던 록펠러도 '조금만 더' 돈을 벌고 싶어했다. 돈을 설탕물이라고 표현한 사람도 있다. 입에서 달지만 마실수록 갈증이 더욱 심해지는…….

옷차림이 폼나기 위해서는 비싼 옷이 아니라 살을 빼서 날씬한 몸매를 유지하는 것이 우선임을 우리는 잘 알고 있다. 그리고 죽는 것까지를 포함해서 오늘날 대부분의 긴급 상황은 보험이 대신해 준다. 미리 돈을 쌓아놓지 않아도 된다. 정말 필요하고 소중한 것은 돈으로는 구할 수 없다. 그것들은 돈과는 전혀 상관없는 것이기 때문이다. 나이가 들면 그 정도는 저절로 알게 된다.

은퇴하기 전, 월드비전에 근무하면서 여러 차례 아프리카를 여행했다. 그곳에서 가난한 사람들, 굶주린 사람들을 많이 만났다. 아프리카 주민과 비교했을 때 내가 상당한 부자임을 실감할 수 있었다. 그래서 나는 살아가면서 가난과 불편함으로는 절대 불평하지 않기로 했다. 사치하지 않고 낭비하지 않기로 했다. 그 후 나는 부富로부터 많이 자유로워질 수 있었다. 돈이 없어도 여유가 생겼다.

섬 생활이 주는 가장 큰 고마움 중 하나가 탐욕을 당길 만한 꺼리가 없다는 것이다. 이곳에서는 안목의 정욕을 불러일으킬 소위 값비싼 것을 찾아볼 수 없다. 명품 액세서리도 외제차도 정원이 넓은 이층집도 값비싼 가구도 없다. 눈에 보이지 않으면 마음에서도 사라지는 법이다.

내 것은 아니지만 아무한테도 간섭받지 않고 자유롭게 즐길 수 있는 해변과 무인도와 숲이 있다면 그것은 나의 것이나 다름없다. 다른 배의 항해를 훼방하지 않고 안전항해를 한다면 내 보트가 가는 뱃길이 그대로 나의 바다인 셈이다. 밤하늘의 초롱초롱한 별도 마찬가지다.

세상 사람들 눈에는 나는 부자가 아니지만 나의 사랑하는 손자에게는 언제까지나 부자 할아버지로 남고 싶다. 나이가 들면서 나의 손자는 수평선도 해수욕장도 밤하늘의 별도 할아버지 것이 아님을 알게 될 것이다. 할아버지의 창고 안에 있는 온갖 공구도, 통유리창으로 수평선이 바라보이는 해변가의 집도 선외기 보트도, 뭍에서 흔히 보는 검은 세단 승용차 하나 값에도 못 미치는 것을 곧 알게 될 것이다. 그래도 나는 부자 할아버지로 남고 싶다.

할아버지가 세상을 떠난 후, 그에게 부자 할아버지가 허망한 추억으로 남지 않기를 바란다. 몇 십 년 후, 할아버지가 심고 가꾼 아름드리 편백나무와 후박나무 숲에서 인적이 없는 모래 해변을 바라보며 나를 정말 부자 할아버지로 회상해 주기 바란다.

지난 주 미국 여행할 기회가 있어서 4개월 만에 다시 손자를 만나게 되었다.

"지금도 할아버지가 부자라고 생각하니?"

"그럼요."

"그래? 그럼 부자 할아버지가 뭘 사줄까?"

"돈가스요."

돈가스 정도라면 손자가 어른이 될 때까지라도 사줄 수 있겠다. 이 정도라면 충분히 부자 할아버지 아닌가?

(10.12.01)

가족의 이름으로

"아빠가 우리 가족 재단을 만들려고 한다. 너희들도 이제는 다 봉급을 받으니 매달 3만 원씩 갹출해서 재단의 기금으로 적립하도록 하고, 일단 앞으로 10년간은 적립만 하도록 하자.

언젠가부터 5월을 '가정의 달'이라고 한다. 가정을 다시 생각하며 가족의 소중함을 잊지 말라는 뜻일 것이다. 다 아는 사실이고 또 그렇게 생활하고 있지만, 다시 한 번 확인해 보라는 뜻 아니겠는가? 그러나 백화점에서는 월초부터 줄지어 있는 근로자의 날, 어린이 날, 어버이 날, 스승의 날, 성년의 날, 부부의 날을 상기시키며 선물을 강요함으로써 가정의 달을 상업적으로 편리하게 왜곡시키는 달이기도 하다.

나에게는 오늘 하루 쉬어도 좋다고 생색을 내는 사용자도 없고, 아이들은 다 성년으로 자라 부모 품을 떠났고, 어버이 날 선물금 봉투라도 하나 드릴 부모님도 안 계시고, 이제사 카드나 꽃을 보내드릴 스승을 찾는 것도 거북하고……. 그러니 가정의 달이 나에게 주는 특별한 의미를 찾을 수 없다.

게다가 부부의 날은 또 뭔가? 부부끼리 나가서 외식이라도 하라는 날인가? 굳이 그런 날이 필요하면 서로 만나 부부로 해로하게 된 결혼기념일을 부부의 날이라고 해야 하지 않는가?

영화 '흐르는 강물처럼'의 배경 빅블랙푸트 강 가에서 두 아들과

가정의 달 5월 달력을 들여다 볼수록 사용자는 사용자대로, 부모는 부모대로, 자녀는 자녀대로, 학생은 학생대로, 부부는 부부끼리 서로 피곤하고 분주한 달이다. 백화점 직원들도 피곤하기는 마찬가지리라. 무엇 때문에 누구를 위해 생긴 가정의 달인지 모르겠다. 백화점 주인을 제외하고는 말이다.

가정을 영어로는 home 또는 family라고 한다. 가정을 이루는 가족을 서로 혼동해서 사용하고 있다. 나에게 주는 가정의 달, 5월, 가정과 가족의 의미를 생각해본다. 생각해봐야 지난 달과 별다름이 하나도 없지만…….

10년 전, 우리 가족의 이름으로 꾸었던 꿈 이야기다.

사람이 죽어서 이름을 남기고자 하는 것은 우리 조상들만의 소망은 아니었던가 보다. 이름을 앞에 붙인 기념관, 도서관, 거리, 빌딩이 전혀 낯설지 않다. 오죽하면 정부政府에 까지 앞에다 자신의 이름을 붙이겠는가. 많은 이름 중에 내게 존경스러운 것은 재단財團 앞에 붙여진 이름이다. 록펠러 재단, 카네기 재단, 노벨 재단, 빌앤멜린다게이트 재단 등등 부자들이 죽으면서 또는 살아생전에 재단법인을 만들어 많은 돈을 재단에 희사해 소위 훌륭한 일을 하게 한다. 결국 세월이 흐르면서 가족은 흩어지고 사라지지만 부끄럽지 않은 곳에 이름을 새겨두고 싶었기 때문일 것이다. 나도 우리 가족 이름이 들어가는 그런 재단을 하나 남기고 싶었다. 그러나 언감생심, 나와는 거리가 먼 허황된 망상이었다. 재단 말고도 내가 내 삶을 의미 있는 것에 투자하면 되는 것 아닌가? 하는 생각으로 위로를 받기로 했다. 그러면서도 아쉬웠다. 그래서 꿈을 꾸기로 했다. 꿈꾸는 것이야 돈 한 푼 드는 것도 아니지 않는가?

결혼 날짜를 받은 큰 아들과 그 전해 사관학교를 졸업하고 초급장교가 된 작은 아들을 불렀다. 나 역시 직장인이던 시절이다.

"아빠가 우리 가족 재단을 만들려고 한다. 너희들도 이제는 다 봉급을 받으니 매달 3만원씩 갹출해서 재단의 기금으로 적립하도록 하고, 일단 앞으로 10년간은 적립만 하도록 하자. 큰 애 결혼하는 달부터 시작하고 통장은 어멈에게 맡기기로 하자. 이건 아빠가 정리한 재단의 취지문 겸 정관이니까 참고하고."

1. 재단의 이름은 'OH FAMILY FOUNDATION'(오 가족 재단)이라고 한다.
2. 재단의 기금은 우리 가족의 출연금과 이 사업에 찬동하여 외부에서 기부한 기부금으로 조성한다.
3. 재단은
   1) 인류 사회의 밝은 미래를 위한 사업을 한다.
      - 가난과 빈곤 타파를 위한 사업
      - 교육과 인권의 확장을 위한 사업
      - 질병문제의 해결을 위한 사업

2) 우리나라의 통일과 복지를 위한 사업을 한다.

4. 부칙

1) 구체적인 것은 가족끼리 협의하여 결정한다.

2) 어떠한 경우에도 가족을 위해서나 가족이 관계되는 사업에는 기금을 사용하지 않는다.

3) 기금을 조성하기 시작하여 최초 10년간은 사업을 하지 않는다.

2001년 11월

금년 가을 쯤 작은 아들이 결혼할 것 같다. 엊그제 아내와 나눈 이야기다.

"여보, 그동안 어멈이 우리 가족재단 통장을 붙들고 수고했는데, 이제 작은 애 결혼하면 걔들에게 맡겨야지?"

"그래야지요."

"금년이 10년째인데 얼마나 적립되었을까?"

"2년 전에 1000만원 되었다고 통장을 바꾼다고 했는데……."

재단이 꿈꾸는 거창한 사업을 위해서는 기금이 지금보다 1000배는 더 돼야 할 것이다. 나도 그것이 꿈같은 이야기인 줄 잘 안다. 그러나 누가 아는가? 나 같은 꿈을 꾸는 사람이 1000명이 되지 말라는 법도 없지 않은가.

(12.05.15)

아버지가 할아버지가 될 때

남은 일이 있다면 손주들을 위해 밤하늘의 별과 바다와 숲과 해변과 들꽃의 이야기를 갈무리하는 일밖에 없다. 다 자란 아들들을 보면서 이제는 편안하고 행복한 마음으로 할아버지의 나라를 준비한다.

지난 열흘 전 작은아들 결혼식이 있었다. 우리 부부가 은퇴 후 섬으로 이주한 지 이미 9년이 되어 그동안 뭍에서의 사회활동이 거의 없다시피 했다. 더욱이 결혼식은 신부의 고향인 부산에서 했다. 그래서 처음부터 청첩장을 만들지도 않았고 가족과 가까운 친지들만 개별적으로 초청해 결혼식에 참석하기로 했다. 청첩장을 보내지 않았지만, 결혼식에 와 주었으면 하는 사람들은 다 참석해서 자리를 빛내주었고 신랑신부를 축복해 주었다. 가족으로는 미국 동부에서 유학 중인 신랑의 형인 큰아들을 비롯해서, 뉴욕과 싱가포르에 사는 조카, 엘에이에 사는 누님 부부가 참석해 주셨다.

나로서는 만족할만한 결혼식이었다. 결혼식 전날 저녁엔 부산까지 내려가지 못하는 가족 친지를 모시고 서울의 한 식당에서 신랑 신부를 소개하는 피로연 행사를 가졌다. 참석한 친지들이 모두 신랑 신부를 위한 축복의 코멘트를 해 주었다. 공무원의 신분으로 미국에 유학 중인 큰아들, 즉 신랑의 형 차례였다.

"저희 3부자를 보시면 금세 공통점이 있음을 알게 되실 겁니다. 머리숱이 많지 않은 겁니다. 오늘 이 자리에 서 있는 신랑인 저의 동생도 마찬가지입니다. 그러나 저는 제 머리가 빠지는 것에 대해 아버지께 감사드립니다. 물론 대머리가 보기 좋은 것은 아니지만, 제가 머리가 빠짐으로 인해 사람을 평가할 때 외모보다는 그 사람의 내면과 실력과 잠재력을 드려다볼 수 있게 되었기 때문입니다. 신랑도 자신의 머리숱이 줄어드는 것을 탓하지 말고 앞으로 사람을 평가할 때 내면을 드려다볼 수 있는 혜안을 갖게 되기를 바랍니다."

"대머리에 개의치 않는 신부를 기다리느라고 제 결혼이 늦었습니다."

신랑인 동생의 이야기였다. 마지막으로 감사 인사를 하면서 내 차례가 돌아왔다. 예식 직전에 이발소에서 적은 머리숱을 매만져 감추고 온 내가 거북한 느낌이 들었다

"저는 40세가 되면서부터 머리숱이 줄어드는 게 눈에 띄기 시작하더군요. 모발에 좋다는 샴푸와 바르는 약과 먹는 약을 비싼 돈을 주고 사용했지만 소용이 없었습니다. 그래서 기도를 하기로 했습니다. 나이 50이 될 때까지만 보기 흉하지 않게 해 주세요. 그랬더니 정말 그렇게 되더군요. 기도의 응답을 받은 셈이지요. 지금 제 머리가 대머리가 된 것은 50세가 훨씬 넘어서부터 이렇게 된 것입니다. 그런데 한 가지 안타까운 것은 50세가 아니라 60세나 70세라고 했어도 하나님께는 손톱만큼의 차이도 없으셨을 건데 그렇게 하지 못한 것입니다. 5나 6이나 7이나

제가 기도하는데 아무런 어려움이 있는 것도 아니었구요. 제 믿음이 부족했던 때문이었지요. 이제 와서 다시 하려니까 너무 간사스럽기도 하고 하나님을 시험하는 것 같아 죄송하기도 해서 포기했습니다만, 오늘 저희 아이들 이야기를 들으니까 아빠로서 오히려 부끄러운 생각이 드는군요."

오래 전 아내와 두 아들의 운전을 아빠인 내가 직접 가르쳐줬다. 운전 초기에는 모두들 서툴렀고 내가 운전석 곁에 앉아있는 것이 불안했다. 아빠의 불안한 마음은 아랑곳없이 가족 나들이가 있으면 아들들은 서로들 운전석에 앉으려 했다. 그러던 어느 날, 아들이 운전하는 차를 타고 가는데도 전혀 불안감을 느낄 수 없었다. 몸도 마음도 편안했다. 언제 아들의 운전 실력이 그렇게 능숙해졌나? 그날 밤, 아들이 이제는 어른이 다 되었다는 느낌이 문득 들었다.

작은 아이는 본인의 결혼 준비로 분주한 중에도 외국에서 오는 친척들을 마중하러 새벽시간 공항에 가는 일부터, 예식장인 부산을 오가는 가족 친지들의 기차표와 호텔의 예약, 번복, 취소, 환불을 하느라고 결혼 당일 아침까지 정신이 없었다. 그런데도 군소리 한번 없었다. 그런 아들을 보면서 아내가 한마디 한다.

"여보, 당신 같으면 얼마나 짜증을 냈을까?"

"글쎄, 아직은 짜증낼 부인이 없어서 그렇기도 하겠지만, 아무튼 아빠보다 낫구먼."

작은아이 장가를 보내면서 아이들이 어른이 다 돼버렸음을 확인한다. 물론 30세가 넘었으니 어른이 다 되기도 했겠지만, 어른이 다 된 아들들을 보면서 이제는 부모로서 해야 할 일도 없어졌다. 아이들을 위해 더 이상 해줘야 할 가정교육도 남아 있지 않고, 가르쳐야 할 세상의 지혜도 이제는 부모의 몫이 아니다.

남은 일이 있다면 손주들을 위해 밤하늘의 별과 바다와 숲과 해변과 들꽃의 이야기를 갈무리하는 일밖에 없다. 다 자란 아들들을 보면서 이제는 편안하고 행복한 마음으로 할아버지의 나라를 준비한다.

(11.11.01)

할아버지와 손주들

손자의 꿈

"예, 나도 빨리 커서 해보고 싶어요. 할아버지 나 어른 되면 민호 아저씨 같이 배 타고, 고기 잡고, 전복도 따고, 소 키우면서 섬에서 살고 싶어요."

방학이 되어 도시에 사는 손녀와 손자들이 엄마를 따라 들어왔다. 어린아이 셋이 조용한 마을을 활기로 넘치게 한다. 평소에 고개를 숙이고 영감처럼 어슬렁거리던 강아지들도 아이들과 함께 덩달아 뛰어 돌아다니며 컹컹거린다. 아이들에게는 강아지와 해변의 자갈과 막대기만 있으면 더 이상 장난감도 게임기도 필요 없다.

이웃집 새끼 강아지를 안 준다고 손녀가 울먹거리며 들어온다. 가위 바위 보로 새끼 강아지를 품에 안는 순서를 정했는데, 오빠가 계속 안고 있다는 것이다. 숲에 달걀 찾으러 가는데, 오빠는 데리고 가지 말자고 했더니 금세 얼굴이 밝아진다.

집 뒤란 언덕진 텃밭에 울타리를 두르고 닭장을 만들었지만, 다 커버린 닭들에게 울타리는 무용지물이 되었다. 밤에 잠을 잘 때와 모이를 먹을 때만 제외하고

덤불 속에 숨어 낳은 계란

는 하루 종일 울타리 밖으로 나와서 땅을 헤집고 알을 낳는 장소도 제멋대로다. 그래서 매일 닭장 울타리 주변의 숲을 뒤져서 알을 찾아야 한다. 한번에 18개 또는 13개의 알이 숨겨져 있는 둥지를 발견한 적도 있었다. 가시덤불 사이에 숨어 있는 알을 찾는 건 아이들에게는 보물찾기 같은 즐거운 게임이다.

손주들과 함께 마세 해변 매실 밭에 갔다. 작년 여름 태풍으로 예년처럼 풍성하지는 않지만, 매화나무 가지마다 벌써 꽃봉오리가 맺혀있다. 날씨가 따뜻하면 2월 하순, 추위가 계속되면 3월이 되어서야 꽃봉오리가 벌어질 것이다. 벌써 은은한 매화 향이 코앞에서 아른거리는 것 같다.

아이들은 매화 밭 앞에 펼쳐진 드넓은 모래사장에서 강아지와 함께 뛰어 노느라 정신이 없다. 겨울이면 개미새끼 한 마리 찾지 않는 황량한 바닷가 모래사장이 갑자기 아이들과 강아지의 놀이터가 되었다. 무엇이 아이들을 저렇게 신나게 하는가? 찬바람에 얼어서 볼이 새빨갛다.

창고로 사용하는 폐가 마당에 모닥불을 지폈다. 지난 가을 태풍으로 날아간 지붕을 새로 하면서 버려진 각목 부스러기와 전지剪枝한 매실나무 가지가 땔감으로 충분했다. 불길이 오르자 아이들이 고함을 지른다. 원시인들의 축제마당 한가운데에는 늘 모닥불이 있었다. 기세 좋게 타오르는 불길 앞에서 이리 뛰고 저리 뛰면서 흥겨워하는 아이들 모습에서 문명 이전의 원시 축제를 본다. 왜 아이들은 불을 좋아하는가? 그렇게 불장난이 위험한 것이고 잠자리에 오줌을 싸게 하는 부끄러운 짓임에도 불구하고 왜 아이들은 불놀이에서 희열을 느끼는가? 순진무구한 아이들이 축제의 원형 앞에서 환희의 춤을 추며 기뻐하는 것이 너무 자연스럽게 보인다. 평소에는 손을 대지 않던 군고구마를 두고 서로 싸운다.

사흘 후 며느리가 아래로 두 아이를 데리고 먼저 섬을 떠났다. 초등학교 4학년인 큰 손자만 섬에 남겨졌다. 혹시 엄마 생각으로 혼자서 풀이 죽어 있을까 걱정했다. 그러나 엄마와 동생들을 태운 배가 선착장에서 떨어지자마자 "할아버지!" "할머니!" "민호 아저씨!"를 부르며 섬에서 어린 왕자 주인공이 되어 버린다. 막대기와 강아지와 달걀 때문에 동생들과 다툴 필요도 없게 되었다. 하루에 백번도 더 '할아버지'를 부른다. "할아버지, 그건 왜 그래요?" 답변하기도 숨차다.

겨울바람 찬 공기에도 불구하고 강아지와 함께 뛰어 돌아다니며 함성을 지른다. 아이들에게는 함성이 기쁨의 표시이다. 어른들도 기쁠 때 소리를 지른다. 그 소리를 구분하고 다듬어 음악으로 만든 것을 사람들은 노래라고 한다.

이장 아저씨가 잡은 상어를 들어보이는 손자들

점심을 들고 밖에 나간 아이가 저녁 시간이 다 되어서 들어왔다.

"어디 갔었니?"

"민호 아저씨한테 갔었어요."

아이들 다 키워놓고 고향으로 돌아와 노모와 함께 사는 50대 초반의 이장 아저씨다.

"민호 아저씨 뭐 하시던?"

"봄에 고기 잡는다고 그물 다듬고 있었어요."

"세 시간 동안 아저씨 곁에서 너는 뭘 했는데."

"아저씨 그물 다듬는 것 옆에서 잡아 주기도 하고, 모얏줄(계선줄) 묶는 것 배우기도 했어요. 그리고 아저씨가 여름 방학에 오면 주낙 데리고 간다고 했어요."

"그래 그게 재밌니?"

"예, 나도 빨리 커서 해보고 싶어요. 할아버지 나 어른 되면 민호 아저씨 같이 배 타고, 고기 잡고, 전복도 따고, 소 키우면서 섬에서 살고 싶어요."

초등학교 들어가기 전에 "나는 커서 할아버지가 되고 싶어요" 하던 손자가 그 때보다는 꿈이 더 구체화되었다.

"그러려면 민호 아저씨한테 잘 보여야지 가르쳐 주시지. 민호 아저씨 빨간 여자 털모자 쓴것 우습지? 털모자 하나 선물해 드려라."

"여름 방학하고 올 때 모자 하나 사 올 거예요."

고만한 나이에 나는 유명한 과학자가 되어 노벨상을 타겠다고 했던 어린 시절 꿈 애기가 생각난다.

요즘 아이들의 꿈은 무엇일까? 연예인, 가수, 스포츠맨, 돈을 많이 버는 직업인, 정치인 등 유명인사가 되어 인기와 부러움을 받는 사람이 아닌, 엉뚱하게도 외딴 섬의 어부를 꿈꾸는 손자. 도회지의 아파트에 살고 유학한 아빠를 따라 미국 생활을 4년 간 하고 돌아온 손자의 꿈이다. 하기는 어부라는 직업이 편하고 즐겁게 살아가는 인생이기는 하다. 어린아이가 인생의 보람과 의미를 생각하며 꿈을 구체화할 수는 없을 것이다. 단순히 그것이 행복하거나 자랑스럽다고 생각하는 것을 어린이들은 꿈이라 부른다. 그러나 행복하게 보이는 것과 진정 행복한 것의 구분은 어린 시절부터 훈련이 필요할 것이다. 인기인이나 유명인과 행복은 별 연관이 없다. 단지, 그럴듯하게 보일 뿐이다.

섬마을의 어부가 되는 것이 손자의 꿈이라면 내가 해야 할 일이 많을 것 같다. 손자의 꿈이 이루어지기를 바란다. 행여 나중에 꿈이 바뀌어지더라도 섬마을 어부의 삶보다 더 아름답고 행복한 삶을 살기를 바랄 뿐이다.

(13.01.15)

가난의 추억

중학생 시절, 나는 방과 후 많은 시간을 학교 도서관 아니면 어둡고 습기 찬 극장에서 보냈다. 도시에 있는 대여섯 개 극장 중 국내영화 상영관은 아이들을 입장시켜주지 않았다. 반면……

나는 해방 2년 후인 1947년 태어났다. 그러니까 금년 우리나이로 63세가 되는 셈이다. 전남 장성에서 태어났으나 교사인 아버지를 따라 서울서 자라다가 6.25전쟁 때 다시 고향으로 피난 내려가 유년기와 청소년기를 광주에서 보냈다.

내 머릿속에 각인된 최초의 의식은 유모의 등에 업혀 숫을대문을 나와 시장을 둘러본 기억이다. 집이 거기였으니까 돈암동 시장이었을 것이다. 6.25 전 이야기다. 그리고 네 살 때 피난 내려 올 때의 기억 몇 개가 드문드문 떠오른다. 짐을 가득 실은 손수레 속에 끼어 앉아 내려오던 피난길, 왜간장에 밥을 비벼먹고, 미숫가루로 허기를 채우고, 게들이 몰려다니는 물이 빠진 뻘밭을 건너던 그림들이다. 나보다 두 살 많은 작은누나가 장닭에 물릴 뻔한 일도 피난 내려오던 중 잊혀지지 않는 기억이다.

6.25전쟁이 마무리되면서 우리 가족은 광주에 정착했다. 4남매 아이

들을 학교에 보내기 위한 어머니의 결단이었다. 아버지는 6.25전쟁 와중에 돌아가셨다. 그때는 정말 가난한 시절이었다. 그러나 시대가 가난한 시절이었으니까 그때의 가난은 특별한 수치羞恥도 자랑도 아니었다. 지금 생각하면 거의 모두 배고프고 불편했지만 그것이 일상이어서 큰 불만도 없었다. 다들 그러려니 했다.

피난민들을 위한 배급양곡을 받기 위해 엄마를 따라다녔다. 배급양곡은 미국서 들여온 벌건 수수였다. 하루 종일 기다려 엄마가 머리에 일 수 있을 만큼 배급을 받으면 골목에서 쌀 한 됫박과 바꿔주는 쌀장사들이 엄마의 팔을 끌었다. 엄마 뒤를 좇아다니며 내가 하는 일은 길거리에서 불쏘시개로 쓸 지푸라기 새끼줄과 나무 조각을 줍는 일이었다. 먹는 것도 귀했지만 불 땔 나무도 무척 귀했다. 나무가 없는 민둥산이 그때부터 내게는 가난의 상징이 되었다.

1953년 봄, 초등학교에 들어갔다. 학교에는 아이들이 버글거렸다. 내가 다니던 학교 학생 수는 전체 5천 명이 넘었고 5, 6학년을 제외하곤 아침 반, 낮 반으로 나눠서 학교에 갔다. 한 반 학생은 100명 전후였다. 출석 한번 부르는 데 족히 30분은 걸렸고, 같은 이름의 아이들이 많아 실제 머릿수와 출석부 숫자 사이에 차이가 나곤 했다. 한 반에 한두 명은 유치원을 거쳐 온 아이가 있었다. 귀족의 자녀였다.

장난감은 명절 때 잠시 만져보는, 그리고 금세 고장이 나는, 화약총을 제외하고는 손수 만들거나 주운 것이었다. 사내아이들은 탄피와 구슬과 딱지를 가지고 놀았다. 형들을 따라 도시 밖으로 나가면 탄피를 쉽게 주울 수 있었다. 공이 있으면 동네 아이들이 함께 여러 놀이를 즐길 수 있었다. 깡통을 오그려서 차고 노는 놀이도 있었다. 넓은 마당에서는 자치기 놀이도 즐겼다. 탱자나무로 만든 묵직한 자치기를 아이들은 최고의 것으로 쳐 주었다.

빡빡 깎은 사내애들의 머리에는 기계충이 덮여 있었고 얼굴에는 버짐이 퍼져 있었다. 전형적인 영양결핍 증세였다. 지금처럼 비만인 아이들은 하나도 없었다. 여자아이들에게는 고만고만한 돌멩이를 주워서 하는 공기놀이와 마당에 금을 긋고 하는 사방치기놀이, 땅따먹기, 그리고 고무줄놀이가 거의 전부였다.

초등학교 4학년부터는 남자와 여자의 반이 따로 만들어졌다. 사내애들 반에서는 싸움 잘하는 서열이 정해졌다. 실제로 싸움을 해서 정해지기보다는 자동적으로 정해졌다. 그 랭킹에 승복하지 못하는 경우에는 종종 싸움이 벌어지기도 했고, 그 결과로 새 랭킹이 만들어 지기도 했다. 아이들이 빙 둘러싼 가운데 일대일로 맞장을 뜨는 싸움은 지금 생각하면 매우 신사적인 것이었다. 코피가 먼저 나거나 밑에 깔리면 지는 것이다.

당시 학교에서 1년에 한차례씩 하는 끔직한 행사가 있었다. 쥐를 잡아서 꼬리를 잘라오는 일과 회충 검사를 위해 똥을 성냥갑에 받아오는 숙제였다. 대부분 아이들이 산토닌 회충약을 먹기 위해 하루 전부터 굶었다. 회충약을 먹으면 하늘이 노래지고 어지러웠다. 그리고 다음날 지렁이 같은 회충이 덩어리로 빠지는 아이도 있었다.

주전부리 할 것이 귀한 시절이었다. 사실 말하자면 간식이란 단어도 없었다. 종종 엿장수가 가위를 철거덕거리며 마을로 찾아왔지만, 가난한 집에는 헌 고무신이나 빈병도 찾아보기 힘들었다.

겨울철에 동네 사내아이들이 함께 칡을 캐러가는 것은 연중행사였다.

산에서 캐 온 팔뚝 굵기의 칡을 머리수대로 나누면 며칠 동안 동네 골목에 씹고 버린 칡들이 너절하게 깔리곤 했다. 봄엔 아직 영글지 않은 보리를 수염을 태워서 비벼 먹기도 했고 가을엔 메뚜기를 잡아 구워 먹기도 했다. 재미로 한 것이 아니었다. 맨쌀도 즐겨먹었다. 그런 것들이 간식이었다.

연중행사는 아니었지만 학교에서는 종종 분유잔치가 있었다. 미국에서 보내 준 드럼통에 담긴 분유를 학교에서 가마솥에 끓여 한 주전자씩 학급으로 가져다주면 아이들은 도시락 뚜껑에 받아 마시곤 했다. 영양 보충 프로그램이었다.

선생님이 하는 중요한 일 중 하나가 아이들로부터 월사금(수업료)을 걷는 일이었다. 월사금 독촉에 어린 아이들 마음에 상처가 있었고 결국 학교를 중도포기하기도 했다. 5, 6학년 고학년이 되어서는 교실까지 코흘리개 동생을 데리고 들어오거나 업고 오는 아이도 있었다.

그 무렵 도시에 처음으로 시내버스가 등장했다. 도시 이 끝에서 저 끝까지 남북으로 이어지는 큰 길을 오가는 버스였다. 학교 앞에 사는 아이가 버스를 타고 두 정거장을 갔다가 다시 학교로 걸어와 시내버스 탄 것을 자랑하기도 했다. 신작로 큰길 가에는 택시장이 있었다. 결혼식을 마친 신랑신부나 부잣집 잔치 때 빌려 타는 검정색 세단 택시였다. 도시 전체에 열대 정도 되었을 것이다. 아이들은 그 세단의 차번호들을 다 외우고 다녔다.

한번은 부산 이모 집에 갔다 온 엄마가 운동화를 사오셨다. 처음 보는 스펀지 운동화였다. 동네 아이들에게 그 운동화를 신고 전봇대를 한 번씩 돌아오라고 선심을 쓴 기억이 남는다.

도시에 있는 학교임에도 불구하고 초등학교 졸업 후 절반 이상의 아이들이 중학교 문턱을 밟지 못했다. 나는 중학교를 다니면서 4.19의거(4.19혁명)와 5.16군사혁명(5.16군사정변)을 경험했다. 1960년 봄, 중학교 2학년 때, 4.19 데모로 열흘 정도 학교를 가지 않았던 기억이 난다. 그때 신문에서 처음으로 '데모'라는 낯선 단어가 출현했다. 다음해 5월 발생한 군사혁명을 사람들이 '쿠데타'라고 한 것은 한참 후의 일이었다.

중학교를 졸업하고 고등학교로 진학하고, 고등학교를 졸업하고 대학을 가는 것은 전국적으로 보면 소수 학생에게만 주어지는 특권이었다. 1960년대만 해도 결혼식장에서 고등학교를 졸업한 신부에게 "신부는 고등교육을 받은 수재로서……." 하며 주례자가 추켜올릴 때였다.

고등학교를 졸업하고 바로 공무원이 된 친구도 있었다. 집안 사정으로 대학을 가지 못한 나의 친구 중에 20세에 9급 공무원으로 시작해서 1급 관리관으로 정년퇴직한 전설적인 인물도 있다. 그때는 공무원들은 대부분 가난했다.

중학생 시절, 나는 방과 후 많은 시간을 학교 도서관 아니면 어둡고 습기 찬 극장에서 보냈다. 도시에 있는 대여섯 개 극장 중 국내영화 상영관은 아이들을 입장시켜주지 않았다. 반면 대부분이 서부활극인 외국영화를 상영하는 극장에는 쉽게 들어갈 수 있었다. 당시 이승만 대통령 얼굴이 새겨진 100환짜리 동전 한 개가 우리의 입장료였다. 영화는 시골 소년의 꿈과 상상력을 한없이 넓혀주었다. 미국을 가보고 싶었고 영어로 말하고 싶었고 세단을 갖고 싶었다. 그것이 가난한 시절의 나의 꿈이었다.

그 당시 미국은 우리들의 천국이었다. 죽어도 미국을 한 번은 구경하고 싶었다. 그러나 미국 가는 방법도 몰랐고 영어도 못했고 돈은 더더욱 없었다. 그래서 생각해 낸 것이 선원이 되어 배를 타고 가는 것이었다. 그때부터 해양대학에 가는 꿈을 꾸면서 기도했다. 그 기도가 나중에 이루어졌다.

고등학생이 되어서도 가난은 여전했다. 한 반 학생은 60여 명으로 줄었지만 시계를 찬 학생이 고작 서너 명 정도였다. 안경을 낀 학생 수도 그 정도였다. 시력이 좋지 않아도 돈이 없으면 안경을 낄 수 없었다. 팔꿈치까지 올라가는 교복을 계속 입고 다니는 친구도 있었고 점심 도시락을 싸들고 오지 못하는 친구도 있었다.

1964년 겨울 고등학교 졸업을 한 달 앞두고 할아버지가 돌아가셨다. 아버지를 일찍 여윈 나는 그때까지 계속 할아버지의 도움으로 학교를 다니고 있었다. 내가 고등학생이 되자 할아버지는 고등학교를 마치면 시골에 들어와 농사를 지으며 가업을 이으라고 하셨다. 할아버지 말씀을 무시하기 어려운 입장이었다. 고등학교 3학년이 되어서는 농협에 다닌다는 참한 색시까지 손자며느리감으로 점찍어 놓으셨다. 그때 할아버지가 돌아가시지 않으셨다면 내 인생이 어떻게 바뀌어졌을지 모르겠다.

나는 고등학교를 졸업하고 꿈에 그리던 해양대학에 입학했다. 학비와 기숙사 생활비 전액이 면제되는 학교였다. 가난한 학생들에게는 천국 같은 대학이었다. 해양대학을 졸업하면서 나의 70년대가 시작되었다. 군복무를 마치고 외항선을 타고 오대양을 돌아다녔다. 선원으로 미국 땅을 밟아보기도 했다. 그리고 결혼을 했고 아이 둘을 갖게 되었고 가정과 교회와 직장에서 열심히 일하고 노력했다.

물론 아침저녁 만원 버스를 타고 출퇴근했고 도시락을 싸들고 다녔다. 출장비를 아끼느라고 완행기차를 탔고 여인숙에서 자기도 했다. 불편했지만 힘든 줄은 몰랐다. 꿈이 있었기 때문이었다.

요즈음 경제가 몇 십 년 만에 겪는 어려움이라고 한다. 세계 경제가 어렵고 나라 경제가 어렵고 실물경제가 어렵다고 한다. 어려운 시절이다. 뭐가 어려운가? 쉽게 말하자면 써야 할 돈이 마르고 가난(?)해졌다는 뜻이다. 그 결과 우리의 일상이 불편해지고 빡빡하게 됐다는 뜻이다. 앞으로 더욱 더 불편해지고 팍팍하게 될까봐 불안해졌다는 말이다.

어렵다는 뉴스를 접할수록 정말 어려웠던 시절이 추억으로 떠오른다. 그러나 나의 경우에는 그 가난의 추억이 나를 더욱 풍성하게 해 준다. 꿈만 잃지 않는다면 가난은 누구에게나 언젠가는 아름다운 추억으로 자리매김할 것이다.

(09.03.27)

가난했던 시절 친구들과 1961년

노인의 귀향

사람이 살지 않는 집을 바람은 어찌 그렇게도 잘 찾아내는 지……. 겨울 동안 비어 있던 할머니 집엔 바람이 살고 있었다.

겨울을 뭍의 자녀들 집에서 난 할머니 두 분 중 한 분이 지난주 들어왔다. 석 달 만이다. 할머니를 기다리던 방은 주인 없이 겨울을 보내 썰렁했다. 지난겨울은 유달리 춥고 눈도 많이 왔다. 물탱크 호스는 얼다 녹다를 반복해서 밸브가 파열돼 탱크 물이 다 빠져버렸고 펌프도 고장나 있었다. 기름보일러 역시 작동이 되지 않았다. 외딴 섬에서 무슨 기름보일러냐? 하는 분이 있겠지만 우리 마을 난방은 100프로 기름보일러를 사용한다. 땔감으로 쓸 나무가 없는 것은 아니었지만 10여 년 전 어선용 면세유를 구하기 쉬울 때 각 가정의 재래식 구들을 다 메우고 모두 다 기름보일러를 설치했다.

뭍에 사는 자녀들이 부모님께 효도한다면서 앞다투어 바꿔 드린 것이다. 덕분에 추운 날 한데 나갈 필요 없이 방안에서 스위치 올리는 것만으로 겨울을 따뜻하게 보낼 수 있게 되었다.

자녀들이 해 준 것은 보일러만이 아니다. 집 뒤란 언덕에 물탱크를 설치하고 자동펌프도 달아드렸다. 우물까지 내려가서 두레박으로 물을 뜨는 수고 대신, 펌프를 이용해 물탱크로 물을 옮겨 놓거나 아니면 자동펌프를 사용해서 집안에서도 물을 받을 수 있게 되었다. 부엌방 한쪽에는 싱크대를 달아 드리고, 마루 끝에는 벽을 헐고 수세식 화장실을 설치해 드렸다.

뿐만 아니다. 좁은 방에 어울리지 않는 벽걸이 TV, 냉장고, 김치냉장고 등 값나가는 전기 제품이 자리하고 있고, 뭍의 자녀들이 올 때나 한 번씩 돌려주는 세탁기도 있다. 모두 자녀들이 뭍에서 구입해서 보내준 것이다. 몇 가구 안 되는 섬마을에서 한 집에 뭔가 그럴듯한 것이 들어오면 1년이 채 가기 전에 모든 집에 다 들어온다.

낙도에 홀로 사는 부모에 대한 미안함이 자녀들에게 경쟁적으로 효도심을 발휘하게 했다.

섬 노인들의 생활용품만 보면 도시 아파트에 사는 사람이 부럽지 않다. 덕분에 좁은 방안이 더욱 비좁아진 것만 제외하면 노인들의 생활이 여간 편리해지지 않았다. 그러나 꼭대기가 천정까지 닿는 대형 냉장고와 채널 한 개로 드라마밖에 보지 못하는 위성TV나, 더운물을 쓰지 못하는 보일러를 손 봐 드릴 때는 마음이 씁쓸해진다.

사람이 살지 않는 집을 바람은 어찌 그렇게도 잘 찾아내는지……. 겨울 동안 비어 있던 할머니 집엔 바람이 살고 있었다. 방바닥은 얼음장같이 찼다. 당장 그날 밤 자는 것이 문제였다. 뭍의 자녀들도 그게 마음에 걸렸던가 보다. 다행히 큰아들이 사줬다는 28만 원짜리 고급 전기장판(온돌마루)을 가지고 들어왔다. 보일러를 고치고 난방시스템이 잘 돌아갈 때까지 방바닥에 깔고 주무시라고 아들이 사 준 것이다. 노인들에게는 방바닥 따뜻한 것이 겨울철의 가장 큰 행복이고 자랑이다. 그래서 따뜻한 전기장판이 자녀들의 첫 번째 효도 선물이다.

선착장에서부터 무거운 온돌마루 장판을 옮겨드리고 펌프와 보일러를 고치고 호스를 갈아 끼는 것은 동네 사내들의 몫이었다. 사내라고 해봐야 나를 포함해서 60대가 넘은 중늙은이 둘과 50대 중반인 이장이 전부다. 다음날 날씨가 따뜻해서 일 하기에는 안성맞춤이었다. 보일러는 버너를 뜯어서 소제하고 연료 필터를 갈았다. 펌프는 이웃집에 있던 중고 펌프로 바꾸고 밸브를 새것으로 교환해서 물탱크로 물을 올렸다. 물이 나오고 보일러가 돌아가면서 집안에 금세 온기가 돌았다. 아내는 몇 개월 동안 사용하지 않은 위성 TV 리모컨을 다시 설정하고 채널을 고정해서 켜고 끄는 것을 리모컨에 다시 표시해드렸다.

그 날 그 할머니가 세 차례나 우리 집엘 찾아왔다. 소위 이바지를 갖고 온 것이다. 처음 가져온 돼지머리 누른 고기와 인절미, 그리고 귤 세 개씩은 동네 사람 모두에게 다 간 것이었다. 보일러 시운전이 끝난 다음에 두유 다섯 개와 동태 한 마리를 가져왔다. 아내가 TV를 나오게 해 드린 후에는 며느리가 담가줬다는 무채 김치와 사과 두 개를 또 가져왔다. 노인이 혼자 섬에서 살아가는 방법이다.

연실 우리 집엘 들락거리면서 아들이 사준 것, 며느리가 선물한 것, 딸한테서 가져온 것이라며 자녀들을 자랑한다. 큰아들과 며느리가 목포까지 태워 드렸단다. 온돌마루(전기장판)와 보따리들을 배에까지 실어 주었단다. 아들은 며느리 몰래 용돈도 두둑이 드렸을 것이다. 대부분의 뭍의 자녀들처럼, 할머니의 아들도 시간을 드리지 못해 돈으로 할 수 있는 모든 것으로 대신해서 효도하는 모습이 눈에 선했다.

세상의 모든 인정人情은 눈에서 사라지면 마음에서도 떠나는 법, 섬을 떠난 자녀에게 다음 명절이 올 때까지 고향은 멀리 사라진다. 목포 선착장에서 노인을 실은 배가 떠나자마자 아들은 분주히 자기 세상을 향해 발길을 돌렸을 것이다. 노인 역시 이바지 보따리를 챙기며 섬을 향해 마음이 분주했을 것이다. 비록 섬에서 노인을 기다리는 것은 바람뿐이지만…….

(11.03.01)

옛날에는

가난했고, 모든 것이 불편했고, 어른들은 사는 것이 힘들었지만, 아이들은 그런 건 몰랐다. 노느라고 정신이 없었을 뿐이다.

그때를 생각하면 힘들고 고통스럽고 부끄러운 시절이어서 '옛날이야기'를 하지 않는 사람도 있지만, 그럼에도 불구하고 "옛날에는……" 하면서 이야기를 꺼내는 사람들이 압도적으로 많다. 나이 지긋한 노인네나 어른들뿐 아니라 청년들이나 아이들도 옛날이야기를 한다.

그러고보면 옛날이란 모든 사람들에게 고무줄처럼 다르게 자신에게만 적용되는 과거 시절이다. "옛날 우리 어렸을 때는 참말 끔찍했지." 하면서 고개를 흔드는 사람이 없는 건 아니지만, 대부분 사람들은 "옛날에는 참 좋았는데……" 하면서 아름다운 추억으로 이야기를 꺼낸다. 나이든 분들에게 옛날이라고 할 때 공통된 요소는 가난한 것, 불편한 것, 힘들게 일한 것, 그러면서도 정겨웠다는 일이다.

지금 수준으로 보면 비위생적인 생활도 옛날의 중요한 한 부분이다. 사내들 빡빡 깎은 머리의 기계충과, 계집애들의 머릿니, 얼굴의 버짐은 보통이었고 이, 빈대, 벼룩은 지금의 파리나 모기, 개미 같이 흔했다. 손만 만져도 옮긴다는 옴이라는 가려움 병이 마을을 휩쓸기도 했고 초등학교 교실에는 반에 네댓 곰보얼굴을 가진 애들도 있었다. 하루 세끼 밥을 곡식으로 먹는 가정이 드문 가난한 시절이었다.

도시아이들의 놀이터는 도로가나 골목길이었고, 시골아이들에게는 산과 들과 개울가였다. 대부분의 장난감은 화약이나 고무줄 등을 제외하면 손수 만들거나 주운 것이었다. 과체중이나 비만은 그런 뜻의 단어가 있는 줄도 몰랐지만, 알았더라도 실물은 보기 힘든 시절이었다. 그 대신 개울은 하늘처럼 맑았고, 거기에는 언제라도 잡을 수 있는 각시붕어와 피라미가 있었다. 한 여름 내내 그 개울은 아이들의 수영장 겸 목욕탕이었고 놀이터가 되었다.

옛날 이야기를 하는 동리 할머니들

마을 뒷동산은 솔잎과 가시나무, 진달래 뿌리까지 땔감으로 긁어가 헐벗겨졌지만 깊은 산은 서늘할 정도로 숲이 무성했다. 계곡에 흐르는 물에선 이른 봄 개구리 알이 덩어리로 엉겨 있었고, 도롱뇽과 가재는 귀하지도 않았다. 겨울에도 개울 얼음 밑에서 돌을 주워들면 뱃바닥이 빨간 맹꽁이를 잡을 수 있었다. 논으로 물을 대는 수렁에서는 미꾸라지와 우렁이를 잡을 수 있었고, 볶은 메뚜기는 아이들의 귀한 영양 간식이었다.

그 때는 뱀이 개구리를 잡아먹었다. 요즘 뱀은 무엇을 먹고 사는지 모르겠다. 어린 시절 우리들의 친구였던 각시붕어, 징거미, 드렁이, 두꺼비, 거머리, 왕잠자리, 청개구리, 물장군, 송장메뚜기, 땅강아지들을 어른이 되어서는 다시 만나지 못했다. 가난했고, 모든 것이 불편했고, 어른들은 사는 것이 힘들었지만, 아이들은 그런 건 몰랐다. 노느라고 정신이 없었을 뿐이다. 물론 학교 공부도 있었지만, 그것은 아이들 생활의 극히 일부였다.

그때는 도시나 시골을 불문하고 아이들이 많았다. 풍성했다는 말은 아이들이 많았다는 뜻인가? 아니면 아이들이 많아서 풍성했던가? 놀이터인 자연도 풍성했다. 나의 옛날이야기에 나오는 소품들이다.

이웃 섬마을에서 열아홉에 시집 와서 60년 이상을 섬에서 살아온 할머니 얘기다.

"옛날이 좋았지라."

이 섬에서는 쌀이 나오지 않는다. 명절 때 쌀 한말(10kg) 사올 수 있으면 잘 사는 편이었고 못 살아도 닷 되는 사왔단다. 위로 시부모님과 결혼하지 못한 시누이 시동생을 포함하면 평균 한 집에 10여 명의 가족이 있었다. 먹고 사는 것이 가장 큰 문제였다. 고기 잡는 배가 있어 명절에 쌀말이라도 사올 수 있고, 사람이 살지 않는 무인도로 (땔감)나무를 찌러(베러) 갈 수 있으면 그나마 여유 있는 집이었다.

좁은 산밭에서 나는 보리, 좁쌀, 감자, 피, 기장, 수수, 고구마와 칡이 주식이었고, 산에서 캐는 쑥, 달래, 고사리, 취와 갯가에서 얻는 불뚱이, 김, 파래, 톳, 미역, 바우옷, 가사리, 파래가 돈으로 바꿀 수 있는 것이었다. 1년에 한번 찾아오는 약초 수집상에게 건네주는 하수오, 천문동, 황정(둥굴레), 삽주(창출), 딱주(잔대) 뿌리와 신복(순비기)나무 열매 말린 것으로 남편과 시아버지 생일 밥상을 차릴 수 있었다.

당시에는 꽃게가 많이 잡혀 그물 채 걷어 와서 모래사장에서 게를 털었다. 덕분에 게는 여한이 없을 정도로 많이 먹었다. 값나가는 생선은 돈으로 바꿨지만 숭어, 우럭, 노래미, 장어, 간재미 등은 어렵지 않게 잡아먹을 수 있었다.

가장 힘드는 것이 땔감 나무였다. 진달래와 가시나무 뿌리까지 산에서 자취를 감추어 섬의 남쪽 끝까지 가서 마른나무 줄기를 꺾어오곤 했다. 지금은 굴(갯바위에 붙어 있는 자연산)을 팔기도 하지만, 그때는 집 반찬으로만 땄다. 봄에 나는 두릅 역시 그때는 돈이 되는 건지 몰랐다.

"그래도 그때가 좋았지라."

산이고 갯가고 어디 가든지 그때는 이웃집 아낙이랑 같이 나다녔다. 아이들도 혼자 놀지 않고 아침부터 저녁까지 이웃집 아이들과 함께 싸돌아다녔다. 사내들은 사내들끼리 계집애들은 자기들끼리 떼로 지어 시시덕거리며 놀았다.

"지금 생각해보면 그때는 뭐든지 혼자 하믄 큰일 나는 중 알았서롸. 근디 지금은 나눠 먹을 것도 많고, 재미나는 것도 많은디, 함께 허게 되질 않는구만이라. 동네에서 공동으로 하는 미역 작업을 빼놓고는 산에 가는 것도, 깻밭(갯가)에 가는 것도 다 혼자서 하지 옆집보고 같이 가자고 허들 않게 됐구먼이라. 꼭 이웃이 죽어 없어져서만이 아니라……."

할머니들마다 쌈짓돈 몇 백만 원은 통장에 보관하고 있는데도, 혼자 사는 노인들을 위한 공공 선물이 오면 받는 사람을 선정하는 데 애를 먹는다. 떡 한 덩이도 나눠먹던 시절은 호랑이 담배 피우던 시절 이야기다.

나눔을 잃어버린 시대에 살고 있다. 무엇이 오늘보다 옛날을 즐겁게 만드는가? 그때는 함께하는 이웃이 있었다. 함께 놀고 싸우고 고민하고 슬퍼하던 이웃, 콩 한 쪽뿐 아니라 공감을 함께 나누던 이웃이 그때는 있었다. 지금은 그 이웃도 많이 사라졌지만, 있어도 함께하지 않는다.

요즘은 도시뿐 아니라 시골에서도 나 홀로다. 하루 종일 TV가 나오고, 냉장고에 먹을 게 쌓여 있고, 따뜻한 전기장판에 엉덩이 깔고서, 옛날이야기보다 훨씬 짜릿한 드라마를 골라 볼 수 있는 축복받은 삶, 이웃도 마찬가지 아니겠는가? 남아 있는 섬사람들은 나중에 무엇으로 옛날을 그리워할지 모르겠다.

(11.09.15)

소리의 추억

소쩍새 울음과 함께 신새벽 수탉의 울음이 들리면 세상에서
가장 고왔던 어머니의 슬픈 표정이 떠오른다.

우리의 생각을 과거로 돌이키게 하거나 데자뷰(기시감)를 느끼게 하는 것이 있다. 그것은 눈에 보이는 물체나 풍경일 수도 있고 냄새나 소리나 촉감이나 맛일 수도 있다. 인생이 각각이듯 추억을 회상케 하는 도구도 사람마다 다르고, 머릿속에 떠오르는 장면 또한 기분 좋은 것, 불쾌한 것, 슬픈 것, 아름다운 것 등 천태만별이다.

고사리나물을 먹을 때마다 오래 전 돌아가신 할머니가 생각난다는 친구가 있다. 어린 시절 할머니가 해 준 고사리나물이 그렇게 맛있었단다. 나는 그 친구에게 매년 봄, 섬에서 꺾은 첫 고사리를 보낸다.

아내는 종종 혼자서 수제비를 만들어 먹는다. 육이오 끝 무렵 피난민들에게 밀가루를 배급해 줬다. 그 밀가루가 떨어질 때까지 어머니는 수제비를 끓였다. 나는 수제비를 볼 때마다 너무 고달팠던 그 시절이 떠올라 입에 대지 않는다.

나의 친구인 탤런트 K여사는 독특하고 진한 향수를 쓴다. 오래 전 그녀가 담배를 피우던 시절 그 냄새 때문에 향수를 진하게 뿌렸을 거라고

생각한다. 가끔 그 비슷한 향기가 코에 스칠 때마다 K여사의 환한 웃는 모습이 떠오른다.

우리 집 안방 벽엔 유화油畵 한 점이 걸려 있다. 배추밭과 미루나무와 먼 산이 배경으로 있는 풍경화다. 처가가 있는 춘천을 오가면서 풍경화의 지점을 분명히 보았던 것 같다. 나중에 천천히 경춘가도를 달리면서 살펴보았지만 그림 속 풍경 같은 곳은 실제로는 없었다. 그러나 지금도 이 그림을 쳐다 볼 때마다 춘천 가는 국도변에 이런 곳이 있었던 느낌이 든다.

30대 후반, 가족과 함께 미국에서 2년 동안 머물던 시절이 있었다. 미국제 중고차를 운전하여 학교와 교회를 오가면서 늘 베토벤 피아노 협주곡과 모차르트의 진혼곡을 들었다. 가지고 있던 테이프가 그것밖에 없었기 때문이다. 지금도 그 음악이 들리면 30년 전, 해 질 무렵의 을씨년스런 분위기와 교회로 가는 황량한 거리 풍경이 선명하게 떠오른다.

오감五感으로 접하는 많은 것이 과거를 돌이키게 하지만, 가장 처연하고도 절실하고, 아름다우면서도 가슴 시린 회상은 소리가 만들어 주는 것 같다.

긴 겨울 후, 짧았던 봄, 그리고 바로 여름의 시작이다. 숲은 벌써 신록으로 덮혔고 그늘엔 햇볕을 피해 이름 모르는 풀꽃들이 얼굴을 내민다. 이맘때 숲에는 생명이 있는 모든 피조물들의 환희의 합창이 울려 퍼진다.

야생으로 피는 제비난 꽃을 살펴보느라고 잠깐 숲길을 걸었는데 땀으로 온몸이 젖는다.

더워서뿐 아니라 숲속의 충만한 생명의 열기 때문이다. 나무는 나무대로, 풀은 풀대로, 미물微物은 미물대로, 스스로가 자연의 주인이 되어 살아있음을 마음껏 자축한다. '생육하고 번성하라.' 그 말씀의 뜻을 초여름의 숲에서 확인한다.

나무 아래서 땀을 식히며 한 숨 긴 호흡을 한다. 온갖 생명의 에너지가 폐부 속으로 들어와 가슴 속에서 출렁인다. 사위가 고요하다. 그때 갑자기 새소리가 적막감을 흔들어 놓는다. 숲에서 소리의 제왕은 역시 새 울음이다. 새 울음은 짝을 구하거나, 적을 만나거나, 배가 고파서 지르는 생존의 수단 그 이상이다. 짝과 함께 있으면서, 천적도 없고, 먹이도 충분한 곳에서 우는 새소리를 어떻게 설명하겠는가? 새 울음은 그들만의 노래이기도 하고, 낭송이기도 하고, 호령이기도 하고, 절규이기도 하고, 하소연이기도 할 것이다.

섬에서는 겨울이 지나고 날씨가 풀리면 가장 먼저 분주하게 울어대는 새가 휘파람새다. "피이--- 끼룩끼룩" 하면서 울기도 하고 "쪽쪽 쪽쪽쪽" 또는 "쪽쪽 쪽쪽쪽쪽" 하며 울기도 한다. 울음소리로는 서로 다른 새 같으나 섬 휘파람새의 아류亞流라고 한다. (전문가의 얘기다.) 여름이 다 끝나갈 때까지 분주하게 울면서 섬의 숲을 지키는 새다. '뻐꾹 뻐꾹 뻐꾹뻐꾹' 우리나라 사람들에게 가장 정겨운 새 소리다. 뻐꾹새 소리처럼 어린 시절과 고향을 생각하게 해주는 새도 없을 것이다. '꾹-꾸루-꾸꾸' 멧비둘기다. 뒷집 콩밭에 자주 내려와 앉는다. 우리 섬에서는 계절에 관계없이 가장 흔하게 듣는 낯익은 새소리가 비둘기 울음이다.

'콕 콕 콕 콕 콕 콕 콕……. ' 딱따구리가 나무를 쫀다. 어떻게 딱따구리 소리는 그렇게 멀리 가는지 아직도 의문이다. 몸통이 텅 빈 나무줄기를 쪼거나, 아니면 나무를 쪼면서 울음도 함께 내지르는가 보다. 5월 들어 뜸하지만 지난달까지만 해도 늦은 밤에 소쩍새 울음을 들을 수 있었다. 나에게 소쩍새 울음은 특별한 회상을 갖게 한다.

어린 시절, 아버지 제삿날 밤에는 늘 소쩍새가 울었다. 그때마다 소복을 입은 어머니는 눈길을 먼데로 향하곤 했다. 60년 전 이야기다. 그때 어머니의 모습은 가물가물한데 소쩍새 소리는 여전하다. 제삿날 밤, 사신辭神*의 순서가 끝나고 숙부를 따라 바깥 어둠 속에서 분축焚燭**을 마치고 들어오면 신새벽 닭이 울었다. 소쩍새 울음과 함께 신새벽 수탉의 울음이 들리면 세상에서 가장 고왔던 어머니의 슬픈 표정이 떠오른다.

며칠 전부터 우리 마을에도 아침마다 수탉이 운다. 석 달 전에 사온 병아리가 이제 어른이 돼 섬 새소리 무리에 합류했다.

우연하게도 아버지와 어머니의 기일忌日이 같은 날이다. 50년을 사이에 두고……. 제사는 드리지 못하지만 소쩍새와 수탉의 울음소리를 들으며 어머니 아버지를 생각한다.

(12.06.01)

*사신辭神 : 혼魂을 다시 저승으로 돌려 보내드리는 제사의 마무리 의식.
**분축焚燭 : 제사를 마치고 지방紙榜과 축문祝文을 태우는 의식.

어떤 방문객

우리가 민박집 겸 게스트 하우스로 사용하고 있는 바실옥의 첫 방문객이자 손님을 성공적으로 모신 이야기다. (바실옥屋)은 히브리서의 '믿음은 〈바〉라는 것들의 〈실〉상'에서 따온 믿음의 집으로 기도와 명상, 휴식과 회복이 필요한 분들에게 제공하는 공간이다.

지난 주 금요일 오후, 선착장에 낯선 사람들이 내렸다. 그날은 마을에 들어오거나 나갈 사람이 없어 우리 부부는 마당에서 풀을 뽑고 있었다. 그러다가 낯선 이들이 객선에서 내리는 걸 보고 선착장으로 내려갔다. 50대로 보이는 사내와 여인, 그리고 20대의 아들과 딸, 한가족 같이 보였다. 선착장에 내려 두리번거리는 그들에게 다가갔다.

"안녕하세요. 어떻게 오셨나요?"

"아, 옛날 어렸을 때 여기 살아서 잠깐 구경하러 왔습니다."

우리 섬은 잠깐 구경하고 갈 만한 그런 섬이 아니다. 배는 아침과 저녁, 두 차례 들르지만 오후에 들어오면 하룻밤을 자지 않으면 안 된다. 음식을 사 먹을 식당도, 잠을 잘 여관이 있는 곳도 아니다. 2년 전 우리 집 바실옥을 민박집으로 등록하긴 했지만, 단순히 전기세를 아끼기 위함이었지 손님을 받기 위함이 아니었다.(전기 사용량이 많을 경우 민박집 등록을 하면 가정용보다 약간 저렴하다.)

"……."

"저희 부모님이 옛날에 여기서 선생으로 계셨습니다. 그래서 저도 여기서 초등학교를 다녔습니다. 40년도 더 전에……."

"그럼 학교 앞에 사는 문 할머니를 아시겠네요."

올해 90세이신 문 할머니를 뵙게 했다.

"우리와 성(姓)이 같아서 큰엄마라 부르던 분이신가요? 저 원입니다. 아시겠어요?"

"뭐? 원이라고? 어매, 지 아부지 꼭 타겠네."

그리하여 그날 그 가족이 우리 섬의 손님이 되었다.

"혹시 섬에 오제신 장로라고 계신가요?"

"……."

인터넷에서 섬을 검색하고, 면사무소에서 소개한 우이도 출장소장에게 전화를 했더니 그 섬에 가서 오제신을 찾아가면 다 해결될 거라는 연락을 받았단다. 예약도 준비도 없었지만 우리 집에서 묵기로 했다. 그 가족이 바실옥의 진정한 첫 손님이 되는 순간이었다. 민박집에게는 손님이지만 나에게는 '방문객'인 셈이다.

'손님'이나 '방문객'이나 거기서 거기지만, '손님'이라고 하면 주인의 초청이나 기다림 같은 주인의 바람이나 의지가 배어 있는 느낌이 들고, '방문객' 하면 주인에게는 전혀 뜻밖의 사건으로 방문객이 주체가 되는, 다시 말해 주인이 예상치 못한 낯선 사람이 우연하게 찾아오는 느낌이 든다. 바로 그런 낯선 사람의 방문이 우리 인생을 예기치 않았던 방향으로 인도하는 경우가 있다.

부부인 사내와 여인이 바실옥에 들어와 짐을 풀면서 “하나님 감사합니다.” 하면서 곁 사람에게 들릴 만한 소리로 감사 기도를 하는 것이었다. 나중에 들은 이야기로 섬에 도착하기까지 걱정하며 기도했던 그 이상의 환경과 숙소에 감동했다는 것이다.

서울 강동구에 사는 56세의 가장, 초등학교를 졸업하고 섬을 떠났으니 40년이 좀 넘었다. 언젠가부터 이 섬에 꼭 한번 찾아가고 싶다는 생각이 들어 버킷리스트(Bucket List) 맨 위에 올려놓았던 소원이었단다. 사내는 금융기관에서 일하고 부인은 사회복지사로 상담사 일을 한다고 자기들을 소개한다. 청년 남매는 자녀들이었다. 29세와 27세의 서울 청년들이 아버지 여행에 따라 나선 것도 대단하게 보였지만, 부모에 대한 순종이 몸에 밴 자녀들이었다. 가족들 간에 서로에 대한 신뢰와 신실함이 넘치는 아주 화목한 가정이었다.

40여 년 전 당시, 함께 초등학교를 다니던 윗집 윤 할머니의 아들이 바다에서 돌아왔다. 초등학생 시절 건너 무인도에 토끼 잡으러 함께 갔다가 배가 너무 고파서 방목하는 염소를 잡아 먹고 염소 주인에게 혼났다는 얘기며, 친구 누나를 흠모했다는 이야기도 나왔다.

그 가족은 2박 3일 동안, 섬의 이곳저곳을 돌아다니면서 아버지는 추억을 회상하고 가족들은 아름다운 낙도 풍경에 입을 다물지 못했다. 우리 밭에서는 마침 비파 수확철이어서 처음 보는 비파 열매의 달콤한 맛에 감탄했고, 윤 할머니 아들과 함께 주낙배를 타고 나가서는 펄펄 살아있는 생선을 망태 하나 가득 잡아오면서 기뻐했다. 그들 가족 여행은 대성공이었다. 평범한 우리들 섬의 일상이 그들에게 큰 감동을 준 것이 우리에게는 보람이었다.

어른들끼리는 해지는 바다를 바라보며 신앙과 봉사와, 가치 있고 보람 있는 삶에 관한 대화를 나눴다. 미술을 전공한 아들로부터 평소 궁금했던 미학美學에 대한 브리핑을 들었고, 무용을 전공한 딸로부터는 고전무용과 현대무용의 경계와 요즘 유행하는 케이팝 댄스를 '방송 댄스'라는 새로운 장르로 취급한다는 이야기를 들었다.

식사는 우리 부부와 함께 했다. 섬을 떠나기 전, 어떻게 사례를 해야 하는지 궁금해 하기에 얼마 전 아내와 나눴던 이야기를 그대로 전해줬다.

"바실옥을 짓고 지난 3년, 민박집으로 등록한 지 2년이 되지만, 진짜 민박 손님은 한 번도 받지 못했습니다. 지금까지는 다 아는 분만 오셨지요. 민박에 대해 사례를 받아본 적이 없습니다. 그렇지만 아내와 상의하기로는 하룻밤 숙박에 여름 성수기에는 7만원, 그 외에는 5만원을 받고, 식사를 우리가 먹는 대로 함께 드신다면 1인 1식에 3천원 받자고 했습니다."

"그렇게 적게 받으시면 어떻게 하십니까? 원가는 받아야지요."

그날 밤 아내가 입을 내민다.

"3천 원이면 너무 적지 않아? 식사 준비가 얼마나 힘든데, 최소한 5천 원은 받아야 하는 것 아닌가?"

"글쎄, 당신 수고하는 것 생각하면 그렇지만, 우리는 반찬이 늘 두 세 가지밖에 안 되잖아. 그리고 그것도 대부분 섬에서 나오는 거구."

그러나 그들이 떠나고 나서 남기고 간 봉투를 열어보니 식대를 5천 원은커녕 만 원 정도로 계산한 금액이 들어 있었다.

방문객 하면 또 한 분의 얼굴이 떠오른다. 7년 전 목포 여객선 터미널에서 아내가 휴대폰 전화번호 하나를 잘못 눌렀다. 실수 전화이건만 상

40년 만에 섬을 찾은 방문객 가족

대방은 부드러운 음성으로 따뜻하고 친절하게 받아주었다. 음성에서 따듯함과 부드러움이 묻어나고 있었다.

"목포항이라구요? 목포의 시목市木이 비파지요? 지금쯤 비파 꽃 향이 풍기겠네요."

목포 사람들도 잘 모르는 목포시의 대표나무를 어떻게 알지? 그리고 11월이면 비파 꽃이 피기 시작하고 그 신선하고 신비한 향기를 서울 사는 젊은 여자가 어떻게 알까? 그 순간, 그 여인은 비파 꽃 같은 신비하고 신선한 향으로 우리 부부의 삶에 방문객이 되었다. 나중에 서울서 만나게 되었고 기대했던 이상으로 아름답고 사려 깊은 여인임을 알게 되었다. 지금까지 교제를 계속하면서 매일 기도를 통해 정을 나눈다. 매년 이맘 때 비파를 수확하면 첫 열매를 그녀에게 보낸다. 오늘 아침, 새벽이슬을 맞으며 딴 비파를 아침 택배로 보냈다.

대학을 졸업하고 군에 입대하기 전, 나는 내 인생에서 가장 중요한 사람의 방문을 받는다. 그때 그 방문객은 지방에서 대학을 다니는 시골 여학생이었다. 그녀가 찾아온 날부터 내 인생이 환하게 빛나기 시작했다. 나를 찾아오기 직전 하나님께 헌신하기로 작정한 그녀는 오늘도 내 곁에 함께하면서 내 삶을 계속 충만케 해 준다. 현재 진행형이다.

아내를 만나기 2년 전, 그 전前과 후後의 나의 인생을 탈바꿈시켜준 방문객이 있었다. 방향감각을 잃고 무질서했던 그 시절, 내 삶에 찾아온 그 분은 첫 방문 이후 오늘까지 내가 의식하지 못하는 모든 순간에도 나와 함께 하는 분이 되었다. 그분은 예수다. 나에게 영원한 진행형이다.

돌이켜 보면, 내 인생은 미처 기대하지 못했던 방문객을 만날 때마다 새로워지고 업그레이드 되었다. 내 삶은 그런 방문객으로 인해 더욱 충만해지고 신록의 숲처럼 푸름을 유지할 수 있었다.

지금 섬에서는 산뜻하게 여름이 시작되고 있다. 지난 주, 뜻밖의 방문객으로 인해 올해는 더욱 풍성하고 싱싱한 여름이 될 것 같다.

(12.07.01)

친구

나도 아이들이 강아지를 부르듯 내 이름을, 그것도 이름 끝에 '아'를 붙여 '제신아' 하고 불러 주는 사람이 많았으면 좋겠다.

지난 2월에 데려온 우리 강아지 폴로는 '개 팔자가 상팔자'란 말이 정말 어울리는 녀석이다.

우리 섬의 강아지는 조금만 눈치가 있고 꼬리 흔드는 타이밍만 알면 누구에게나 사랑을 받는다. 무엇이든 할 수 있고 어디든지 갈 수 있다. 금년 여름처럼 무더울 때는 하루 몇 차례고 미역을 감기도 하고, 마루 밑 그늘에 들어가 마음껏 시간을 보내기도 하고, 서늘해지면 동네 강아지랑 모래사장에서 뜀질을 하기도 한다. 꼬리치며 강아지가 따를 때마다 사람들이 먹이를 주는 덕분에 허기지는 일도 없다. 주인이 부를 때만 나타나면 된다. 그 외 시간은 자유다. 오죽하면 열 살 먹은 손자가 폴로와 놀면서 "할아버지, 나는 강아지 되었으면 좋겠어요." 했겠는가.

폴로가 가장 좋아하고 따르는 사람은 아내다. 매일 아침저녁 밥을 주고 늘 부드럽게 대해주기 때문이다. 그 다음으로는 나다. 아내가 없을 땐 내가 밥을 주고, 하루 한두 차례 몸에 달라붙은 진드기를 잡아준다. 으르렁거리며 자신을 괴롭혔던 선장네 곰돌이를 내가 혼내 준 걸 강아지도 안다. 가끔 혼을 낼 때도 있지만 내가 자신의 편임을 확실하게 알기 때문일 것이다. 매일 새벽 기도 갈 때마다 나를 따라가서 교회 현관에 앉아 있다가 함께 돌아오는 걸 봐도 알 수 있다. 그 다음은 이웃집 윤 할머니의 아들 민호 아저씨다. 유달리 강아지를 사랑하는 민호 아저씨는 우리 부부가 출타할 때 늘 폴로의 보호자가 되기 때문이다. 우리 집이 비었을 때는 그 집에서 먹고 잔다.

그래서 우리 부부가 동시에 '폴로' 하고 부르면 눈치를 보면서 고민을 하다가 아내 쪽으로 슬금슬금 다가간다. 나와 민호 아저씨 사이에서는 곤혹스러운 눈길로 민호 아저씨를 쳐다보다가 내 쪽으로 발길을 옮긴다. 충성의 서열이 폴로의 머릿속에 입력이 되어 있는가 보다. 그러나 아이들과 함께 있으면 제 정신을 잃어버린다. 자기하고 수준이 비슷하고 코드가 맞는다고 생각하는지 아이들이 와서 껴안고 함께 뛰어 돌아다니면 아내가 고기 뼈를 들고 불러도 애들 곁을 떠나려고 하지 않는다. 아이들의 친구가 되어버린다. 친구와 함께 노는 것이 먹는 것도 잊어버릴 만큼 그렇게 좋은가?

* * *

지난 주말, 친구 어머니가 돌아가셔서 장례식에 참석하느라 여수엘 다녀왔다. 섬에서 출발한 나를 포함해 친한 친구들이 서울과 대전서 내려와 광주역에서 만나 함께 차를 타고 장례식이 치러지는 여수로 내려갔다. 영결식과 하관식 예배에 참석한 사람들 중 검은색 넥타이를 하고 정장을 한 사람은 예식을 주관하는 목사님과 상주 가족을 제외하고는 우리들뿐이었다. 그날 무척 더운 날이어서 그랬기도 했을 것이다. 우리는 60대 중반 나이답게 자연스럽고 능숙하게 예식에 참여하고 유가족에게 위로의 말을 전하면서 상주인 친구 곁에서 모든 장례 절차와 형식에 무게감을 보태줬다. 장례식은 소박하고 차분하게 치러졌다.

그러나 오늘 돌이켜 보니 그새 닷새도 지나지 않았는데 장례식은 까마득하고 그날 오랜만에 만난 친구들만 머릿속에 남는다. 우리는 4.19혁명이 일어났던 1960년, 시골의 한 중학교 2학년의 같은 반이었다. 그때부터 몰려다니기 시작해 반세기가 넘는 지금까지 어울려 다니며 우정을 나누는 오랜 친구들이다. 우리 모두 이제는 경로석에 앉을 자격이 있고 흰머리 아니면 대머리가 된 할아버지들이다. 그러나 나이에 상관없이 우리끼리 있는 동안은 곁에 있는 사람들이 힐끗힐끗 쳐다보는 것도 아랑곳하지 않고 큰 소리로 서로의 이름을 부른다.

내가 결혼 후에는 엄하신 어머니도 내 이름을 쉽게 부르지 않으셨다. '애비야' 또는 '아범아'라고 부르셨고, 노하셨을 때도 "네가 그러면 되겠니?" 하셨지 내 이름을 부르지 않으셨다.

직장과 사회에서도 내 직함이나 계급으로 불렸고 교회에서도 직분이 내 이름이었다. 은퇴 후에는 '어르신' '사장님' '선생님' '할아버지'로 불러준다.

내 이름을 알몸 그대로 불러주는 사람은 옛날 친구들밖에 없다. '제신아' '경환아' '영진아' '택수야' '홍범아' '영석아' 그날 친구 어머니 장례식을 마치고 우리끼리 돌아오면서 검은 넥타이를 한 근엄한 옷차림과 주름진 얼굴에 상관없이 마음껏 이름을 부르면서 웃고 떠들며 킬킬거렸다. 유쾌했다. 친구들과 함께 있는 동안 모든 스트레스가 사라진다. 중학생 시절, 스트레스가 뭔지도 모르는 시절로 돌아간다.

* * *

다시 우리 집 강아지 '폴로' 이야기다. 폴로는 사람을, 특히 아이들을 잘 따른다. 그래서 아이들도 폴로를 좋아한다. 방학 중 섬에 들어온 손주들이 아침에 일어나서 가장 먼저 하는 일이 마당에 나가 폴로를 부르며 껴안고 한바탕 뒹구는 것이다. 손주들뿐만 아니다. 지난 주 우리 집 민박 손님으로 찾아와 사흘을 머문 가족이 있었다. 그 집 아이 역시 아침에 일어나면 눈을 비비며 밖으로 나가 '폴로야' 하고 강아지를 부르는 것이었다. 떠나는 날은 강아지와 헤어지는 게 서운해 눈물을 글썽였다. 아이들이 강아지를 좋아하는 걸 보면서 어른들과 한 가지 다른 것을 발견했다.

강아지 주인인 우리 부부나, 우리보다 더 우리 강아지를 예뻐하는 이웃집 민호 아저씨는 강아지를 부를 때 그냥 '폴로'라고 부른다. 강아지가 나타나지 않으면 큰 소리로 "폴로, 폴로" 하고 외치면 어디선가 강아지가 뛰어온다. 그런데 아이들은 거의 대부분 "폴-로야" 하고 부르는 것이었다. 친구를 부르듯이 이름 뒤에 '야'를 붙여 부르는 것이었다. 그냥 이름을 부르는 것하고 이름 뒤에 '야'를 붙이는 것을 강아지는 어떻게 다르게 듣는지 모른다.

누군가 나를 부를 때 '제신아'라고 부르면 대답을 하기 전에 벌써 가슴문이 활짝 열리고 마음이 부드러워진다. 그러면서 얼굴엔 미소가 나타나고 스트레스가 순식간에 사라지면서 유쾌함이 피어오르기 시작한다. 그렇게 날 부르는 사람은 친한 옛 친구밖에 없기 때문이다.

폴로도 그러지 않을까? 그래서 우리 부부나 민호 아저씨가 "폴로" 하고 부를 땐 의무감을 느끼지만 아이들이 "폴-로야" 하고 부르면 친구가 찾아온 줄 알고 우정을 느끼는 것 아닐까?

나도 아이들이 강아지를 부르듯 내 이름을, 그것도 이름 끝에 '아'를 붙여 '제신아' 하고 불러 주는 사람이 많았으면 좋겠다.

그래서 오늘부터 나도 폴로를 "폴-로야!" 하고 부를 참이다.

(12.08.15)

섬으로 찾아온 친구들

마무리_

떠남 / 잘 살았능가?

Country for old men

("할머니, 팔을 다치셨군요. 그 팔로 밭일을 어떻게 하세요?"
갑자기 그 분이 얼굴을 붉히더니 잠시 후 이렇게 대답하는 것이었다.
"이것 쬐까 아프다고 밭일을 못한다요?")

서울 세검정에 돌아가신 장모님이 아내에게 남겨준 방이 두 개 달린 아파트가 있다. 평소에는 비어 있고 우리 부부가 상경하거나 진해 사는 큰아이 가족이 올라오면 거기서 묵는다. 그 아파트 한 층 아래에 60대 중반의 중늙은이 부부가 살고 있다. 그곳에서 오래 살아 5년 전 돌아가신 장모님과도 잘 아는 사이이다. 부인은 무척 활달하고 부지런하다. 아파트 반장도 역임했고 특별히 화초 가꾸는 걸 좋아해 아파트 화단을 제 집 화단 같이 가꾸면서 사는 분이다. 같은 층계를 사용하는데 층계 중간에 늘 꽃핀 화분을 갖다 놔 우리는 집에 들고 날 때마다 공짜로 꽃구경을 한다. 그런데 부인과는 전혀 어울리지 않는 남편이 있다.

몇 년 전 은퇴해서 집안에만 들어박혀 있는데 도무지 무얼 하는지 모른다. 가끔 층계에서 마주치면 언제 섬에서 올라왔냐고 인사를 하는 정도다. 늘 부수수한 머리에 집안에서 입는 헐렁한 추리닝 차림이다. 손에

라이터와 알 담배 두어 개비를 가지고 아파트 뒤안으로 담배 피우러 나가는 것이 그 분의 외출의 전부다. 내가 알기로는…….

부인은 우리를 만날 때마다 시골로 들어가 화초도 가꾸고 텃밭에 농사도 지으면서 사는 게 소원이라고 넋두리를 한다.

"그럼 시골로 내려가시지 그래요."

"저 영감이 죽어라고 싫어하네요. 은퇴하고 집안에 있더니 점점 더 게을러져 이제는 손가락 하나 까딱 하지 않아요. 엊그제 형광등 하나 갈아주면서도 얼마나 투덜대는지……."

"그래도 담배 피우러는 밖으로 나가시던데요."

"말도 마세요. 베란다에 있는 화초를 다 죽이면서까지 베란다에서 담배를 피웠지요. 그런데 결혼하고 8년 만에 태어난 손자를 안고 온 아들이, 아버지가 집안에서 담배를 피우면 다시는 아이를 데리고 오지 않겠다고 하더군요. 손자와 한 약속 때문에 밖으로 나가는 거래요. 담배를 끊으라고 했다가는 그나마 밖엘 나가지 않을까봐 할 수 없이 참는 거지요"

30대 중반, 몇 년 동안 선박매매를 전문으로 하는 중개인(Ship Sale and Purchasing Broker)으로 일했다. 당시에는 런던이 국제 선박매매 시장의 중심이었다. 그 중에서도 100여 년 전통을 가진 E.A.Gibson이라는 회사가 단연 뛰어났다. 한국에서는 우리가 그 회사의 파트너였다. 지금 이름은 잊어버렸지만 그 회사의 디렉터가 세계 시장에 나온 상선의 절반 이상을 손에 쥐고 있었다. 가끔 횡포를 부리기도 했지만, 그 디렉터의 일처리 하는 방법은 나에게는 선박매매중개의 텍스트북이었다. 한마디로 그는 세계에서 가장 유능하고 강력한 선박매매 중개인이었고, 또한 자타가 공인하는 그 업계의 대부였다.

그런데 어느 날 돌연히 은퇴한다고 텔렉스가 왔다. 회장이 새로운 사람을 디렉터로 임명했다고 하면서 자신은 고향 농촌으로 내려가 노년을 보낼 거라고 했다. 우리는 깜짝 놀랐다. 우리가 보기에 그는 아직 충분히 건강하고 활동적이었다. 그렇게 영향력 있고 능력 있는 사람을 갑작스럽게 매장시키다니……. 우리가 모르는 회사의 음모라고 생각했다. 갑자기 일터를 잃은 그는 얼마나 실망이 클까? 나마저도 억울하고 상심이 되었다. 함께 일하던 나의 상관이 영국으로 날아갔다. 사정도 알아보고 낙담해 있을 그를 위로하고 격려해 주기 위해서였다. 런던에서 한참 떨어진 시골집으로 찾아간 나의 상관은 몇 개월 만에 평범한 시골 늙은이로 변해 있는 왕년의 세계 선박매매업계의 대부를 보고 너무 놀라고 슬퍼서 가슴이 쓰려왔다. 10여 평 조금 넘는 그의 좁은 오두막집에 들어가서는 눈물을 참느라고 힘들었다. 그러자 농부가 된 그 디렉터가 "그러지 마라, 나 때문에 슬퍼할 필요 없다. 나는 전에 너랑 함께 일하던 때처럼 지금도 충분히 행복하다." 면서 오히려 나의 상관을 위로했다. 그 얘기를 듣고 나의 상관은 결국 눈물을 터트리고 말았다고 한다.

지난 주 아프리카로 떠나는 작은아들을 전송하기 위해 상경했다가 여전한 아래층 부부를 보았다. 다시 섬으로 돌아오면서 무엇이 아래층 남편으로 하여금 서울을 떠나지 못하게 만드는가? 생각해 보았다. 나이가 들면 쉽게 살던 곳을 떠날 수 없다면서 변명을 하자고 하면 100개도 더 늘어놓을 수 있다.

'집 떠나면 그 순간부터 괴롬이지 뭐.'

'움직이면 돈이야. 요즘 같이 어려울 땐 마누라가 해 주는 세끼 밥 먹고 집에서 텔레비전 앞에 앉아 있는 것이 돈 버는 거야.'

'농촌 일을 아무나 할 수 있는 줄 알아? 사람 골병들게 하는 거지.'

'모기나 벌레에 물리는 걸 생각해봐, 생각만 해도 끔찍해.'

'마당까지 뱀이 들어온다는구먼. 나는 기절할 거야.'

'전기, 전화야 들어온다지만 그래도 시골 생활에 불편한 게 한 두 가진가?'

'수도나 전기가 고장나면 어떻게 해? 도시에서 사람 불러오면 돈이 얼마나 들게.'

'옛날처럼 촌사람들 순진하다고 생각하면 큰 오산이야. 촌사람들도 요즘은 얼마나 영악스러운데…….'

'서울 사는 애들 한 번씩 찾아오려면 얼마나 불편하겠어. 돈에다 시간에다…….'

'시골 외진 곳에 노인 부부끼리 살다가 끔찍한 일이나 당해봐. 신문에 나는 게 다 그런 얘기 아니야?'

'갑자기 사고를 당하거나 병원에 갈 일 생기면 어떻게 해. 꼼짝없이 죽는게지.'

얼마나 합리적이고 설득력 있는 변명인가? 이런 얘기라면 맘에 맞는 친구 하나만 곁에 있으면 밤새 해도 부족할 것이다. 옳은 말이다. 나는 이런 변명에 대꾸하고 싶지도 않고 대꾸할 필요도 느끼지 않는다. 꿈이 없는 사람에게는 모든 새로운 것이 두려울 뿐이다. 두려운 것은 용기 없음의 다른 표현이다. 그런 사람에게서 할 수 없다는 변명 말고 무엇을 기대하겠는가?

'땀 흘리지 않고 어떻게 열매를 거둘 수 있는가?'

'맑은 공기 속에 모든 병의 치료약이 다 들어 있다.'

'나무를 심어보라. 내년을 기다리게 된다.'

'시골에서는 차에 치일 걱정은 하지 않아도 된다.'

'늙은 부모님이 시골에 사는 걸 좋아하지 않는 자식이 정말 얼마나 될까? 할머니 할아버지가 시골 사는 것이 손주들에게는 얼마나 큰 자랑이고 정서적으로 유익한가?'

'노병은 죽지 않고 다만 사라져갈 뿐이다'라고 한 맥아더 장군의 말뜻을 생각해 본 적 있는가?"

나의 시골 예찬에 귀 기울이는 사람이 얼마나 될까?

"사람마다 다 다르게 사는 것이니까" 하면서 내 입을 달아버리면 더이상 할말이 없어진다.

갑자기 병원에 갈 일이 생기면 어떻게 하냐고? 마찬가지다. 늙으면 죽어야 하는 것 아닌가? 페니실린이 발견되기 전까지는 노인이 폐렴에 걸리면 드디어 모든 질병에서 해방되었다고 감사하였단다. 이제는 폐렴으로 죽는 노인은 별로 없다. 가까운 데 병원이 있어 품위를 잃지 않고 세상을 뜰 적기適期를 놓쳐버린 노인을 나는 많이 봐왔다.

나의 어머니는 노년에 7년 가까운 세월을 치매로 앓으셨다. 가족들이 힘들었다. 병원과 좋은 약이 가까이 있었던 덕분이었다.

작년 봄 91세로 돌아가신 우리 마을 박 할머니는 쓰러지자마자 연락을 받은 자녀들이 노모를 신속히 목포의 병원으로 모셔갔다. 할머니는 집에서 죽고 싶다고 고집했고 의사도 그렇게 하라고 권유했지만 평소에 떨어져 살던 자녀들의 효심이 그래도 최선을 다 해보겠다면서 허락하지 않았다. 병원에 있는 동안 할머니는 전혀 음식에 입을 대지 않았다. 그 덕에 3달 동안 링거액으로 생명을 유지하면서 임종 연습만 대여섯 번을 치렀다. 장례식 후 자녀들이 정말 끔찍한 3개월이었다고 토로했다. 죽으면 해 떨어지는 수평선이 보이는 섬마을 언덕에 묻히고 싶다는 할머니의 소원도 묵살되고, 목포 병원에서 화장장으로 바로 실려 갔다.

25년이 지난 지금 생각해 보니 은퇴해서 시골로 들어간 E.A.Gibson의 디렉터가 위로차 찾아온 나의 상관에게 "Don't worry about me. I'm so happy now."라고 한 이야기는 진정이었던 것 같다. 그의 가슴속에 고인 자유, 해방, 평화를 보지 못하고 단지 눈앞에서 사라진 권위와 명예와 부富를 아쉬워했던 그 시절 내가 부끄럽다.

도회지에서 별볼일 없이 아내와 자식들 눈치를 보며 숨죽이며 사는 중늙은 노인들에게, 앞으로도 한 세월 한바탕 활갯짓하면서 살 수 있는 시골로 내려가라고 강력하게 권하고 싶다. 다음 상경 시에는 아래층 부부에게 섬에 함께 내려가자고 얘기해 봐야겠다. 갯가에서 수평선을 바라보며 담배 연기도 한번 길게 내뿜어보고, 6년 전 깁스한 팔로 밭일을 하던 우리 마을 할머니도 직접 만나 보라고 해야겠다.

6년 전 처음 섬에 들어왔을 때다. 그때 동네 할머니와 나눴던 얼굴 붉어지는 이야기를 보너스로 들려드린다. 당시 60대 중반인 동네 할머니 한 분이 팔을 다쳐 깁스를 한 손으로 밭에서 풀을 뽑고 있었다. 곁을 지나다 내가 인사를 하면서 말을 건넸다.

"할머니, 팔을 다치셨군요. 그 팔로 밭일을 어떻게 하세요?"

갑자기 그 분이 얼굴을 붉히더니 잠시 후 이렇게 대답하는 것이었다.

"이것 쬐까 아프다고 밤일을 못한다요?"

이제는 내가 얼굴을 붉히며 할말을 잊었다.

그 분의 귀가 좀 어두웠나? 아니면 내 발음이 안 좋았나?

(08.07.20)

8,040원

거기서 바라보면 기가 막히게 아름다운 바다 경치가 펼쳐지고
바로 모래해변으로 내려 갈 수 있는 샛길이 있는 곳인데…….

가치價値와 가격價格, 발음도 그렇지만 뜻도 크게 다르지 않을 것 같다고 생각하는 단어다. 일반적으로는 (사용)가치에 따라서 가격(교환가치)이 결정된다고 하지만 꼭 그렇지만은 않다. 가치와 가격이 전혀 상관없이 따로 노는 경우도 많다. 비슷하기는커녕 서로 반대되는 개념으로 나타나기도 한다.

가치가 값어치 또는 의미를 말하는 것이라면 가격은 단순히 수요 공급의 원칙에 따라 돈으로 환산되는 값, 즉 금액을 얘기한다. 자유경제주의 체제하에서는 가격은 교환이 이루어지는 시장에서 상대적으로 매겨지는 금액이다. 가치는 종종 의미意味라는 단어와 혼동해서 사용되면서 참뜻 또는 정신적 노력을 통해 얻을 수 있는 궁극적 목표, 즉 가치관을 말하기도 한다.

영어로는 가치를 value라 하고 가격은 price라고 한다. 한 가지 우스운 것은 가치가 없어지면(valueless) 가격도 없어지며 하찮은 것이 되어버리지만, 가격이 없어지면(priceless) 돈으로 살 수 없는 매우 귀중한 것이

된다는 사실이다.

갑자기 무슨 경제 강의를 하려는가? 아니다. 8,040원을 9월 말까지 납부하라는 재산세(토지분) 고지서를 들여다보다가 문득 내 재산의 가치와 그것이 금액으로 환산된 가격을 따져보면서 떠오른 생각이다.

8,040원은 지금 내가 살고 있는 동소우이도에 있는 내 소유의 토지 4필지, 총면적 4,150평방미터, 과세 표준금액 620만 원에 대한 재산세이다. 솔직히 고지서를 받고 금액이 너무 적어서 조금 실망했다. 내 재산이 금액, 즉 가격으로 쳐서 이것밖에 안 되는가? 4,150평방미터라면 옛날 단위로 1,250평이 되는 좁지 않은 땅이고 거기에는 사람이 살지는 않지만 그럴듯한 폐가가 있고 우물이 있고 아무거나 심어도 잘 자라는 양지 바른 텃밭이 있고, 거기서 바라보면 기가 막히게 아름다운 바다 경치가 펼쳐지고 바로 모래해변으로 내려갈 수 있는 샛길이 있는 곳인데…….

뿐만 아니라 지난 6년 동안 이 밭에서 뿌리를 내리고 자라서 이제는 청년이 된 비파나무, 후박나무, 황칠나무, 구실잣밤나무, 매실나무, 밤나무, 호두나무, 편백과 메타세쿼이아 등 500여 그루의 나무와, 1년 전 한 주 만 원을 주고 사다 심은 블루베리 10주, 본고장 우이도에서도 이제는 보기 힘든 천리향들의 가격은 어디에 계산되어 있는가?

또한 이 나무들을 돌보기 위해 아내와 함께 그 동안 쏟아 부은 수고, 노력, 땀, 정성은 또 어디에 숨어 있는가?

이것들은 금액으로 환산할 수 없는 것인가? 뿐만 아니라 앞으로 나의 손자의 손자 세대까지 이 숲과 나무들이 기여할 것을 생각하면 엄청난 재산 가치를 갖고 있는 밭이 아닌가? 갑자기 내 머리 속에서 재산의 가격과 가치가 뒹굴어 싸우며 혼란을 불러온다. 내 생각에 재산세가 8,040

원이 아니라 1,000만 원쯤 나왔다고 해도 나는 이의를 제기하지 않았을 것이다. 그 정도는 된다고 믿고 있었으니까. 그리고 돈만 있다면 그 정도 금액은 기꺼이 납부했을 것이다.

가치를 추구하며 사는 사람이 있고 가격을 추구하며 사는 사람이 있다. 가격을 추구하며 사는 사람은 아무리 돈이 많아도 돈에서 자유로울 수가 없다. 록펠러가 55세에 불치의 병에서 회복되어 자선사업가가 되기 전, 그는 석유 사업을 통해 이미 세계 최고의 부자가 되어 있었다. 어느 날 기자가 찾아 갔다.

"록펠러 씨, 당신은 지금 세계에서 가장 돈이 많은 사람입니다. 지금도 날마다 쏟아지는 석유로 하루에 백만 불씩 재산이 늘어가고 있습니다. 도대체 얼마나 더 돈을 벌려고 이렇게 수고하고 노력하십니까?"

"쪼금만 더……."

가격을 목표로 사는 사람에게는 세상에서의 성공, 좋은 것, 멋있는 것, 맛있는 것, 편하고 즐거운 것, 자랑스러운 것, 즐거운 것은 금액이 많이 나가는 것이다. 가격이 크고 비싼 것이 모든 성취의 목적이고 대상인 것이다. 나에게는 소위 명품에 대한 눈이 아주 예민한 조카가 있다. 유명한 브랜드와 가격과 판매처를 줄줄이 꿰고 있는 조카다. 명품이 아니면 몸에 걸치지 않았다. IMF로 부친의 사업이 거덜나고 경제적으로 어려워지면서 명품 습관이 그녀를 구속하게 되고 명품(?) 신랑은 나타나지 않고, 해서 이제는 비싼 가격의 값을 톡톡히 치른다. 값이 폭락한 셈이다. 그 조카를 생각할 때마다 서글픈 생각이 든다.

가치를 추구하며 사는 사람이 있다. 그렇다고 그가 꼭 면바지만 입고 이코노미석을 타고 코스코(Costco)나 월마트만을 이용하는 것은 아니다.

벤츠를 타고 특급 호텔에 들고 특등석에서 공연을 감상하기도 한다. 가격이 비싸거나 명품이라고 해서가 아니라 가장 안전하고 승차감이 좋은 차를 선택하는 기준 때문에 벤츠를 타고 다음날의 비즈니스를 위한 숙면을 취하기 위해 고급호텔에 들고 원작에 가장 가까운 작품을 감상하기 위해 로얄석에 앉는 것이다. 그리고 사람들의 시선에 관계없이 가장 편한 옷이어서 면바지를 입고 군중 속에서의 자유를 즐기기 위해 삼등석을 타는 것이다. 가격을 기준으로 해서 선택하고 매입하는 것이 아니다.

자신의 삶에 의미를 주는 평화, 안전, 자유, 해방이 모든 판단과 결정과 선택의 기준이 되는 것이다. 그래서 가격은 2차적인 것이 되고 그의 삶은 가격으로부터 자유로워진다. 물론 나도 그렇게 살고 싶다. 그러나 현실의 경제생활에서 가격과 호주머니 사정을 무시할 수 없는 법. 어느 것에 더 큰 비중을 두고 사느냐에 따라 가치를 추구하면서 돈에서 자유로울 수 있다는 것이다.

지금 월가에서는 세계적인 투자 회사들이 거덜나고 있다. 경제학자들이 아무리 그럴듯하게 변명을 하고 학술적으로 사회적으로 논리를 만들더라도 인간의 끝 간 데 없는 탐욕이 그 부실과 파산의 원인임을 부인할 수 없다. 지난 한 달 동안 종부세 기준이 재산액 6억 원과 9억 원 사이를 오락가락했다. 전 국민의 98%는 관련 없는, 가격에서 자유롭지 못한 사람들의 일로 국정이 소진되고 있다. (종부세를 알아보려고 인터넷에 들어가 검색창을 클릭했더니 이렇게 설명이 시작되고 있었다. - 종부세는 사실상 서민들은 신경을 쓰지 않아도 되는 특별세입니다.)

재산세 8,040원마저 없었으면 좋을 뻔했다. 그제서야 나에게는 가격이 하나도 없는, 즉 돈으로 살 수 없는(priceless) 것만 남을 건데…….

(08.10.07)

내 인생의 주인

나 역시 섬에 들어오기 전까지 30년 이상 직장 생활을 하면서 다수로부터 인정받는 좋은 친구, 유능한 사람이 되고자 헐떡거리며 살아왔다. 그래서……

두어 달에 한 번은 상경할 일이 생긴다. 작년 봄 수술 후 정기검진차 서울에 있는 병원엘 가기도 하고, 부득이하게 참석해야 할 모임이나 결혼식, 장례식도 있다. 그때를 이용해 서울에 있는 친구들을 만난다. 서넛일 때도 있고 대여섯이 될 때도 있다. 은퇴한 친구와 아직 현역으로 일하는 친구들이 반반이다.

친구들이 모이면 무엇보다도 숨길 게 없어서 좋다. 친구 이름을 부르면서 함께했던 50년 세월을 오간다. 술을 좋아하는 친구는 자기도 모르게 평소 주량의 두 배를 들고도 헤어질 때 아쉬운 표정을 한다. 우리들은 모두 시골에서 한 학교를 졸업했다. 대학 진학을 위해 뿔뿔이 흩어졌다가 졸업을 하고 군대에 갔다 와 서울에 정착한 친구들을 중심으로 다시 모이기 시작했다. 특별히 리더나 조직이 있었던 것은 아니지만, 12명 친구의 동창모임이 되어 오늘까지 50년 가까운 우정을 유지하고 있다.

아직도 고향을 지키고 있는 친구가 있고, 이민 간 친구도 있고, 직장이 있는 해외에 머무는 친구도 있지만, 인터넷 덕분에 늘 새로운 소식을 주고받으며 여전한 우정을 유지한다. 큰 회사를 경영하거나 장차관이 되었거나 매스컴에 이름을 올리는 유명 인사가 된 친구는 없지만, 다들 3, 40년 가까운 직장생활에 성실했고 가정에도 충실했다. 서울 언저리에 그런대로 자리를 잡게 되었고, 장가가는 아들에게는 전세 아파트라도 한 칸 얻어 줄 수 있을 만치 기반을 쌓았다.

친구들끼리 부부 동반으로 해외여행도 두어 차례 다녀왔다. 만나면 건강 얘기와 골프 이야기, 그리고 또 한 번 여행 가자는 약속은 단골 소재다. 물론 자녀들과 손자 손녀 이야기도 나눈다. 저녁 값은 이유를 붙여서 서로들 내려고 한다. 경제적으로는 그런대로 성공적(?)으로 살아온 셈이다.

요즘 같이 어려운 시절에 대학문을 나서는 젊은이들이 보면 우리 세대는 전설 같은 시대를 살았다고 할지도 모른다. 우리들이 고등학교를 다니던 시절, 1960년대 초반, 그때는 시대가 가난했다. 그 가난이 우리를 모두 성실하게 했고, 한눈 팔지 않게 했고, 모험하지 않고 저축하게 해서, 소위 말하는 중산층의 기반을 쌓을 수 있게 했다. 역사가 부끄럽던 시절, 70년대를 부끄러움을 무릅쓰고 새마을 노래를 들으며 앞만 보면서 살았던 행운(?)의 결과인지도 모른다.

지금 우리 나이는 60대 초반이다. 자녀들은 대부분 결혼해서 부모 곁을 떠났고, 그렇지 않더라도 독립해서 떨어져 살기 때문에 이제 우리는 자녀에 대한 부담에서 해방된 셈이다. 부모 중 한 분이라도 생존해 계시는 경우 또한 서넛에 불과하다. 부부 동반으로 만날 경우, 부인들의 시어머니 흉도 이제는 옛 이야기가 되었고 대신 며느리 얘기를 하면서 입을 삐죽거린다.

이제부터는 특별한 사고를 당하지 않고, 또 노욕으로 모험을 하지 않는다면, 그럭저럭 남 신세 지지 않으면서 여생을 고달프지 않게 보낼 수 있을 것이다. 그런 나이, 그런 형편으로 사는 친구들의 모임이다. 웃고 떠들며 시간을 보내다 보면 친구들의 이야기 주제는 하나가 된다. 즉 이제부터는 좀 편하게 살고 싶다. 몸도 마음도 편했으면 좋겠다. 여기까지는 정상적이라고 할 수 있다. 그러나 안타깝게도 주제는 하나지만 편함으로 가는 길은 극명하게 둘로 갈라진다.

하나는, 이제 우리 나이가 적은 나이가 아니다. 이제는 좋은 줄 알지만 내 의지와 몸이 따라가지 않는다. 아무리 아내가 나보고 일찍 일어나라고 해도 못 일어나듯, 나 역시 아내에게 잔소리 좀 그만 하며 살자고 해도 고쳐지지 않는다. 이제부터는 남에게 강요도 하지 말고, 남 싫은 소리도 하지 않고, 내 고집 부리지 않고, 욕먹을 짓 하지 않으면서 대세大勢 속에서 모남 없이 살아갈란다. 솔직히 귀찮은 것을 피하면서 살고 싶다. 조금 양보하고 조금 참으면서 마음 편하게 살련다.

또 다른 편은, 이 나이에 남에게 아쉬운 부탁 할 일도 없으니 이제부터는 좀 당당하게 남 눈치 보지 않고 내가 옳다고 믿는 대로 살아가고 싶다. 아무리 민주주의 다수결이 좋다지만 내 철학과 맞지 않으면 따돌림을 받더라도 내 양심에 따라가겠다. 옛날엔 안 그랬는데 이제는 옳고 의로운 것에 분명한 의사표시를 할 때, 시간이 지나면 오히려 내 마음이 편해지고 잘 했다는 생각이 든다.

그렇다. 한 친구는 대세 속에 있는 것이 맘 편하다고 했고, 또 다른 친구는 대세에 관계없이 스스로에게 부끄럽지 않게 사는 것이 마음 편하다고 했다. 인생을 충분히 살아온 나이 든 나의 친구들만 그런가? 그렇지 않을 것이다. 나이에 관계없이 모든 사람들은 둘 중 하나의 편에 선다. 나는 대중 속에 있을 때 맘이 편한가? 아니면 양심에 정직할 때 맘이 편한가?

우리는 모두 용기 있는 사람을 좋아하고 존경한다. 세상 모든 사람들이 갖고 싶고 지키고 싶어하는 중요하면서도 보편적인 덕목德目이 바로 용기다. 누구나 다 용기 있는 사람으로 인정받고 싶어한다. 용기에 대해 많은 설명을 할 수 있고 수없는 예를 들 수 있겠지만, 진짜 용기는 정직함의 또 다른 모습이다. 정직하지 못한 사람이 강한 것은 용기가 아니라 고집이거나 허세다. 그것은 거짓이다. 옳은 것을 옳다고 얘기하고 옳지 않은 것을 옳지 않다고 정직하게 얘기하고, 얘기 한대로 행동하는 것이 용기다. 그 이상도 그 이하도 아니다.

용기 없는 사람은 다수 속에 들어 있을 때 가장 편안하고 안전하다. 그의 가슴 속에는 양심과 진리보다는 다수의 외침이 더욱 강렬하게 울려온다. 다수가 '예스' 하면 그것이 나의 정의와 힘이 되고, 다수가 '노' 하면 나에게도 불의가 된다. 다수의 결정이 내 길의 방향이 되고, 다수와 함께 그 길을 갈 때 위험은 사라지고 내 마음은 한없이 편해지는 것이다. 그러므로 그들에게는 옳지 못한 것은 의롭지 못한 것이 아니라 자신의 편이 아닌 것, 즉 대세가 아닌 것이 옳지 못한 것이고 틀린 것이 돼버린다.

우리말에서는 다른 것(different)과 틀린 것(wrong)을 구별하지 못하고 사용하는 경우가 많다. 예를 들어 왼손으로 수저를 집는 것을 옛 사람들은 비정상이라고 생각했다. 그처럼 나와 다른 것은 다 틀린 것이 되어

버리고, 대중 속에 있는 사람들에게 소수는 항상 틀린 것이 되어버린다. 뿐만 아니라 틀린 것은 옳지 않은 것(unrighteousness)과 동의어가 되어버린다. 그래서 여당에게 야당은 항상 틀리고 옳지 않다. 야당에게 있어서 여당도 마찬가지다.

종교 간의 마찰도 원인을 살펴보면 다른 것이 틀린 것이 되고, 그것이 옳지 않은 것이 되기 때문이다. 다른 것과 틀린 것, 틀린 것과 옳지 않은 것을 구별할 수 없으면 우리는 정직할 수가 없다. 그리고 부정직한 사람에게는 결코 용기를 기대할 수 없다.

나 역시 섬에 들어오기 전까지 30년 이상 직장 생활을 하면서 다수로부터 인정받는 좋은 친구, 유능한 사람이 되고자 헐떡거리며 긴장하며 살아왔다. 그래서, 그것이 전부는 아니지만, 섬에 들어온 이유 중 하나는 편하게 살고 싶은 욕심도 있었다. 나에게 있어서 편함은 군중의 눈치를 살피지도 않고, 정의를 따르기 위해 스트레스를 받을 필요도 없는 그런 상황 속에서 사는 것이었다. 그러나 12명이 사는 이 좁은 섬에서도 다른 사람들의 눈치를 보는 일과 양심의 소리에 귀 기울여야 하는 일이 매일 생긴다.

그러나 시간이 흐른 후 생각해 보면, 진정한 마음의 평화는 군중 속에서 저절로 오는 것이 아니라, 나의 다짐과 선택의 결과임을 새삼 확인하게 된다.

(08.11.19)

The best time to leave

손자 손녀들에게는 조금 미안하다. 할아버지의 역할이 남아 있고 할아버지의 모델을 머릿속에 각인시켜 줄 시간이 더 있으면 좋았을 것이다.

지난 12월 9일(화)은 나에게 무척 의미 있고 귀중한 날이었다. 평범한 일상이 중요치 않다는 것이 아니다. 매일 매일을 충실하게 살다보면 어느 날 팡파르가 울리고 빛이 환하게 비치는 그런 날이 있기 마련이다. 나에게 바로 그런 날이었다.

지금까지 3년 8개월 동안 뉴스미션에 실어왔던 연재 글을 모아서 『조용한 용기』라는 단행본으로 책을 만들어 그 출판을 축하하는 날이었다. 행사는 그날 저녁 필자가 오래 근무하다가 6년 전 섬으로 들어가기 위해 떠난 여의도에 있는 월드비전 빌딩에서 있었다. 기껏해야 50여 명이 모인 조촐한 모임이었지만, 무척 아름다웠고 즐거웠으며 참석자 모두가 행복한 모임이었다. 전문가가 보면 빈틈이 많이 보였겠지만, 그 빈틈이 우리들 마음을 따뜻하게 해주는 행사였다.

장소를 문의하러 옛날 직장을 찾아갔더니, 이제는 선임간부가 된 옛날 부하직원들이 하나같이 빚을 갚는 기쁜 마음으로 행사장 장식, 배치,

안내접수, 다과, 사진, 진행, 행사 후 식사까지 모든 진행과정을 신이 나서 준비해 주겠다는 것이었다. 뿐만 아니다. 자리를 잡을 때까지 6개월만이라도 곁에 있어 달라는 부탁을 뿌리치고 섬으로 들어가 늘 죄송한 마음을 갖고 있는 회장님까지 이런 기쁜 행사를 옛 직장 건물에서 하게 된 것을 축하해 주었다.

당일 행사 참석자는 대부분 옛 직장 동료들이었고 늘 거래가 있는 동네 분들과 옛 친구들이었다. 처음부터 형식이나 체면 때문에 모셔야 할 분은 초청자 명단에서 제외했다. 만나면 즐겁고 헤어져 있으면 보고 싶은, 연재 글을 통해서 늘 교우를 하고 우정을 나누는 친구들이었다. 대부분 서로들 아는 얼굴이어서 내가 신경 쓰거나 분주할 필요가 없었다. 서로들 오랜만의 만남을 반가와 했고, 나에게는 이런 기회을 준 것에 대해 감사했다. 사회자의 재치와 순발력으로 참석자 거의 전부가 축하 코멘트를 할 수 있었다. 드라마 『엄마가 뿔났다』와는 전혀 다른 모습의 김혜자님은 "나 나중에 그 섬에 가서 조용히 살건데 이렇게 여러 사람들한테 알리면 어떻게 해." 하면서 연기인지 실제인지 분간할 수 없는 표정을 지으셨다.

그날 밤 집으로 돌아와 미국 사시는 누님들과 아이들에게 무척 아름답고 즐겁고 행복한 출판 기념회였다고 이메일을 보냈다. 그러나 이메일을 보내고 잠자리에 드는 순간부터 아내와 나의 음성이 순식간에 가라앉았다.

오전에 있었던 일 때문이다. 몇 차례 연재에도 실었지만, 나는 작년 3월 간암 수술을 받고 매 3개월마다 정기검진을 받는다. 지금까지 20개월 동안은 별 이상이 없었다. 그런데 지난 주일 받은 검진(혈액검사와 C/T

촬영) 결과를 확인하는 날이 바로 오늘 오전이었다. '작년 수술 부위에 암으로 전이될 가능성이 있는 혹이 보인다. 고주파 시술을 통해 제거할 수 있을 것이다. 속히 입원 수속을 해서 시술을 받으라.'는 진단 결과를 받은 것이다. 의사가 환자에게 전이 가능성이나 의심이라는 단어를 사용하면 냉정한 환자는 암이라고 믿어야 한다. 그것이 의사의 생각과 일치하기 때문이다. 내 경우처럼 일차 암 수술을 한 경우에는 암의 재발이라고 받아들이는 것이 가장 확실하다. 일단 입원 신청을 했다. '2주일 이내에 연락이 갈 것이다. 연락을 받으면 바로 당일 입원해야 한다.' 환자들에게는 이때가 가장 곤혹스럽다. 몸속에서 암 덩이가 하루가 다르게 커가는 느낌이 든다.

서울까지 당일에 올라오기 힘든 지방, 특히 섬에서 사는 사람들은 난감해진다. 두 세 시간 전의 출판기념회 때의 행복은 사라지고 침묵이 무겁게 가슴속에 고였다.

"섬에서 하루에 올라오기 힘들지 않겠어? 그리고 주의보라도 내리면 하루가 뭐야. 이 삼 일에도 못 올라올 수 있잖아."

"글쎄, 불편하고 아슬아슬한 것 생각하면 그렇지만, 그래도 2주일을 막연하게 기다릴 수만은 없지 않겠어?"

다음날 섬으로 내려왔다. 마음이 편안해졌다. 주말에 병원에서 연락이 왔다. 다음날 오후까지 입원하라는 통지였다. 다음날 아침 예정에 없던 풍랑주의보가 내려 배가 오지 않았다. 비싼 돈을 주고 사선私船을 불러 타고 다시 버스를 타고 밤늦게 서울 병원에 도착해서 입원했다. 다음날 오전 몇 가지 검사를 하고 오후에 40분간에 걸친 고주파 시술을 마칠 수 있었다. 담당의사로부터는 한번 암 수술을 한 사람은 언제든지 재발할 수 있으니 정기적으로 검진을 받으면서 암 치료를 일상화하도록 하라는 당부를 받았다. 시술이 끝나고 3, 4일 동안 고열과 시술 부위 통증으로 힘든 과정이 있었지만, 나의 생활은 다시 일상으로 돌아오게 되었고 최소한 다음 검진 때까지는 마음속에 평화를 안고 살아갈 수 있게 되었다.

지난 12월 9일(화) 오전 암 재발 진단을 받고 입원을 기다리며 검사와 시술을 하며 진통을 이겨내면서 다시 한 번 삶에 대한 부질없는 생각 속에 빠졌지만, 다시 한 번 그 부질없는 상념들을 정리할 수 있음을 감사한다.

내가 세상을 떠날 가장 적기適期는 언제일까?

여러 장례식에 가 봤다. 죽은 사람이 너무 일찍 죽어서 슬프고 안타까운 장례식도 있었고, 자식들과 남은 가족들까지 지치게 만든 보기에 안쓰럽지만 마음이 후련한 장례식도 있었고, 적당한 때 잘 돌아가셨다는 생각이 드는 아름다운 장례식도 있었다.

그렇다면 나는 언제쯤 떠나야 가장 적합한 타임일까? 아이들이 대학 들어갈 때까지만 살게 해 달라고 기도하는 부모들이 얼마나 많은지 모른다. 아니면 대학 졸업할 때까지만 살면 원이 없겠다는 사람도 있다. 지금 갚아가고 있는 빚만 다 갚으면, 막내아이 결혼할 때까지만 살면, 편안하게 하늘나라로 갈 수 있다는 사람도 있다. 어떤 사람은 나이로 얘기하는 사람도 있다. 최소한 80세까지는 건강하게 살아야 할 것 아니냐. 요즘은 대부분 80대 중반이 넘어서 죽더라. 그 즈음 되어야 호상好喪이라고 하지 않을까? 그때까지 어떻게 무엇을 하면서 사는가? 하는 얘기는 별도 이야기다.

나이로 적기를 따지는 것은 나의 경우에는 너무 끔찍하다. 84세 돌아가신 어머니는 거의 7년을 치매로 앓으셨다. 본인은 모르셨겠지만 가족들은 무척 힘들었다. 혼자 되신 후 외딸인 아내를 보고 서울로 오신 장모님은 외손자 장가갈 때까지만, 증손자 볼 때까지만, 하고 연장하셨지만, 막상 외증손자를 보고도 알아보지 못하고 치매로 돌아가셨다. 그때가 79세 였다. 떠날 날을 조금씩 연기해가다가 그만 살아온 모든 날을 잃어버리고 가신 셈이다.

인생이란 자신이 떠날 때가 되었다고 해서 떠날 수 있는 것도 아니고 기도한다고 해서 데려가는 것도 아니다. 떠난 다음에 해석을 붙여 남은 사람을 위로하는 것뿐이다. 그런 의미에서 보면 나 같은 경우는 행운이고 축복이다. 의사의 말대로 내 간에 또 다시 암이 새롭게 번질지 모른다. 다시 입원을 하고 치료를 하면서 또 한 세월을 살 것이다. 그리고 또 그런 경우가 반복될지도 모른다. 그러나 나는 내가 떠나는 가장 적기라고 생각하는 시점에 오면 치료를 거부할 것이다. 작년 봄 수술 후 나는 유언과 장례 절차에 대한 글을 아내와 두 아들과 며느리에게 보내고 확인을 받았다. 당시에는 충격이 있었던가 보지만 한두 달 못가서 가족 모두 무연해졌다. 한 가지는 완전히 해결된 셈이다.

나는 지금까지 꿈꾸어오던 많은 것을 이루었다. 섬을 향해 떠날 수 있었고, 내 이름이 저자인 책도 갖게 되었다. 그 출판 기념회에서 내가 사랑하고 나를 진정 사랑해 주는 사람들의 애정 어린 눈빛을 받으면서 더할 수 없는 성취감과 행복감을 느꼈다. 내가 더 이상의 꿈을 꾼다면 욕심이 너무 과한 것이 아닐까 두렵다. 이제 나는 떠나도 될 때가 된 것 아닌가? 오늘 내가 죽더라도 나를 가슴에 묻을 어머니가 안 계심을 우선 감사한다. 아이들은 슬프겠지만 아빠의 죽음을 통해 신의 섭리를 느끼고 확인할 것이다. 아이들에게 이제 더이상 아빠로서 본을 보이거나 힘이 되어줄 것이 남아 있지 않음 또한 감사한다. 손자 손녀들에게는 조금 미안하다. 할아버지의 역할이 남아 있고 할아버지의 모델을 머릿속에 각인시켜 줄 시간이 더 있으면 좋았을 것이다. 친구들은 세월이 지나면 "그때 그 녀석 조금 일렀지만 잘 갔지. 우리 같이 이렇게 나이 들어서 마음 상한 일들 겪지 않고." 할 것이다. 매일 나의 건강을 위해서 기도해 주신 누님들께는 할말이 없다. 그러나 그 누님들도 남편이 죽거나 가족 중에 슬픈 일이 생기면 동생의 일은 금세 잊어버릴 것이다. 남는 것은 아내다. 사랑하는 남편의 죽음을 무엇으로 위로 받겠는가? 아내가 먼저 죽는다면 나는? 생각하기도 싫다. 하나님이 어떻게 그런 일이 일어나게 하시겠는가?

"여보, 우리 4년 동안 연애하고 결혼해서 35년 함께 살았으면 충분하지 않은가?"

"무슨 소리야. 최소한 50년은 함께 살아야지."

"그럼 그때 당신은 80살이 되는데 재혼하기도 힘들잖아"

"그래두,"

재발한 암을 치료하고 처치하면서 이런저런 생각을 했다. 이제 떠난다고 해도 '그 일을 끝내기 전에는 도저히 죽을 수 없다.'고 할 만큼의 특별한 일은 나에게 없다. 섬 숲이 더욱 울창해질 때까지, 무인도가 완전히 원시야생 자연으로 바뀔 때까지, 아직 세상에서 빛을 보지 못한 글들을 모아 다시 한 권의 책을 만들 때까지……, 이러한 탐욕스런 꿈이 없는 건 아니지만 이런 것들이 다 이루어진다면 나는 세상 사람들의 시기심 때문에 정작 떠나면서 마음이 가볍지 않을 것이다.

그날 출판기념회장에 참석한 많은 사람들이 나를 축하해주며 부러워했다. 그리고 나는 무척 행복한 표정을 지었다. 그날 오전 병원에서 있었던 일, 그리고 그 후 치료를 받으며 힘든 며칠을 보냈던 것을 알았다면 오히려 그들이 축하받는 느낌이었을 것이다. 그리고 나에게는 연민의 표정을 보냈을 것이다.

(08.12.26)

잘 살았능가?

모름지기 성공한 삶이라는 것은 실패를 즐거운 추억으로 간직하는 삶 아니겠는가? 그것이 나에게는 잘 산 삶이다.

지난주 손가락을 다쳤다. 웃자란 매화나무 가지를 낫으로 치다가 왼손 엄지손가락을 깊이 베었다. 피를 흘리며 이웃 마을 진료소를 찾아갔더니 상처가 커서 꿰매야 한다면서 병원이 있는 큰 섬으로 가야 한다는 것이었다. 선외기 배를 빌려 타고 병원으로 가서 여덟 바늘을 꿰매고 돌아왔다. 이틀 후 미국 사는 큰누님한테서 전화가 왔다. 꿈에 엄마가 보였는데 별일 없었는가 하고. 손가락 다친 이야기를 했더니 그걸 조심하라고 엄마가 보였나보다고 하면서, 제신이는 나이가 들어도 왜 그렇게 조심스럽지 못하냐고 염려하는 누님의 말을 아내가 전해 준다.

이곳 사람들이 가장 흔하게 쓰는 인사가 "잘 살았소?"이다. 일주일 만에 교회에서 만나면 거의 모든 성도들이 그 동안 잘 살았소? 하고 인사를 한다. 며칠 만에 만나도 그렇게 인사를 하고 일 년 만에 만나도 마찬가지다. '그 동안 잘 지냈습니까?', '별일 없으셨나요?'와 같은 인사다.

어제 주일 날 교회에서도 마찬가지였다.

"장로님 잘 사셨소?"

"아니오. 손가락 다쳤습니다."

"오메, 어찌다 그랬소?"

내가 마치 죽다 살아난 것 같은 다행함으로 위로와 격려를 받았다. 나의 손가락 다친 것이 이웃과 성도들에게 큰 사건이며 별일이었고, 그래서 잘 살지 못한(?) 한 주간이었다. 잘 지내고 별일 없었다는 것은 어떻게 지냄을 말함인가? 별고(別故:특별한 사고)가 없었고, 가족 중 누가 다치거나 죽지 않았고, 이웃과 크게 싸우지 않았고, 거래를 하면서 큰 손해를 보지 않았으며, 지난번 만났을 때와 별다름 없음의 뜻으로 묻기도 하고 답변도 하는 것이다. 지난주 상처 덕분에 별일 없이 잘 사는 것에 대해서 생각해 볼 수 있었다. 천재지변이야 어쩔 수 없지만 별다름 없이 사는 것은 별 어려운 일이 아니다. 누님의 바람처럼 조금만 조심하고 조금만 양보하고 조금만 참으면서 좋은 게 좋다고 생각하며 다수의 편에 서기만 하면 된다. 별나게 살지만 않으면 된다. 그렇다면 잘 산다는 게 그렇게 어려운 일도 아니다.

고속도로 휴게소의 공중 화장실에 가면 짧은 명귀들을 만나는 수가 있다. 그 중에 '물이 너무 맑으면 고기가 살지 않는다.' 그리고 곁에 설명까지 곁들여 있다. '사람이 너무 결백하면 친구가 없다.'고. 그렇게 혼자 잘난 체, 혼자 옳은 체하면서 살지만 않으면 별일 없이 살 수 있다. 적당히 흙탕물이 되어 고기들이 숨기 좋은 개울이 되어야 하고, 자기 자신이나 남의 사소한 실수나 잘못은 눈감아 주고 큰 손해가 없으면 알고도 속아주는 것, 그런 것들이, 어울려 사는 사회에서 잘 사는 삶 아니겠는가? 그럴지도 모른다. 그렇게 사는 사람도 많다. 자신의 양심만 조금 가릴 수 있고 진리를 향한 시선을 살짝 피할 수만 있다면, 별고 없이 사는 것이 잘 사는 것이고 편하게 사는 법이다. 편한 것을 추구하고 편리한 것을 행복이라고 생각하는 사람들에게는 별일 없는 것이 가장 행복한 삶일 것이다. 별일 없는 삶, 무소식이 희소식이라 믿는 사람들의 삶이 바로 그런 것이다.

그런 사람들에게는 신념을 위해 목숨을 바치는 사람들이 독불장군으로 보일 것이다. 그런 사람을 보는 것이 불쾌하고 거북해진다. 그들에게는 옳은 것이 의가 아니고 다수가 정의가 된다. 얼마 전에 있었던 서울대 교수 124명의 시국 선언도 서울대 전체 교수 1700명 중에서 1/10도 못 되는 소수라고 생각하면 얼마든지 무시할 수 있게 된다.

이야기가 조금 빗나갔다. 손가락을 벤 별다른 사고 때문에 사람들이 날 보고 잘 살았나? 하고 물으면 별고 없이 잘 살았다고 대답할 형편은 아니다. 전혀 예고 없는 사고로 손가락을 여덟 바늘 꿰맸으니 별고는 있었다. 그렇다고 잘 살지 못한 것은 아니다. 그날 섬에 찾아온 손님과 함께 일하다가 일어난 사고다. 내가 다쳐서 다행이지 만일 손님이 다쳤으면 얼마나 난감했겠는가? 손목으로 줄줄 흐르는 피를 보고도 냉정하게 진료소에 가서 소독과 응급조치를 하고, 또 배를 타고 병원까지 가서 치료하는 차분함을 보여줄 수 있었던 것, 미국 누님이 보았다면 동생이 대견하다고 생각했을 것이다. 평소에 인사나 할 정도였던 이웃 섬 주민이 선외기를 대여해 준 것, 병원까지 날 수행해 준 것, 나에게 보여 준 이웃의 친절과 호의에 감사한 마음을 갖게 된 것도 득이라면 득이다.

사람들이 내게 "그간 잘 사셨소?" 하고 물을 때마다 그간 나는 정말 잘 살았는가? "네, 정말 잘 살았습니다."라고 대답할 만큼 살았는가? 반성하게 된다. 물론 상대방이 의례적으로 물었으니 나도 의례적인 인사치

레로 얼굴 가득히 큰 웃음을 지으며 "네, 잘 살았습니다." 하고 대답할 수는 있다. 그게 사람들이 얘기하는 좋은 게 좋은 것이라는 것도 알고 있다.

그러나 그렇게 대답하고 싶지 않다. 남이 의례적이고 진지하지 못하다고 나까지 그러고 싶지 않다. 그래서 그냥 웃기만 하던지 별일은 없었다고 대답한다. 그러나 속으로는 이렇게 대답하고 싶다. "저에게 있어서 잘 사는 것은 그냥 별고 없이 사는 삶이 아니라, 별일과 별고가 있더라도, 모험과 결단이 있고, 시행착오와 성취가 있고, 나의 선택에 책임을 지며 사는 것이 잘 사는 삶입니다. 그런 의미에서 지난 한 주간은 잘 살지 못했습니다."

이제 뉴스미션 독자들과도 헤어질 때가 되었다. 사실대로 하자면 헤어질 때는 벌써 지났다. 욕심이 결단을 주저케 해서 오늘까지 연재를 끌어왔다. 4년 6개월 동안 <그 섬에서>의 대장정을 마친다. 그 동안의 세월만큼 이 작은 섬에 많은 변화가 있었다. 죽은 사람도 있었고 떠난 사람도 있었고 곧 떠날 사람도 있다. 섬에서 만 7년을 지내면서 바다와 하늘과 바람과는 충분히 친밀해졌지만, 이곳에서 태어나고 자라 우물 안 개구리가 된 노인들에게는 아직도 종종 생경함을 느낀다.

많은 시행착오도 있었다. 연재 글에 실린 섬 이야기 덕분에 금년 봄엔 처음으로 섬에 살고 싶지 않은 생각이 들기도 했다. 섬 주민들로부터 섬 사정을 모르고 주민들을 무시했다고 왕따를 당하면서 무척 힘들었다. 어렵게 뭍에서 들여온 벌통은 다음해 겨울을 지나고 텅 비어버렸다. 14개월을 키우던 영리한 강아지 오월이가 선장 집 염소를 두 마리나 물어 죽여 결국 떠나보냈다. 묶어두는 날이 더 많은 선외기 에녹호는 자주 엔진 고장을 일으킨다. 목포서 기술자가 올 때마다 적지 않은 비용을 부담

한다. “배를 잘 다룰지도 모름서로 비싼 쏘내기를 사갖고 애를 먹네 그려.” 하며 혀를 차는 동네 사람들의 소리가 뒤통수를 간지럽힌다.

처음 들어오던 해에 해변 가에 심었던 종려나무, 여름 밤 무등산처럼 섬 숲길을 환하게 해주기를 기대했던 노각나무, 나의 꿈 섬 죽도에 풀어준 호로새들은 자리를 잡지 못하고 모두 전멸당했다. 바다가 험한 날은 선외기를 선착장으로 끌어올리려고 만든 쇠바퀴를 단 수동 트레일러도 동네 사람들의 비웃음을 사고 녹이 슨 다음에 고철로 잘려 나갔다. 나의 어리석음과 욕심의 결과다.

처음 섬에 들어오면서 꾸었던 원시야생 자연생태보존지역으로 만들고 싶었던 무인도를 향한 나의 꿈은 그 동안의 시행착오를 수지채산으로 환산한다면 한마디로 파산이다. 그 동안 투자한 나의 수고와 돈과 시간과 에너지를 생각하고, 내가 일찍 떠난 직장과 잃어버린 사회생활을 통해 얻을 수 있었던 뭍에서의 성취를 생각하면 나 자신 충분히 어리석다는 것을 인정한다.

그러나 나는 또 다시 새로운 꿈을 꾸고 계획을 세울 것이다. 물론 새로운 것을 시도하고 계획할 때마다 또 다시 착오를 범할까봐 두렵다. 그러나 또 시행을 할 것이고 착오가 생길 것이다. 내 인생은 시행과 착오를 통해서 깊어지고 풍성해졌음을 부인할 수 없기 때문이다.

바다는 변함없지만 날마다가 새롭고 어제와 다른 신선함으로 나를 깨우쳐 준다. 수평선에 벌어지는 석양의 황홀함, 아침 여명의 신비함이 날마다 나의 가슴을 설레게 하고, 다시 한 번 불끈 주먹을 쥐는 다짐과 결심이 착오의 두려움을 이겨내게 한다.

지난 4년 6개월 동안 연재 되었던 <그 섬에서>가 오늘 100회를 마지막으로 끝맺게 되었다. 그 동안 부족한 사람의 글을 계속 실어준 뉴스미션 담당자에게 먼저 뜨거운 감사를 드린다. 2주에 한 번씩 써야 하는 짧은 글이었지만, 나 같은 아마추어에게는 쓰는 동안 계속 스트레스가 떠나지 않았다. 처음 구굿닷컴으로 시작할 때 당시 대표이던 조석인 목사님의 부탁을 받고 30회 정도 써보겠다고 스스로 약속을 했다. 그러다가 욕심이 생겼다. 욕심이란 다름이 아닌, 글을 쓰면서 잊었던 지적 탐구와 모색, 관찰과 작문의 훈련, 독서의 일상화, 그리고 그것들을 통한 내면의 성숙을 가져올 수 있었기 때문이다.

그 욕심이 50회에서 손을 떼지 못하게 하고 질질 끌어오다가 결국 오늘까지 왔다. 〈그 섬에서〉라는 제목과 내 이름 때문에 웹사이트를 바꾸거나 인터넷을 꺼 버린 사람도 있었을 것이다. 그런 분들께는 이제 시원한 작별로 인사를 드린다. 격려를 보내주신 분들께는 아름다운 애정으로 인사를 보낸다. 고맙고 감사하다고. 그리고 바람결에라도 그 섬이 떠오르면 한번 찾아오시라고.

우리가 무엇이 되어 언제 다시 만나게 될지 모르지만, 그때는 그 동안 이룬 성공과 성취보다는 꿈을 이루면서 겪은 실수와 실패 그리고 시행착오를 유쾌하게 회상하며 나눌 수 있기를 바란다. 모름지기 성공한 삶이라는 것은 실패를 즐거운 추억으로 간직하는 삶 아니겠는가? 그것이 나에게는 잘 산 삶이다.

(09.08.05)

* 이 글을 마지막으로 4년간 연재하던 〈그 섬에서〉 칼럼을 끝냈다. 그러나 1년이 지난 후, 신문사와 독자의 요청으로 같은 제목의 칼럼을 다시 3년 동안 계속 연재하였다.

자유의 나라

이렇게 외치지 않았을까, 이것이 바로 자유라는 거야!! 자유!! 그리고 이제 나는 다시는 아파트의 삶으로 돌아가지 않을 거야!

지난 주 강아지 한 마리가 섬으로 들어와 우리 식구가 되었다. 서울 사는 아들이 동네 시장 채소가게 앞에 묶여 있는 새끼 강아지를 귀엽다고 쓰다듬어 줬더니 주인이 가져가서 키우라고 주더란다. 강아지뿐 아니라 새끼용 사료 한 봉지와 강아지 장난감까지 싸 주었단다. 아들은 엉겁결에, 태어난 지 두 달이 좀 지나 젖은 뗐지만 사람들 품에서 떠날 줄 모르는 강아지를 안고 왔다. 귀엽고 영리하게 보였지만 품종을 알아주는 애완견 종자는 아니었다.

아들과 함께 며칠을 보내는 동안 좁은 아파트 거실과 베란다, 안방과 건넌방을 싸돌아다니며 어질어 놓고, 대소변을 가리지 않으면서 집안을 난장판으로 만들었다. 아들이 SOS를 보냈다. 심심하신데 섬에서 키우면 어떠시냐고.

사실대로 이야기하자면, 섬 생활이 심심하지도 않고, 그 동안 제법 영리한 강아지 4마리를 키웠지만, 마을 염소를 해치는 바람에 포기한 경험이 있다. 지금은 이 세상에 없는 백호, 인이, 빈이, 오월이가 그놈들이다. 강아지가 물어 죽인 염소 값에다 강아지까지 얹혀서 보상을 해주고, 다시는 강아지를 키우지 않겠다고 결심한 것이 2년 전 일이다. 지금은 옆집 할머니가 키우는 강아지 두 마리가 우리 부부를 주인 다음으로 잘 따르니 특별히 우리 강아지를 키울 필요도 없었다.

그런데 여름방학 때 섬에 들어오겠다는 손주들이 강아지 소식을 듣고, 이름은 '폴로'로 지어달라며 방학 때까지 잘 키워달라고 전화가 왔다. 그 사이 아들은 동물병원에서 건강검진을 받게 하고 구충제를 먹이고 예방 주사도 맞히고 운반용 강아지 집과 기저귀까지 준비해 놓고 있었다. 결국 떼밀리다시피 하여 강아지를 섬으로 데려왔다.

서울서 버스를 타고 내 품에 안겨 4시간, 다시 배를 타고 3시간 반 만에 다시는 떠날 일이 없는 섬에 도착했다. 버스 안에서와 배에서는 멀미 때문인지 조용히 품에 안겨 있더니 선착장에 도착하자마자 펄쩍펄쩍 뛰어 돌아다니는 것이었다. 마중 나온 아내의 손을 핥는가 싶더니, 옆집 윤 할머니 강아지 두 마리와 잠시 경계의 눈빛을 주고받는 것이었다. 서로 마음을 열고 동무하기로 결심하기까지는 채 10초도 걸리지 않았다. 누가 먼저랄 것도 없이 다가와 킁킁거리더니, 서로 깨물고 좇고 좇기며 엎어지고 올라타고 하면서 선착장과 갯가 길과 학교 운동장을 놀이터 삼아 뛰어 돌아다는 것이었다.

그 광경을 보면서 내 가슴 한 구석이 뜨거워지면서 찡한 기분이 들었다. 생전에 한 번도 와보지 않은 곳에서, 덩치 큰 친구(?)들이 있을 것을 상상도 못 했을 건데도 두려워하기는커녕 저렇게 좋아서 어쩔 줄 모르는 걸 보면서 새벽부터 긴장하며 강아지를 데리고 온 나의 수고와 스트레스가 확 풀리는 것 같았다.

폴로가 섬의 가족이 된 지 일주일이 지난다. 내가 만들어 이름 팻말까지 달아 준 집에 들어가 첫날부터 잠을 잘 잔다. 옆집 강아지와 정신없이 뛰어 놀다가도, 밥 먹을 때와 우리 부부가 나들이 할 때는 귀신 같이 찾아와 앞서거니 뒤서거니 함께한다. 아직은 염소의 상대가 되지 않고 마을에 위험한 것도 없으니 묶어 둘 필요도 없다. 강아지가 뛰어 노는 걸 보면서 세상에 더 이상 그를 자유롭고 행복하게 하는 게 있을까? 생각해 본다.

열흘 전, 그가 서울의 채소가게에 묶여 있던 시절 그의 꿈은 좋은 주인 만나서 기껏해야 베란다와 거실을 왔다갔다 하며 제 시간에 던져 주는 먹이에 꼬리를 흔드는 것 정도였을 것이다. 눈치가 늘면서 주인의 즐거움이 나의 행복이라며 자유와 해방은 잊어버리고 그 대신 얻게 되는 주인의 손길과 보호에 만족했을 터이다.

무릇 자유라 함은 자신의 의지에 반하는 압력과 구속에서의 해방을 말함 아닌가? 수갑에 채워져 봤거나 교도소 경험이 있는 사람은 구속과 자유에 대한 의미를 피부로 느낄 수 있을 것이다. 진정한 자유를 알기 위해서는 자유를 구속하는 것이 무엇인지 먼저 알아야 한다. 자유에 대한 의식과 자유를 향한 의지가 없는 사람에게는 자유란 별 의미가 없는 것이다. 삶의 의미를 고민하고, 그 의미의 추구에 초점을 맞추는 사람에게만이 자유가 소중한 것이다.

말콤 엑스는 '자유는 무엇보다도 자기 자신을 마음으로부터 존중하는 것이다.'라고 했다. 가치 있는 삶을 살고자 하는 사람만이 자기 자신을 존중할 수 있는 것이다.

폴로가 처음 바다를 바라보면서 무슨 생각을 했을까? 천형天刑처럼 목을 죄고 있던 목줄이 풀릴 때 무슨 느낌이었을까? 낯선 곳은 둘째치고, 아파트 베란다의 유리창을 통해서가 아닌 맨눈으로 밤하늘의 별에 눈을 맞추고, 파도소리를 들으며, 서리 내리는 밤공기를 호흡하면서도 전혀 두렵지 않았던 이유를 알 수 있었을까?

새벽이 되면 안개가 숲에서 퍼져 나오고, 가는 빗방울이 잔잔한 바다 품에 안기고, 저녁에는 물수리 몇 마리가 따뜻한 기류를 타고 하늘 높이 올라가는 걸 처음 보고, 그것이 선조들의 영원한 바람이었던 태고로의 회유回遊, 야생의 자유임을 알았을까? 별이 쏟아지는 겨울 투명한 밤이 지나고 다시 다음 날, 맑으면서 차가운 아침을 맞이하면서 폴로는 무슨 생각이 들었을까?

이렇게 외치지 않았을까, 이것이 바로 자유라는 거야!! 자유!! 그리고 이제 나는 다시는 아파트의 삶으로 돌아가지 않을 거야!

역사를 보면 선동가들은 자유를 포기하면 안정을 주겠다고 약속한다. 그러나 '자유를 안정과 맞바꾸겠다는 사람은 자유도 안정도 누릴 자격이 없다.'고 벤자민 프랭클린은 주장한다. 미국까지 갈 필요도 없다. 우리 시대의 생생한 역사가 증언한다. 자유인이 될 것인가? 아니면 안정과 편함의 옷을 입은 물신物神의 품에 안주할 것인가? 그것은 자신에게 달려있다. 일상적으로 자신을 유혹하는 물신에 맞설 수 있는 가치관을 갖고 있는가?와 자기성숙을 위해 끝없이 긴장하며 사는가?에 달려있다.

성경은 진리가 우리를 자유롭게 한다고 했다. 진리 되신 하나님이 우리를 죄의 구속에서 해방시켜 주신다는 말씀이다. 혹자는 용서가 우리를 자유롭게 한다고 했다.

인간관계에서 한번 미움의 굴레에 빠져들면 웬만해선 마음의 평안을 누릴 수 없다. 용서가 평안과 자유의 전제조건임을 알 수 있다. 그러나 이것들보다 먼저 중요한 것은 자유에 대한 갈급함이 있어야 하는 것이다.

의외로 많은 사람들이 자유롭지만 고통스런 삶을 선택하기보다는, 자유를 포기하고 자비로운 주인에게 순종하며 사는 안락한 삶에 안주해 버린다. 피곤한 자유보다 안락한 노예상태를 그리워한다. 홍세화는 그런 삶을 기름진 생존이라 했다. 세뇌교육과 편함에 물든 습관이 사람을 비겁하게 만들고 용기를 잃게 한다. 안전함을 주는 다수多數와 운명으로 스스로를 변명하면서 자유를 향한 의지를 포기해 버린다. 자유는 그것을 즐길 줄 아는 사람에게만 다가가는 법이다.

리차드 버크는 『갈매기의 꿈』에서 조나단 리빙스톤으로 하여금 '단 하나의 아름다운 법률은 자유로 인도하는 법률이다.'라고 독백한다. '자유는 자기自己의 이유理由로 걸어가는 길입니다.' 20년 동안 억울한 옥살이를 하면서 자유를 향한 의지를 포기하지 않았던 신영복 선생의 이야기다. 남들이 걸어간 길이 아닌 자신의 목적과 의미를 위해 자신이 만든 길을 가는 것이 진정한 자유다.

나에게서 자유는 궁극적으로 내 영혼이 자연과 합일하는 것이다. 수평선에서 뜨고 지는 해를 바라보고, 광년을 건너 온 밤하늘의 별들을 바라보며, 그 장엄함과 신비함 앞에서면 나는 옷깃을 추스르며 겸허해지지 않을 수 없다.

그것이 내가 매일 새벽 매일 저녁 매일 밤 느끼는 자유다. 내 육신이 묶여 있고, 내 삶이 세상의 나이와 질병과 경제의 구속에서 벗어나지 못하더라도, 내 의식이 지적 욕구와 지식의 한계에서 빠져나가지 못하더라도 나는 상관없다. 내 영혼이 대자연의 충만함 속에서 자유롭게, 자연스럽게 유영遊泳할 수만 있다면……. 폴로를 통해 자유에 대한 의식을 회복케 해준 자연에게 감사한다.

(12.03.01)

폴로의 놀이터

나이 들면 책을 가까이 해야 하는 이유

모든 할아버지는 손주들의 왜?에 대한 질문에 답해줘야 한다. 그것이 손주들에 대한 할아버지의 진정한 사랑의 표시이며 의무다.

3월로 달력장을 넘기고 따뜻하고 환한 새 봄날을 며칠 겪은 덕분인지 꽃샘추위가 한겨울보다 더 매섭다. 파도는 출렁거리고 잿빛 하늘에선 듬성듬성 눈발이 휘날린다. 풍랑주의보가 내려진 바다는 황량하고, 개미새끼 한 마리 얼씬거리지 않는 선착장은 쓸쓸하기만 하다. 종일 칼바람 소리만 요란하다.

아침저녁 닭장을 한 번씩 둘러보러 바깥에 나간 것을 제외하고는 종일 방안에 틀어박혀 있다. 이런 날 내가 하는 일이 있다. 바로 책읽기다. 지난 며칠간 화창한 날씨로 바깥일을 하느라 제대로 읽지 못한 책들이 기다리고 있다. 나의 씀씀이에서 유일하게 아내의 양해를 구하지 않아도 되는 것이 연장을 구입하는 것과 책을 사는 일이다.

지난달 상경 시 구입해 온 책들이다. 인터넷으로 구입할 수도 있지만, 제본의 짜임새나 글자의 사이즈, 페이지 수, 디자인이 주는 무게감 등을 직접 확인하고 싶어 기왕 읽어 본 책을 제외하고는 대부분 서점에서 직접 들춰 보고 구입한다. 물론 이런저런 서평을 통해 읽고 싶은 책 리스트를 미리 만들어 놓는다.

지난달, 김명현님의 창조론에 관한 강의를 VCD로 듣고 창조론과 진화론에 대한 확실한 이해를 얻고 싶어 생명의 기원과 진화론에 관한 책들을 구입해 왔다. 그리고 신간으로 나온 헨리 키신저의 『중국이야기』와 앞으로 두어 달 동안 천천히 읽기 위해 제목만 봐도 졸음이 오는 『인문학의 미래』 『생각의 전환』 『신은 없다』 『넥스트 디케이드』 도 구해왔다. 봄을 보내면서 읽을 책들이다. 『중국이야기』는 지난 40여 년 간의 미국과 중국의 외교사이며, 내가 살아온 시대의 세계 역사이기도 하다. 전문 외교적 설법이 낯설었지만 흥미롭게 읽었다.

주민이 10명도 못 되는 작은 섬, 어디 있는지도 모르는 외딴 섬, 작가 키신저나 책 속의 주인공이 자신의 이름이 읽히리라곤 상상도 할 수 없는 화성(火星) 같은 지역에서 자기들의 이야기가 흥미진진하게 읽혔다는 것을 알면 죽은 마오쩌둥이나 저우언라이나 닉슨 대통령도 벌떡 일어날지 모른다.

내가 무인도 같이 잊혀진 곳에 살면서도 자긍심을 잃지 않고 세상과 교류하는 방법이다.

여기서 읽은 책의 대부분은 섬의 일상과는 전혀 관계가 없다. 식물도감, 곤충도감, 딱정벌레의 세계, 천연 기념물, 어류도감, 야생화 백과, 새 기르기, 닭 기르기, 양봉 관리, 매실 재배, 약초 백과, 별자리 찾아보기, 바다낚시 초보, 가구 만들기 등이 이곳 생활에 도움을 주는 책이다. 나는 취미나 생활정보를 위한 책을 제외하고는 책을 읽어야 하는 이유나

목적을 생각해 본적은 없다. 그냥 습관적으로 읽었고, 책읽기 아니면 할 일이 없어서도 읽었고, 읽는 중에 즐거움을 얻기 때문에 읽었다.

책읽기가 대학교육을 받은 자가 사회와 자신에 대해 지어야 하는 최소한의 보답이며 의무라는 생각은 들었다. 그렇다고 내가 독서광도 아니고, 할일을 포기하면서까지 책에 미친 책벌레도 아니다. 읽고 싶어도 읽고 싶은 책을 다 읽을 수도 없고, 이제는 빨리 읽을 수도 없다. 책임이나 의무감 때문에 읽는 책은 없다. 그때그때 관심이 있는 책을 읽을 뿐이다. 이해하기 힘든 어려운 책일 때도 있고, 흥미진진하게 읽는 경우도 있고, 모르고 옛날 읽었던 책을 다시 읽는 경우도 있다.

책이 곁에 있으면 혼자 있는 시간이 두렵지 않다. 외롭지도 않다. 쓸쓸한 분위기는 오히려 책 읽는 데 도움이 된다. 한 가지 감사하고 고마운 것은 나이 들어 책 읽는 습관을 잃지 않은 것이다.

책이 나에게 준 유익을 한번 생각해 본다. 나는 왜 책을 읽는가?

첫째는 삶을 아름답고 풍성하게 해 주기 때문이다. 사람의 생각은 알고 있는 단어(vocabulary)의 한계를 벗어날 수 없다. 단어의 한계가 생각의 한계이고 꿈의 한계이다. 단어의 한계를 확장하는 방법은 독서밖에는 없다.

나는 초등학교 시절 12개 색깔이 있는 크레용으로 그림을 그렸다. 나중에 24개 색깔의 크레용이 나오고, 48가지 색깔의 크레용박스도 나왔다. 12가지 색깔의 크레용으로는 땅의 흙색과 사람의 살색을 구분해서 칠하기가 어려웠다. 여명의 새벽하늘, 그 신비감을 12개의 크레용으로는 도저히 그릴 수 없었다. 초록 바다와 초록 숲도 같은 색으로 칠할 수밖에 없었다. 지금 아이들은 구분해서 칠할 수 있을 것이다. 크레용의 종류가 많을수록 아름답고 섬세하고 풍성한 그림을 그릴 수 있다. 사람들의 생각도 그렇고 표현도 그렇다. 우리의 삶을 그리는 크레용이 바로 단어다.

한 편의 시, 한 마디의 웅변이 사람을 감동시키는 이유는 바로 그 시점에서 가장 적합한 단어를 선택할 수 있기 때문이다. 내 자신의 삶이 풍성해질 뿐 아니라 이웃을 감동케 하기 위해서 폭넓은 단어가 필요하다. 그래서 나는 책을 읽는다.

두 번째는 책읽기는 혼자서 할 수 있는 일이기 때문이다. 나이 들어 혼자 할 수 있는 일이 있다는 것은 얼마나 큰 축복인가. 가장 궁상맞은 노인의 모습은 할일 없이 혼자 시간을 죽이는 모습이다. 할일이 없이 종일 TV 앞에 앉아 있는 노인을 보면 측은한 생각이 든다. 물론 책읽기가 취미생활은 아니지만 혼자서 시간을 보내며 즐길 수 있는 일이다. 오히려 혼자 있을 때 효율성이 훨씬 높은 작업이다.

뿐만 아니라 다른 취미 생활처럼 비용이 많이 들지도 않는다. 요즘 은퇴 노인들이 즐기는 골프나 여행, 산행, 사진 찍기, 스포츠 댄스와 색소폰 또는 아코디언 배우기, 당구에 비하면 비용이 거의 들지 않는다. 인근의 도서관을 이용하면 책값 부담 없이도 충분히 즐길 수 있다. 내가 사는 근처에 도서관이 없는 것이 내게는 아쉬움이다. 아이들이나 아내가 출타하면서도 집에 나 혼자 남겨두는 걸 전혀 걱정하지 않는다. 나 역시 혼자 있어도 두렵지 않다. 혼자 있으면서 방해받지 않고 진득하게 독서삼매에 빠질 수 있기 때문이다.

세 번째는 다양한 단어와 함께 지식과 상식을 확장시켜주기 때문이다. 책을 통해 얻은 다방면의 지식으로 다양한 종류의 사람들과 폭넓은 대화와 교제를 나눌 수 있다. 또한 이렇게 축적된 지식은 모든 사물과 사건 앞에서 판단에 앞서 우리를 회의懷疑케 하고, 입체적이고 객관적인 시각을 유지할 수 있게 한다. 선전과 선동과 세뇌를 진실로부터 구분해 낼 수 있는 시각을 갖게 해 정확한 분석과 옳은 판단을 할 수 있게 한다. 다수多數가 주는 유혹에서 냉정한 자세를 유지할 수 있게 해 준다.

우리 시대의 사표이신 양심의 학자 리영희나 촘스키처럼 생각할 수 있게 해 준다. 또 하나의 독서가 주는 장점은 누구 앞에서나 폭넓은 관용과 자신감을 가질 수 있다는 것이다. 세상에서는 가난한 사람이 부자 앞에서, 약한 사람이 권력 있는 사람 앞에서, 아랫사람이 윗사람 앞에서 두려움, 열등감, 열패감을 느끼는 경우가 많다. 그러나 책을 많이 읽은 사람은 누구 앞에서나 자신만의 자신감을 갖는다. 지식은 돈이나 힘이나 직위로 얻지 못하는 것이기 때문이다. 겸손, 관용, 자신감, 용기는 진정한 지식인이 보여주는 덕이다.

도초 작은 도서관 내부

마지막으로 늙은이가 책읽기를 통해 지식을 확대해야 할 중요한 이유가 있다. 손자와 손녀들을 위해서다.

할아버지, 깜깜한 밤에 왜 별이 빛나요?

할아버지, 이게 무슨 꽃이어요?

할아버지, 왜 하늘에서 물이 떨어져요?

할아버지, 왜 바닷물은 짜나요?

할아버지, 왜 바다가 들락날락 해요?

모든 할아버지는 손주들의 '왜?'에 대한 질문에 답해줘야 한다. 그것이 손주들에 대한 할아버지의 진정한 사랑의 표시이며 의무다. 할아버지들이 계속 책을 읽고 지식의 탐구와 상식의 확대를 위한 훈련을 게을리 하면 안 될 중요한 이유다.

평균수명이 늘어나면서 우리 주위에 육체는 건강하지만 정신과 의식의 수명壽命은 다해가는 노인들을 많이 볼 수 있다. 노인성 치매 역시 그런 증세의 하나다. 그런 점에서 책읽기는 정신과 의식을 집중화시키는 중요한 훈련도구다. 맑은 정신으로 인생을 마무리할 수 있는 행운은 지적 훈련을 계속하면서 기다리는 사람에게 주어지는 축복이다. '지금까지 읽은 책이 그 사람이다.' 홍세화가 그랬던가?

나이 들어가면서 이처럼 책읽기 좋은 환경을 허락하신 분께 감사한다.

(12.03.15)

뒤돌아봐야 할 때

한 달 후면 다가올 새해를 바라보기 전에 먼저 지난 열한 달을 뒤돌아본다. 허리를 펴고 일어나서 손을 이마에 두르고 사방을 휘 둘러본다.

금년 마지막 달력 한 장이 남았다. 가을을 보내고 겨울을 맞는 바닷가 풍경이 스산하다. 낮게 깔린 잿빛 구름과 흉흉한 바다를 바라보는 마음이 우울해진다. 해거름에 불어오는 음울하고 싸늘한 바람이 어둠을 재촉한다. 또 다시 시간 앞에 실존으로 서 있는 나를 발견한다.

나는 지금 어디에 서 있는가? 이 시점의 시간은 몇 시 인가? 여기까지 얼마큼 달려왔고 이제 얼마큼 달려가면 목적지에 도달하는가? 너무 앞만 바라보며 달려오지 않았나? 바른 방향이었나? 뒤를 돌아보지 않고 오로지 앞만 향했던 끔찍한 세월을 보낸 건 아닌가?

의식이 열리기도 전부터 따라 불렀던 '전우의 시체를 넘고 넘어'로 부터, <앞으로, 앞으로> 동요와 함께 자라면서 내 머릿속 기재가 앞만 바라보도록 세뇌되지 않았는가? 새마을 노래와 찬송가의 많은 가사가 앞만 보고 달리도록 나를 채찍질하지는 않았는가?

수탉과 꿩이 싸우면 꿩이 이긴다. 비록 수탉이 덩치가 크고 부리가 더

해 지는 저녁 바다

강하고 꿩에 비해 체중이 훨씬 무겁지만 결국은 꿩 앞에 무릎을 꿇는다. 수탉이 큰 몸집이나 체중 때문에 동작이 느려서 그런 건 아니다. 꿩이 닭보다 꼬리가 길기 때문이다. 긴 꼬리가 걸리적거려 싸움에 지장을 주지 않겠냐고 하겠지만, 바로 그 긴 꼬리 덕분에 꿩은 뒷걸음질하는 게 힘들어 앞으로 나갈 수밖에 없기 때문이란다. 꿩은 구조적으로 상대의 공격을 피하거나 후퇴할 수 없다. 죽을 때까지 오로지 공격하는 수밖에 없다. 결국 수탉은 포기하고 꿩은 승리한다.

탐욕과 경쟁의 시대에서 승리는 유일한 의미이고 목적이며 성취다. 꿩이 바로 그 모델이다. 다들 그렇게 사는 삶을 인생의 성공이라고 한다. 그러나 세상에는 뒤를 돌아보지 못해 겪는 실패와 비극이 훨씬 더 많다. 그물에 걸려서 잡히는 새나 물고기들은 거의 대부분 뒤를 돌아보지 못하고 뒷걸음을 몰라서 잡혀 죽는 신세가 된다.

한 달 후면 다가올 새해를 바라보기 전에 먼저 지난 열한 달을 뒤돌아본다. 허리를 펴고 일어나서 손을 이마에 두르고 사방을 휘 둘러본다. 내가 걸어온 뒷길이 뚜벅뚜벅 직선을 그리며 걸어왔는가? 발자국도 보이지 않을 정도로 정신없이 빠르게 달려온 건 아닌가? 그래서 그물에 목이 걸려있는 건 아닌가?

돌이켜보면 여전한 나의 섬 생활에서 특이한 일이 없었던 한 해다. 지난 봄 강아지들 싸움으로 선장네와 한 달 동안 눈길을 주고받지 않았던 일이 못내 아쉽고 부끄럽다.

여름이 끝날 무렵, 태풍이 남기고 간 절망감은 지금도 새롭다. 날아간 창고 슬레이트 지붕과 뿌리 뽑힌 나무들을 보면서 10년간 섬에서 흘린 땀의 결과가 허망하게 무너지는 것 같았다. 다시 회복할 수 없을 줄 알았는데 십시일반 이웃의 격려와 도움으로 새 지붕을 얹을 수 있었다.

10년 동안 키운 나무들이 뿌리가 뽑히고 쓰러진 흔적은 그대로 놔두기로 했다. 뿌리가 뽑혀 말라 죽기도 하고, 쓰러진 채로 다시 새잎이 돋는 걸 보면서 자연과 생존, 생명과 조화를 배우기로 했다.

가을엔 간의 종양이 재발되어 또 한 차례 입원하여 색전시술 치료를 받았다. 5년 전 간암 수술 후 10번째 시술이었다. 다행인 것은 9번째 시술 후 거의 1년 만에 종양이 다시 나타난 것이다. 드디어 종양과 함께 사는 방법에 익숙해진 것 같다.

큰아이 가족이 4년 만에 미국 유학에서 돌아왔다. 손주들도 4년 공백의 어려움을 잘 극복하고 적응한다. 감사한 일이다. 큰며느리가 시어머니께 한 말이다.

"어머니, 아범이 나이 들어가면서 아버님하고 점점 더 닮아가는 것 같아요."

좋은 뜻인지 안 좋은 뜻인지 아무 뜻도 없는지 모르겠다.

작은아이는 코이카 지원 사업의 현장 책임자가 되어 2년 말미로 아프리카로 떠났다. 그곳 일이 너무 힘들어 당초 계획보다 지연되면서 애를 먹고 있다고 한다.

아내는 계속 내 곁에 있다. 며칠 전 결혼 39주년 기념일 날 밤 창밖의 달을 쳐다보다가 문득 내 손을 꼭 쥔다.

"난 당신이 시를 쓰면 잘 쓸 거 같아, 안 그래?"

처녀 때나 할머니가 된 지금이나 나에게 여전한 오직 한 사람이다.

마을에는 별 변화가 없었다. 보호자가 된 큰아들의 승인 없이는 요양병원을 나올 수 없는 송 할머니는 벌써 두해 째 집을 비우고 있다. 방문마다 창호지가 뜯겨지고 방바닥 장판이 일어난 방으로 다시 돌아오기 힘들 것이다. 다리를 쓰지 못하는 최 할머니는 지난여름 미역일로 들어온 아들이 모시고 나갔다. 곧바로 그 집이 팔렸다는 소문이 돌았다. 내년에 다시 보기 힘들 것 같다. 올해 89세인 문 할머니는 날마다 진통제로 살면서 "빨리 죽어야제." 하지만 90을 넘기실 것이다. TV안테나와 알람시계와 전화기를 봐달라고 수시로 찾아와 귀찮게 하지만 언젠가는 그나마도 그리울 것이다. 허 할머니와 윤 할머니는 세월만큼 늙고, 늙은 만큼 변함이 없어졌다. 나도 마찬가지일 것이다. 금년에 처음 해당되는 경로우대를 받을 때마다 찾아온 쑥스러운 느낌도 내년에는 덜할 것이다.

돌이켜 보면 무사한 금년 한 해였다. 무사함이 별일 없었다는 말은 아니다. 이제는 별난 일도 흔들림 없이 이겨내고 견디며 살게 되었다는 뜻이다.

이제 내가 먼저 할일은 앞보다 뒤에 있다. 내 뒤에 줄 서 있는 사람들, 또는 나를 뒤좇아 오는 사람들에게 걸림돌로 서 있진 않은가? 필요하면 내 자리를 양보할 준비는 되어 있는가? 뒷정리를 먼저 하고 나서 앞을 보며 가야 할 방향과 거리를 다시 한 번 재보는 일이다.

(12.12.01)

화두

잠 못 이루는 밤이 되면 나 자신을 포함해서 사람들의 관심과 시선은 모두 부질없는 것이 된다.

한 밤에 찾아오는 화두話頭가 있다. 자정 넘어서까지 잠이 오지 않는 날 밤, 또는 문득 잠에서 깨어 다시 잠을 이루지 못하는 시간, 추적추적 늦가을 빗소리나 그 비에 젖은 가로를 달리는 차 소리가 잠을 멀리 데리고 가 버린 시간, 어김없이 찾아오는 화두다.

"이렇게 살아도 되는 건가?"

언제부터인지 모른다. 이 화두가 나를 찾아오면 나의 삶과 죽음, 신념과 철학은 내 의식의 변두리로 밀려나가 객관의 상자에 갇혀 버린다. 숨을 쉬는 동안 나를 지배해 온 절대가치와 믿음도 상대화되어 버린다. 내 인생에서마저 나는 엑스트라 배역으로 밀려나고, 나를 지배해온 모든 가치와 의미들은 허물어진다.

"정말 이렇게 살아도 되는 건가?"

물론 답이 없는 화두다. 이런 것을 철학 용어로는 아포리아*라고 하던가? 그러나 다시 잠이 들면 화두는 떠나고, 다음날 아침 날이 밝으면 지난밤 화두를 만났던 기억마저 사라져버린다. 화두를 잊고 살다가 잠이 오지 않는 밤이 오면 어김없이 다시 찾아온다. 화두를 잊고 사는 것이 정상인지, 화두를 붙들고 없는 답을 찾아 헤매는 것이 옳은 삶인지 혼란이 온다. 언제부터 잠이 오지 않는 밤이 시작되었고, 길이 없는 화두 때문에 갈등이 시작되었는가?

젊은 시절 도회에서 헐레벌떡 살던 시절엔 나의 무대에서 내가 주인공인 줄 알았고, 그 역할이 나를 바쁘게 하였고, 그래서 항상 잠이 부족했으며, 잠자리는 생각을 놓아버리는 시간 이었다.

학위를 받을 때까지는, 빚을 다 갚을 때까지는, 자녀들이 독립할 때까지는, 나의 땀과 수고가 확실한 열매로 돌아올 때까지는, 나는 이런 화두를 붙들고 잠을 설친 적이 없었다. 계속 연기 시켜놓았던 화두다.

"이렇게 살아도 되는 건가?"

도대체 나의 삶이 어때서인가? 섬에 들어오기 전까지의 삶은 차치하고라도, 얼마나 많은 친구들과 독자들과 이웃들이 나를 시기하고 부러워하고 칭찬하며 선망하지 않았던가? 그럭저럭 실패보다는 성공 쪽에 가까운 삶 아니었던가?

*아포리아(aporia) (철학) : 사유思惟가 궁하여 해법이 없는 난관을 의미함. 내버려둘 수 없는 논리적 난점.

그러나 잠 못 이루는 밤이 되면 나 자신을 포함해서 사람들의 관심과 시선은 모두 부질없는 것이 된다. 오히려 평화를 깨는 거침돌이 된다. 이제 종점이 가까운 지점에서, 9회말이 다가오는 시점에서, 어둠이 내리고 레퍼리는 타임아웃 시간을 재며 휘슬 쥔 손을 들어 올리는데 화두는 아직도 나를 짓누르고 있다.

인류역사상 가장 위대한 지혜자인 솔로몬왕은 잠 안 오는 밤의 화두 앞에서 시선을 돌렸다. 그리고 모든 것은 '헛되고 헛되다'고 푸념으로 해답을 대신했고 '이 또한 지나가리라' 하면서 잠을 재촉했다. 정답이 없는 질문은 질문 자체에 모순이 있다고 한다. 답을 찾지 못하지만, 그럼에도 불구하고 화두는 나를 찾아온다.

오늘 밤에도 자다가 일어나 바람 소리에 다시 잠을 설치고 싶지 않다. 내일 보낼 이메일과 가을에 걷을 추수와 내년 봄 여행스케줄을 짜며 버킷 리스트를 채우면서 다시 잠을 청할 것이다. 그러나 그래도 잠이 오지 않고 파도소리와 함께 화두가 찾아오면 기꺼이 화두를 맞이하여 씨름하겠다.

"정말, 이렇게 살아도 되는 건가?"

일상에서의 나의 열심과 수고와 정성, 의와 양심을 지키기 위한 절제와 충성과 정직이 나의 삶을 정당화시키는가? 그렇게 살아오지 않았던가? 그 결과 내 인생에 무슨 유익이 있었던가? 진정, 화두가 가리키는 길이 그것인가? 그럼에도 불구하고 마음에 평안이 찾아오기보다는 의식의 혼돈 속을 헤매고 멀리 떠나간 잠은 다가오지 않는다.

성경은 지혜자의 입을 빌려 '하나님을 경외하고 그 계명을 지키라'고 결론을 선포한다. 결국 부조리와 불편함에도 불구하고 나의 의식의 한계는 하나님과 그 계명 앞에 고개를 숙인다.

이제 타임아웃 휘슬이 불리어지면, 비록 시합에서는 승리하지 못하더라도, 그래서 관객들의 야유와 내 마음 속에 아쉬움이 남더라도, 고개를 들고 하늘을 쳐다보며 무대에서 내려갈 수 있어야 하지 않겠는가?

나는 인생을 얼마나 잘 살았나

무인도 가는 길

원시야생자연생태 그대로인 무인도에 들어서면 창조의 숨결이 느껴진다.

목포와 무안 앞 바다에 서쪽으로 펼쳐진 섬들이 신안군이다. 국내에서 경상북도 울릉군과 함께 섬으로만 이루어진 기본행정단위이다. 4년 전 현 군수(박우량)가 취임한 후부터 신안군을 천사(1004)섬이라 부르기 시작했다. 천사(天使)의 이미지와 1004개의 섬을 통합해서 신안군(郡)의 별칭이 되었다. 천사 섬으로 불리기 전까지는 신안군의 전체 섬 수효를 843개(또는 827개)라고 했다.

바다 위에 바위 덩어리만 불쑥 튀어나온 바위섬들이 있다. 모양이나 색깔에 따라 형제섬, 흰섬, 멍섬으로 불리지만 작은 바위섬(모래톱)은 그냥 '여'라고 부른다. 물속에 있어 배가 다니는데 위험한 것은 '숨은여'라고 한다. 이런 바위섬과 여까지 합해서 1004개라고 주장하는 군(郡) 직원도 있기는 하다. 우리 집 앞바다에 있는 꽃섬, 할미섬, 솔섬, 멍섬, 백섬, 형제섬, 어락도 등이 다 무인도이다. 원래부터 사람이 살지 않던 섬이다. 신안군을 이루는 1004개 섬 가운데 사람이 살고 있는 유인도가 2009년 말 72개이다. 1985년 기록에는 유인도를 105개로 기록하고 있다.

내가 살고 있는 섬의 남쪽에 위치한 죽도와 동쪽에 있는 경치도는 지난 20년 사이에 주민들이 다 떠나서 무인도가 된 섬이다. 지금 상주인구가 8명인 내가 사는 섬 동소우이도 역시 언젠가 무인도가 될 것이다. 신안군에서는 매 해 한 개 이상의 섬이 무인도로 바뀌지고 있다.

무인도라면 원래부터 사람이 살지 않거나 살 수 없는 무인도가 있고, 살던 사람들이 모두 떠나서 무인도가 된 섬이 있다. 처음부터 무인도인 경우는 섬의 면적이 너무 협소하거나 우물이 없거나 바위로만 되어 있거나 경사가 심한 경우가 대부분이다.

사람이 살던 섬이 무인도가 되는 경우는 젊은이들이 떠나기 때문이다. 뭍으로 떠난 젊은이들은 다시 돌아오지 않고, 뭍으로 떠날 수 없는 노인들은 나이 들어 늙고 사라지면서 섬은 자연스럽게 무인도로 바뀐다.

신안군이 무안군으로부터 분군分郡이 되던 1969년에는 신안군 전체 인구가 17만 명이 넘었다. 40년이 지난 현재, 4만 명을 조금 상회하고 있을 뿐이다. 앞으로도 인구는 계속 줄어들 것이고 무인도 역시 계속 늘어날 것이다.

섬 주민이 손가락으로 셀 정도로 줄어들면 면사무소 직원이 이주移住 지원금을 들고 와서 주민들에게 이웃 큰 섬으로 이주할 것을 권유한다. 몇 명 되지 않는 주민을 위한 객선 운항, 전기, 전화, 우편 서비스, 병원선 방문, 그 외 잡다한 행정 서비스를 생각한다면 행정 당국에서야 남은 주민을 내보내는 것이 훨씬 경제적일 것이다. 그렇게 해서 무인도가 늘어난다. 매해 무인도가 늘어나는 나라가 지구상 어디 있을까? 서글픈 일이다.

그러나 사람이 살았던, 또는 살지 않았던 간에 무인도를 방문하는 것은 신나는 경험이다. 비록 낯설고 생경한 풍경이지만 전혀 두렵지 않다. 원시야생자연생태 그대로인 무인도에 들어서면 창조의 숨결이 느껴진다. 설렘과 흥분이 가슴속에 전율로 흐른다. 그런 기분이 탐험가의 성취감일 것이다. 세상에 나 혼자 있는 것 같은 자유 속에서 평화의 축복을 누린다. 일상에서 쉽게 볼 수 없는 생물들이 손에 닿을 때는 주인 없는 보물 상자를 열어보는 흥분을 느낀다.

우리 시절 아이들도 소설 『보물섬』과 『해적선』, 『로빈손크루소의 모험』과 『15소년의 표류기』, 『몬테크리스토 백작』이 지어낸 이야기임을 알았지만, 조금 덜떨어진 나는 50세가 넘어서까지도 소설에 나오는 그런 무인도가 어딘가에 있는 줄 알았다. 내가 도회생활을 버리고 무인도로 둘러싸인 섬에 들어온 이유 중 하나다.

지난주 바다가 조용한 날 아내와 함께 11년 전 무인도가 된 죽도엘 다녀왔다. 지난 8월, 내가 마지막으로 다녀 온 후 추석 때 성묘 차 누군가 다녀간 흔적이 있었다. 배를 묶어놓는 갯바위에는 거북손과 굴통과 군봇과 배말이 제멋대로 자라고 있었다. 그 중 안경알 크기의 옥玉배말을 주머니 가득 따 왔다. 간조干潮 때 왔다면 전복도 딸 수 있었을 건데 아쉬웠다.

2년 전 국립공원의 소탕 작전으로 거의 전멸되다시피 사라진 사슴의 흔적도 곳곳에서 발견 되었다. 날아다닐 필요가 없었던 꿩들이 인기척에 놀라 무거운 몸뚱이로 날개를 퍼덕거린다. 사람이 다니던 숲길은 넘어진 고목과 찔레 넝쿨로 흔적을 잃어가고 있었다.

내년 봄 두릅과 고사리 철이 돌아올 때까지는 긴 겨울 사람들에게 잊혀진 섬이 될 것이다. 인간의 탐욕이 개발이라는 핑계로 자연을 훼손시켜 흉물로 만드는 것도 순식간이지만, 사람의 손만 가지 않는다면 훼손된 자연이 제자리를 찾는 것도 시간문제일 뿐이다. 10년, 길게 잡아 20년이 지나면 지금 내가 사는 섬도 무인도가 될 것이다.

그때쯤 죽도는 사람 살던 흔적도 찾아보기 힘든 야생 무인도가 될 것이다. 그때는 사슴들이 사람을 봐도 도망가지 않을 것이고 꿩도 나는 걸 잊어버릴 것이다. 돼지 목 따는 소리로 울어대는 공작새와 카나리아의 맑은 울음이 무인도의 적막을 깨트릴 것이다.

내가 무인도에 갈 때마다 꾸는 꿈이다.

다도해 해상국립공원 동소우이도

동화

오월이 이야기 1

나를 100프로 오월이로 인정해 주고 가족으로 사랑해 주는 할아버지 때문에 나는 자유스럽고 행복하다. 나는 특별한 축복을 받은 강아지다. 이렇게 사는 것, 그것이 진짜 사는 것 아닌가?

'오월이'는 내 이름이다. 오월에 태어난 예쁜이라고 그렇게 부른다. 고향은 전남 장성군 황용면 신호리 농촌 부락이다. 엄마는 일본의 명문 '아키타'족의 후손이고 아빠는 한국을 대표하는 '진도견'의 후손이라고 한다. 그러나 가계의 선조先朝는 나에게는 별 의미가 없다. 사람들이 그렇게 부르면서 나를 칭찬하기도 하고 핀잔을 주기도 하는 꺼리일 뿐이다.

나의 형제자매는 모두 열하나지만 지금 어디에 있는지 모른다. 태어날 때부터 아빠는 기억에도 없다. 내가 태어나서 40여 일 동안 젖을 먹여주고, 지극한 정성으로 보살펴준 엄마의 인자한 모습이 가끔 바람결에 스쳐 지나갈 뿐이다. 헤어질 때 나를 쳐다보면서 눈물을 글썽이던 엄마는 아직도 고향에서 잘 있는지 모른다. 고향과 엄마를 떠나서 처음 타보는 승용차와 배를 타고 섬에 들어오던 날, 당시 느꼈던 공포와 두려움을 생각하면 내가 너무 바보였던 것 같다. 그때 겁에 질려 오줌을 쌌던 일은 내 생애의 수치다. 그나마 난생 처음 바다를 보고 배를 타고 갈매기 울음을 들었던 것은 배멀미 중에서도 나를 신나게 해주었던 추억이다.

나를 데려온 분은 마음이 따뜻하고 예의가 바른 할머니 할아버지 부부다. 누구보다도 약속을 잘 지키고 매일 규칙적으로 생활하는 분이다. 그것이 나에게는 가장 좋은 것이다. 나는 IQ가 썩 높지 않아서 어떤 상황이나 사물, 또는 사람의 얼굴이나 음성을 머릿속에 입력시키는 것도 힘들지만, 한번 입력된 것을 수정하기는 더 힘들다.

그들은 매일 이른 새벽에 일어나 교회에 간다. 아직도 깜깜한 신새벽에 현관문을 열고 나온 할머니가 나를 쓰다듬어주면서 "오월이 잘 잤니?" 하고 인사를 하면 나는 얼마나 행복한지 모른다. 혼자 바깥에서 밤을 보냈던 어둠속에서의 공포가 순식간에 사라진다. 할머니는 나보고 일찍 깼다고 하지만, 사실은 나는 방안에 불이 켜지고 화장실에서 물 내려가는 소리를 들으면서 일어난다. 그 시간이 매일 새벽 거의 일정한 시간이고 또 나는 귀가 밝기 때문에 일어나는 데는 전혀 어려움이 없다. 할머니 할아버지와 함께 교회로 간다. 한 시간 가량 교회 아랫집 친구들과 놀고 있으면 할머니가 "오월아." 하고 부른다. 할머니를 따라 집으로 돌아와서 아침을 먹는다. 식사는 우리에게 꼭 필요한 영양가와 칼로리를 계산해서 만든 고급 영양 사료다. 아침 식사 시간도 정확하지만 식사량도 정확하다.

할머니 할아버지는 하루를 분주하게 보내는 분이다. 아침 8시와 오후 3시에는 선착장에 나가서 오고가는 사람들 짐을 들어주기도 하고 우편물을 받기도 한다. 물론 나도 그 시간에 선착장에 따라 나간다. 그들은 거의 매일 일정한 시간에 책을 읽고 컴퓨터 앞에서 시간을 보낸다. 아침

식사를 하고 날씨가 더워지기 전이나 오후에 해가 질 무렵 할머니는 한 시간 정도 마당 잔디밭에서 잡초를 뽑는다. 나는 이 시간이 가장 즐겁다. 할머니가 내 차지이기 때문이다. 나는 할머니가 너무 좋다. 나뿐 아니라 우리 종족은 절대로 사람을 외모로 평가하지 않는다. 그렇다고 외모를 보지 않는 것은 아니다. 할머니는 2년 후에 환갑이 되는 나이지만 아직도 피부가 곱고 얼굴도 예쁘다. 그러나 내가 할머니를 좋아하는 단 하나의 이유는 할머니가 날 사랑해 주기 때문이다. 나는 사람들처럼 사랑을 표현하는 방법을 많이 알고 있지 않다. 꼬리를 흔드는 것, 고개를 갸우뚱 하며 쳐다보는 것, 사람들이 스킨십이라고 하는 몸으로 비벼대는 것, 그리고 아프지 않게 깨무는 것밖에는 모른다. 가끔 킁킁 소리를 내

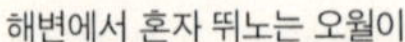
해변에서 혼자 뛰노는 오월이

기도 하지만 그것은 내가 너무 좋았을 때 나도 모르게 나오는 소리다. 잡초를 뽑는 할머니 곁에 가만히 앉아 있기만 해도 나는 충분히 행복하다.

할아버지는 종종 나를 땅바닥에 뒤집어놓고 내 몸에 붙어있는 진드기를 떼어준다. 나는 숲속을 돌아다니고 풀밭에서 뒹굴기 때문에 내 몸에 진드기가 많이 옮겨 붙는다. 진드기 때문에 몸이 근질근질해서 짜증날 때가 많다. 내가 할 수 있는 일이라곤 손이나 발로 진드기가 붙어있는 부분을 긁어대는 것뿐이다. 그러나 사타구니나 겨드랑이 또는 귀에 붙어 있는 진드기는 속수무책이다. '진드기가 싫으면 숲이나 풀밭에 가지 말라'고 하는 사람도 있지만, 숲길을 걷고 풀밭에서 뒹구는 그 즐거움과 해방감을 진드기로 인한 가려움과 바꾸고 싶은 생각은 없다. 할아버지는 내 몸에서 진드기를 잡아 죽이는 도사다. 콩알만큼 큰 것은 잡아서 밟아 죽이고 작은 놈은 손으로 떼 내어 손톱으로 눌러 죽인다. 진드기가 톡 하고 배가 터져 죽는 소리를 들으면 야구 시합에서 안타를 친 것 같은 쾌감이 느껴진다. 이럴 때 누워서 꼬리를 흔들며 할아버지 손을 상처 나지 않을 만치 깨무는 것이 내가 할 수 있는 최고의 감사와 애정의 표시이다.

이 섬에 들어와서 내가 가장 좋아하는 것은 내가 처음 개발한 해수욕이다. 물이 빠진 간조 때 울퉁불퉁한 갯바위에 나가면 물이 고인 작은 웅덩이가 있다. 햇볕에 데워진 물은 미적지근하다. 나는 이 웅덩이에 들어가서 몸뚱어리를 물에 담그고 목만 내놓고서 해수욕을 즐긴다. 대한민국에서 나처럼 해수욕을 즐기는 자가 사람 포함해서 얼마나 될까? 날 이곳에 데려와 주신 할머니 할아버지께 감사한다. 가끔 할아버지를 따라서 바다에 들어가 수영을 하기도 한다. 그러나 사람들이 내가 수영하는 걸 보고 개헤엄이라고 쳐다보는 것 같아 비상시에만 하려고 한다.

또 하나 좋아하는 것은 강구 잡아먹기다. 바닷가에는 갯강구가 많다. 바퀴벌레 같이 생겼지만 몸집이 더 크고 길다. 강구는 떼를 지어 몰려다닌다. 인기척이 나면 도망가는데 얼마나 재빠른지 모른다. 재밌는 것은 도망가다가 절벽이나 낭떠러지를 만나면 그대로 몸을 던져버리는 것이다. 이 마을에 와서 갯강구를 처음 보았다. 웬만한 민첩성으로는 갯강구를 잡기 힘들다. 지금도 놓칠 때가 많다. 그러나 내 몸이 이 정도 민첩하게 된 것은 갯강구를 잡는 훈련 때문이라고 해도 과언이 아니다. 갯강구가 특별히 맛있는 것은 아니다. 무슨 영양가가 있는지도 모른다. 살아있는 갯강구를 잡아서 아작아작 씹어 먹는 맛이 싫지는 않다. 그러나 꼭 맛 때문에 강구를 잡아먹는 것은 아니다. 갯강구의 민첩성을 배우기 위해서는 이놈들을 잡아먹는 것이 효과가 있을 것 같아서이다. 사람들도 정력을 얻기 위해 물개를 잡아먹지 않는가?

이곳 섬마을엔 사람들이 자주 가지 않는 마세장불이라는 모래사장이 있다. 길이가 250m, 폭이 150m 정도의 경사가 완만하고 모래가 고운 1급 해수욕장이다. 이렇게 넓은 해수욕장에서 혼자 뛰놀면서 뭉게구름과 수평선을 바라보기도 하고 갈매기를 좇기도 하는 즐거움을 어떻게 뭍에 사는 동료들의 물고 뜯는 놀이나 장난감을 굴리는 재미에 비하겠는가?

아무리 장식이 화려하고 깔끔하고, 환경이 안전하고 청결하며 생활이 편리하더라도 그곳이 시멘트와 화학 소재와 페인트로 꾸며진 구조물 안이라면 그곳에서 재롱부리며 사는 걸 나는 삶이라고 생각하고 싶지 않다.

소위 주인 잘 만나 호강하며 편하게 산다는 동료들에게 묻고 싶다.

"낮에도 침침한 울창한 숲길을 걸어본 적이 있는가?"

"밤하늘에 영롱한 별들 사이로 떨어지는 별똥을 본적이 있는가?"

"철석거리는 파도소리에 잠을 못 이룬 적이 있는가?"

"산길에서 갑자기 독사를 만나 어깨 털이 쭈뼛거린 적이 있는가?"

시멘트 성城 밖에 진짜 세상이 있고 진짜 삶이 있다는 것을 모르는 동료들이 나는 한없이 불쌍하다. 잠자리가 아무리 편안하고 달콤하더라도 그곳에서 밤하늘의 별을 볼 수 없다면, 나는 이슬에 털이 젖고 내 몸에 흙이 묻더라도 바람소리를 듣고 갯내음을 맡을 수 있는 한데서 잘 것이다.

우리가 살고 있는 지구는 바다 끝 수평선 밖으로도 이어져 있고, 또한 지구는 셀 수 없이 많은 우주 공간에서 하나의 작은 행성이며, 우리의 모든 시간과 역사는 억만 광년 우주 역사에서 단 한 순간의 눈 깜박임을 깨우쳐 주는 곳에서 하룻밤을 보낼 수 있다면, 나는 그곳을 택하겠다. 인적이 없는 바닷가에서 해지는 수평선을 바라보고 있노라면 '천상천하 유아독존' 시간이 정지된 지구 밖에 나 홀로 서 있는 느낌이 든다.

사람들이 나를 보고 영리하다고도 하고 미련하다고도 한다. 우리도 사람들 같이 IQ가 높은 친구도 있고 내가 보기에도 미련한 친구도 있다. 예를 들어 나는 한번 가 본 길은 거의 정확하게 기억할 수 있다. 모양을 기억하기도 하지만 대개는 냄새로 기억한다. 도시에서와 같이 움직이는 것이 많지 않거나 내가 분별할 수 있는 냄새의 범위를 넘어서는 인공적인 화공품의 냄새만 없다면, 거의 100프로 내가 왔던 길을 되찾아 갈 수 있다. 필로폰이나 헤로인 같은 마약품의 냄새도 구분해 낼 수 있는 훈련 받은 동료 얘기를 들은 적도 있다.

지난 8월 초순, 섬에 피서객들이 찾아왔을 때 일이다. 할머니 할아버지를 따라 집에서 2km 정도 떨어진 매실 밭에 풀을 베러 가는 길이었다. 갯바위와 모래사장을 지나면 갈대와 칡넝쿨이 무성한 숲길이 나온다. 서너 차례 할아버지를 따라 다녀왔는데 이제는 그 길은 눈을 감고도 찾아갈 수 있다. 할머니 할아버지는 내가 곁에 있어서 심심치 않고, 나는 집에 있는 것보다는 산길을 뛰어다니는 게 좋아서 따라간다. 그러다가 뭔가 나도 할머니 할아버지한테 기여하고 싶어서 내가 숲길을 앞장서서 가기로 했다. 내가 앞장서 가면서 갈대 잎을 헤쳐 놓으면 뒤따라오는 할아버지 바지가 이슬에 젖는 걸 조금이라도 예방해 줄 수 있고, 또 하나는 할아버지를 놀라게 하는 뱀을 미리 도망가게 하기 위해서다. 독이 없는 뱀들은 인기척만 있어도 미리 몸을 피하지만, 우리 섬에 많은 까치독사는 내가 짖거나 인상을 쓰고 쳐다봐야 슬금슬금 피하기 때문이다. 이것이 내가 할머니 할아버지와 함께 숲길을 다니며 내 깐에 잘 하는 일 중 하나다.

그날도 모래사장을 막 지나서 대나무 숲길로 들어서는데 피서 온 사람이 버린 구운 생선 대가리 하나가 길가에 떨어져 있었다. 기가 막힌 냄새가 나의 식욕을 자극했다. 나는 횡재했지만 이렇게 살이 많이 붙어 있는 생선대가리를 버리다니 벌을 받아야 마땅할 일이다. 당장 먹고 싶은데 대나무 숲을 지나 간 할아버지가 나를 부르고 있었다. 제길헐! 이걸 어떻게 하나? 일단 대나무 숲에 들어가서 마른 대나무 잎을 들어내고 생선대가리를 거기 숨겨 놨다. 다시 대나무 잎을 발로 밟아 놨다. 그리고 뛰어가서 할아버지를 앞장서 매실 밭까지 안내했다. 매실 밭일을 끝내고 두 시간 쯤 후에 돌아오다가 다시 그 대나무 밭에서 생선 대가리를 찾아 입에 물고 집에 와서 맛있게 잘 먹었다.

그 후로 할머니 할아버지가 나를 얼마나 칭찬하는지 모른다. "글쎄 우리 오월이가……." 그러나 사실을 얘기하자면 전혀 칭찬 받을 일이 아니다. 물론 나중에 먹으려고 인적이 드문 대나무 밭에 생선대가리를 숨겨 놓은 것은 사실이지만, 그걸 계속 기억하고 있었던 것은 아니다. 집으로 돌아오는 길에 그 근처에서 생선 냄새가 나서 그 냄새를 좇아 가다보니 바로 2시간 전에 숨겨 놓은 그 생선 대가리였을 뿐이다. 우리는 사람들만큼 키가 크지 않아서 멀리 볼 수 없고, 방향 감각도 탁월하지 않고 사물을 입체적으로 볼 수도 없다. 그러나 후각 기능만큼은 사람들의 상상을 초월한다. 그러니 생선 대가리를 찾아왔다는 것은 그렇게 자랑할 만한 일도 아니다. 우리들한테는 주의력만 조금 있으면 가능한 일이다.

어제 아침에 선창가 갯가 집에 사는 문 할머니가 씩씩거리면서 찾아왔다. 내가 다가가서 꼬리를 흔들며 인사하는데도 날 쳐다보지도 않는다.

"장로님 계씨요."

"집사님 오셨어요. 들어오세요."

"들어가기는……. 이놈의 강아지가 또 내 신발을 물어가 뿌렀소. 아무리 뒤져도 나오지 않으니 좀 찾아봐 줏시오."

내 이름 오월이가 있는데도 이놈의 강아지라고 부르는 걸 보니 화가 단단히 났는가 보다.

"지난번에도 서울 딸이 사다 준 슬리퍼 끈을 끊어놔서 혼 내줬더니만, 이제는 내 신는 신발까지 집어다 어디다 숨겨놨는가 보요. 우리 집에 못 들어오게 혼을 내줬더니만 내가 미워서 그랬는지 이제는 신을 신발이 없어서 맨발로 다니게 생겼소. 개 좀 묶어 놓고 길르씨오."

내 가슴이 철렁했다. 사흘 전에도 뒷집에 사는 윤 할머니가 내가 텃밭의 고구마 순을 짓이겨 놓는다고 묶어놓고 키우라고 할 때, 할아버지가 "오월이가 밭에 들어오면 혼을 내주세요. 정 말을 듣지 않으면 제가 고구마 밭에 못 들어가도록 그물을 쳐 드릴게요" 그래서 놀란 가슴을 쓸어 내렸지 않은가?

"오월이가 물어 간 게 확실한가요?"

"강아지가 아니면 누가 물어 갔겠소?"

"지난번 오월이가 물어뜯은 샌들은 지금 서울 가 있는 지 권사보고 사오라고 했습니다. 오월이가 물어갔다면 그걸 먹지는 않았을 테니 제가 찾아볼게요. 못 찾으면 사다 드릴게 너무 화내지 마시구요. 오월이가 예쁘다고 데리고 가서 먹을 걸 자꾸 주시니까 혹시 또 뭘 얻어먹을까 해서 찾아갔다가 아무것도 주지 않으니까 신발을 물고 온지도 모르지요. 저희는 오월이 먹이로 사료만 주니까 고기 국물이나 생선 뼈다귀 주지 마시라고 그렇게 말씀 드렸는데도 예뻐서 그런다면서 제 말씀 안 들으셨지요? 그래서 또 뭐 얻어먹을 게 있나 해서 집사님한테 가곤 하는 거예요. 신발이 어떻게 생겼지요?"

"늘 신고 다니는 파랑색이롸"

날 묶어서 키우라는 문 할머니의 얘기를 듣고 얼마나 놀랬는지 숨을 쉴 수가 없을 정도였다. 이번이 두 번째가 아닌가? 목을 매서 묶어 키우며, 반경 2m 원 안에서만 살게 하는 것이 얼마나 고통스럽고 잔혹한 일인지 정말 몰라서 하는 얘긴가? 남의 일이라고 아무렇지도 않게 얘기하는 이웃 할머니들의 얼굴을 다시는 쳐다보고 싶지도 않다. 그러나 우리 할아버지는 나를 묶어서 키울 생각이 전혀 없는가 보다. 그러니까 날 묶어 키우라는 얘기에 대답도 하지 않는 것 아닌가? 할아버지가 신발을 찾아보자고 나서는 걸 뒤따르면서 진심으로 할아버지께 감사했다. 할아버지가 날 쳐다봤는지 못 봤는지 모르지만 너무 고맙고 감사해서 할아버지께 꼬리를 빙글빙글 돌려 최상의 방법으로 나의 충심의 감사를 표시했다. 우리 종족은 꼬리를 좌우로 흔듦으로써 긍정과 순종의 표시, 유쾌한 기분, 감사, 호의, 흥미를 표시하지만, 빙글빙글 돌리는 것은 최상의 감사 표시이며 충성의 맹세나 다름없는 인사 방법이다. 문 할머니의 신발 한 짝은 할아버지가 쓰레기통에서 찾아 제자리에 갖다 놨다.

한 시간쯤 후에 문 할머니가 다시 찾아왔다.

"장로님, 이것 좀 잡숫시오. 아그들이 여름에 해 온 떡 잠 쪘어롸."

할아버지는 지금 연재 원고를 쓰는 시간인데, 이럴 땐 훼방을 하면 안 되는데.…… 맘씨 좋은 할아버지는 그래도 웃는 얼굴로 대답한다.

"네, 그럽시다."

"근디, 신발은 어디서 찾으셨소?"

"부엌 문 앞에 빗자루 뒤에 있습디다."

할아버지가 거짓말 하는 걸 처음 들었다.

"그것도 모르고 나는 오월이가 집어간지 알고 사방을 찾아 헤맸소. 지 권사한테 전화해서 내 슬리퍼 사오지 말라고 해 줏시오."

아침에 강아지 묶어서 키우라고 했던 것이 미안했던가보다. 지금 생각해 보니까 문 할머니의 신발은 한 짝은 내가 물어 쓰레기통에 갖다 놓은 것 같다.

문 할머니가 돌아간 후에도 할아버지는 날 보고 아무 말도 하지 않는다. 나를 100프로 오월이로 인정해 주고 가족으로 사랑해 주는 할아버지 때문에 나는 자유스럽고 행복하다. 나는 특별한 축복을 받은 강아지다. 이렇게 사는 것, 그것이 진짜 사는 것 아닌가?

(08.09.02)

오월이 이야기 2

지난 달, 내 이야기를 흥미 있게 읽어 준 모든 분들께 감사한다. 한 달도 못 되어 다시 내 이야기를 하게 되어 조금 쑥스럽다. 그러나 그 동안 꼭 이야기로 남기고 싶은 몇 가지 중요한 사건이 있었고, 또 다른 이유는 미국에 사는 할아버지의 세 손주들이 오월이 이야기를 듣고 싶다고 귀찮을 정도로 재촉했기 때문이다.

드디어 계절은 가을이다. 가을은 사람들에게만 좋은 계절이 아니다. 청명한 하늘 아래 눈부신 모래사장을 마음껏 뛰어다니고 갈대잎 하늘거리는 야산과 단풍이 시작되는 숲길을 걷는 즐거움은 나에게도 계절이 주는 축복이다. 자연이 주는 가슴 뿌듯한 그 즐거움을 사람들은 자유라고 하던가?

나에게는 생식生食 본능이 있는가보다. 야성野性이라고 할까? 지난번에 갯강구 잡아먹는 이야기를 한 적이 있다. 이번엔 메뚜기다. 10월 들어 갈대밭을 지나다보면 메뚜기가 후다닥 나는 걸 자주 목격한다. 강구는 날지 못하기 때문에 동작만 민첩하면 잡을 수 있지만 메뚜기는 날아가는 곤충이어서 점프 실력이 없으면 잡기 힘들다. 하얀 갈대꽃이 솜처럼 피어오르면서 나의 메뚜기 사냥이 시작되었다. 처음엔 메뚜기들이 나를 가지고 놀았지만 이제는 할아버지 키만큼만 높이 날아가지 않는다면 대부분 점프해서 잡아먹을 수 있다. 씹어 먹을 때 조금 비릿하지만 나의 점프력과 민첩성 향상에 보약이 되는 것 같아서 열심히 잡아먹는다. 가끔 몸집이 훨씬 크고 동작이 둔한 사마귀도 잡지만 어쩐지 징그럽게 보여서 먹지는 않는다.

오늘은 사람들이나 우리 동료들이 잘 모르는 기가 막힌 특식을 하나 소개해야겠다.

이른 저녁을 먹고 집에서 1킬로쯤 떨어진 옛날 선착장으로 할머니와 함께 산책을 하는 게 나의 일과 중 하나다. 할머니는 오래 전부터 당뇨병을 가지고 있어서 날마다 인슐린 주사를 하며 음식을 절제하고 규칙적으로 운동을 한다. 저녁 산책도 그 중 하나다. 저녁 산책 역시 나에게는 큰 축복이다. 하루의 끝을 내가 세상에서 가장 좋아하는 할머니와 둘이서 산책을 하며 오순도순 이야기를 나누는 것이 얼마나 좋은지 모른다. 할머니 당뇨병이 완치되어 산책할 필요가 없는 날이 올까봐 걱정이 될 정도다. 산책을 하면서 갯가 길바닥에 바짝 말려진 지렁이를 주워 먹는 것이다. 멍청한 지렁이들이 아침 이슬을 맞으며 갯바위 쪽으로 기어 나왔다가 그만 돌아가지 못하고 하루 종일 바람을 맞으며 가을 햇볕에 바짝 말려진 것이 얼마나 맛있는지 사람들은 모를 것이다. 대부분의 우리 동료들도 모를 것이다. 가을 해풍에 말린 지렁이의 맛과 그 영양가를 알면 내 차지가 오기 전에 사람들이 다 집어 먹을지 모른다. 할머니와 산책하면서 집어먹는 마른 지렁이 맛을 생각하면서 해 떨어지기를 기다린다.

이제 오늘 이야기 본론으로 들어간다.

내가 사는 집 뒤안으로 텃밭을 경계로 윤 할머니가 살고 있다. 그 할머니 이름은 나와 비슷한 팔월레이다. 팔월에 태어난 예쁜이란 뜻이다. 일찍 남편을 여의고 7남매를 잘 키워 맏딸은 이웃 섬으로 시집가고 나머지 6남매는 모두 뭍으로 출가시키고 지금은 혼자 사는 분이다. 집 앞 400여 평의 텃밭을 1년 365일 하루도 묵히지 않고 보리, 마늘, 콩, 깨, 양파, 유채, 감자, 고구마, 그리고 각종 채소를 돌아가면서 심어 아이들을 키운 억척 할머니다. 겨울에 굴을 따러 갯가에 가거나 봄철에 쑥, 달래, 두릅, 취, 고사리를 꺾기 위해 산에 갈 때를 제외하곤 늘 밭에서 일하는 할머니를 볼 수 있다. 지난번 이야기 때 내가 그 집 고구마 밭을 헤쳐 놓은 이야기를 했을 것이다. 그 후 할아버지는 윤 할머니 밭으로 올라가는 좁은 담길에 헌 문짝을 가로로 세워 막아놓았다. 내가 밭으로 못 올라가게 하기 위함이다. 임시로 문을 해 놓은 것이다.

그런데 시골집이 다 그렇듯이 문짝이나 담이 사람이나 강아지가 못 들어가게 하기 위함이 아니라, 없으면 너무 허전하고 썰렁해서 모양새만 만들어 놓은 게 대부분이다. 할아버지가 아는지 모르는지 모르지만, 윤 할머니 밭으로 가는 길을 나는 열 개도 더 알고 있다. 산으로 갈 수도 있고 갯바위로 내려가 선착장 언덕을 통해 갈 수도 있다. 대문이 아예 없는 문 할머니 뒤안도 뻥 터져 있고, 옆집 부엌을 통해서도 갈 수 있다. 고양이들이 만들어 놓은, 물론 나는 사람들이 보는 데서는 다니지 않지만, 소위 말하는 개구멍도 몇 개 알고 있다.

할아버지가 수고해서 문짝을 세워 놨으니 나도 할아버지 체면을 세워 주기로 했다. 며칠 동안 윤 할머니 밭에 가지 않았다. 사실은 전혀 안 간 것은 아니다. 사람들이 볼 때만 가지 않은 것이다. 그러다가 지난 15일 아침 큰 실수를 하고 말았다. 매달 15일 아침엔 우이도 큰 섬의 내연 발전소 직원을 대신해서 할아버지가 우리 동네 집집마다 돌아다니며 한 달 간 사용한 전력 양을 검침한다. 그날도 10여 가구 사는 우리 마을의 전기 검침을 마치고 마지막으로 윤 할머니 집 검침을 하러 가는 중이었다. 물론 나도 할아버지랑 함께 돌아다니며 계측기를 확인했다. 전력 사용량 숫자를 적는 것은 할아버지가 했다. 윤 할머니한테 가기 위해 담길에 세워 놓은 문짝을 열고 들어가는 할아버지를 따라 들어가려는데 할아버지 혼자만 들어가서 문짝을 닫아 버리는 것이었다.

"오월아 너는 여기 있어라. 윤 할머니가 너 밭에 들어오는 것 싫어하시잖아."

잠시 낑낑거렸지만 할아버지는 날 거기다 두고 윤 할머니 집으로 가버렸다. 점프를 하면 문짝 정도야 뛰어 넘을 수 있지만 할아버지가 너무 민망할 것이다. 이럴 때 나는 순간적으로 감정을 주체하지 못하곤 한다. 대문이 없는 문 할머니 집 마당으로 들어가 뒤안으로 해서 할아버지를 쫓아갔다. 윤할머니네 검침을 마치고 돌아오는 할아버지가 놀란 표정이었다.

"너 문 할머니 집 뒤안으로 돌아왔구나. 안되겠다. 우리 집에 대문을 만들어 널 못 나오게 해야겠구나."

오월이 대문

그 후 며칠 동안 할아버지는 무척 분주했다. 줄자를 가지고 여기저기를 재고 그림을 그리고 목포 나가는 분께 부탁해서 파이프와 흰 페인트를 사오게 했다. 전기톱으로 베니어판을 자르고 그라인더로 콘크리트를 떼어내더니 드디어 오월이 대문을 만들었다. 내가 설명해도 잘 모를 것이다. 이럴 땐 사진을 봐야 한다. 사람들에게는 그럴듯하게 보이겠지만 나에게는 허술하기 짝이 없는 대문이다. 체면만 좀 무시할 수 있다면 대문 아래 틈으로 바닥을 기어서 나갈 수도 있고, 옆에 엉성하게 세워진 문기둥을 돌아 나갈 수도 있다. 뿐만 아니라 도움닫기만 조금하면 점프해서 넘어갈 수도 있다. 오월이를 못 나가게 하는 대문이라……. 한마디로 할아버지가 나를 웃겼다. 나를 몰라도 한참 모른다. 다음날 할아버지가 옆집 김 노인과 얘기를 나눌 때까지 그렇게 생각했다.

"오 장로님 이자는 목수 다 되았소. 문을 맹그러 다니까 아주 근사허요. 근디 문을 달았다고 오월이가 못나갈까봐?"

"아이구 아저씨도, 이 대문이 오월이 드나드는 것하고 무슨 상관 있겠어요. 뒷집 윤 집사가 우리 강아지가 자꾸 밭에 들어온다고 묶어서 키우라니까 미안해서 나도 뭔가 좀 하는 척 하는 것뿐이지요. 그리고 문짝을 달아 놓으니까 보기에도 좋잖아요?"

"그렇긴 그렇수만……."

우리 섬엔 나 말고도 강아지 네 마리가 더 있다. 교회 아랫집 선장 집 강아지다. 원래 집안에서 자라는 스피츠 종이었는데 이제는 몸집만 비슷하고 모양이나 습성은 잡종이 다 되었다. 겨울이면 이놈들을 데리고 주인 없이 돌아다니는 염소를 잡겠다고 선장이 얼마나 사납게 훈련시켰는지 몸집만 보고 가까이 갔다가 혼나는 경우가 많다. 원래 나는 우리 동족이나 사람들을 좋아해서 누구에게나 먼저 꼬리를 흔들며 다가가 인사를 하고 장난을 하는 습성이 배어 있다.

처음 섬에 들어와서 몸집도 나와 비슷하고 또 유일한 동족 친구들이어서 반갑게 꼬리를 흔들며 이들에게 다가갔다가 혼비백산하여 도망쳐 온 적이 있다. 뿐만 아니라 할아버지나 할머니가 없을 때는 선장이 자기 강아지들에게 나를 물으라고 "물어라 쉭쉭 물어라 쉭쉭!" 하는 바람에 얼마나 곤혹스러운지 모른다. 네 마리가 사방에서 한꺼번에 으르렁거리며 달려들 때는 정말 방법이 없다. 가장 참기 힘든 것은 사람들 앞에서 꼬리를 내리고 도망갈 수밖에 없는 경우다. 나는 정말 꼬리를 내리는 게 싫다. 자존심이 너무 상한다. 한 달쯤 지나서부터는 이놈들이 단체로 달려들면 내린 꼬리가 보이지 않도록 땅바닥에 바짝 엎드리거나 앉아서 나도 함께 소리를 지르면서 곤혹스런 경우를 벗어나곤 했다. 강아지가 짖는 것은 스스로 겁이 나고 무서울 때임을 사람들은 잘 모른다.

이제 내가 태어난 지 5개월이 되었고, 섬에 들어온 지도 4개월이 되었다. 그 동안 키도 자랐고 몸집도 커졌지만 무엇보다도 겁이 많이 없어졌다. 이도 튼튼하게 자라서 웬만한 나무토막 정도는 씹어서 조각낼 수도 있다. 귀는 섬에 들어온 지 한 달 만에 쫑긋해졌고, 꼬리는 빗자루 손잡이 같이 굵어졌다. 이제는 마당 풀밭에서 게를 보거나 숲에서 뱀을 만나도 컹컹 짖지 않는다. 그냥 으르렁할 뿐이다.

며칠 전 우편물을 받으러 가는 할머니를 따라 선착장엘 나갔다. 선장이 강아지 네 마리를 데리고 선착장에 와 있었다. 선착장은 우리 집에서는 50여 미터 떨어져 있고 선장의 집에서는 400여 미터 떨어져 있다. 그리고 중간에 코빼기(바다 쪽으로 코같이 나온 갯바위) 길이 있어 돌아와야 한다. 그래서 선착장은 공용장소이지만 나에게는 우리 동네이고 내 마당인 셈이다. 선장네 강아지들이 우리 동네에 왔으니 내가 먼저 인사도 하

다시 만난 오월이 자매

고 또 우리 친구 보는 것이 반갑고 해서 꼬리를 흔들며 다가갔다. 그런데 갑자기 그 놈들이 나에게 달려드는 것이었다. 내가 듣지 못하게 선장이 "물어라 쉭!" 했나보다. 전혀 예기치 못해서 나도 놀라고 할머니도 깜짝 놀랐다. 그렇지만 그 놈들은 예전 그놈들이지만 나는 이미 넉 달 전의 내가 아니다. 내 뒷다리를 물었던 놈을 쫓아가 어깻죽지를 한번 물어줬다. 그나마 목덜미를 물고 싶었지만 참아 준 것이다. 그러자 놀란 것은 선장이었다.

"아이고 이제 오월이가 우리 강아지를 물어 죽이네."

적반하장도 유분수지 지금까지 날 물어뜯으라고 한 사람이 누군데……. 그리고 나는 언제나 누구에게나 꼬리를 흔들며 먼저 찾아가 인사를 하기로 나 자신과 할머니 할아버지 앞에서 맹세를 한 몸이다. 그러니 나의 호의를 적의로 되갚지만 않는다면 전혀 걱정할 필요가 없다. 세상이 얼마나 바뀌어 가는지 모르고 또 남과 더불어 살지 못하는 녀석들에게는 가끔 따끔한 맛을 보여줄 것이다. 나를 한번 물었다가 혼났던 놈은 그 후로 나만 보면 슬금슬금 꽁무니를 뺀다. 그럴 필요 없는데, 참 멍청한 녀석이다.

내가 살고 있는 섬 이름은 동소우이도이다. 우이도 군도群島의 하나이다. 그러므로 모섬은 우이도다. 뱃길로 5분 거리다. 거기에는 면사무소 출장소와 발전소와 진료소와 파출서 지소가 있다. 물론 가게도 하나 있다. 그 마을에 나와 이름이 같은 오월이가 살고 있다. 이름만 같은 게 아니다. 우리들은 엄마도 같고 아빠도 같고 태어난 고향도 같다. 지난 5월 우리 엄마 뱃속에서 나온 12남매 중 나보다 1, 2분 먼저 태어난, 사람 식으로 하면 나의 쌍둥이 언니다. 우리가 고향을 떠나 섬에 들어온 연유는 이렇다.

우리 할머니 할아버지는 원래 강아지를 좋아하지 않는다. 지금 35세인 할아버지의 큰아들이 어렸을 때 이름이 '키키'라는 예쁜 강아지를 키웠다. 그런데 큰아이가 몇 년 동안 알러지를 심하게 앓았는데 그 원인 중 하나가 바로 강아지 털로 판명이 났다. 그래서 할 수 없이 '키키'를 다른 집으로 보내고 나서 오랫동안 마음이 상해 다시는 강아지를 키우지 않기로 했다고 한다.

그러다가 지난 6월, 고향에 사는 할아버지의 사촌형이 강권하다시피 건네줘서 할 수 없이 새끼 한 마리를 가져 오게 되었다. 옛날 큰아이 자랄 때 기억도 있고, 또 단순한 섬 생활에서 강아지 키우는 게 귀찮기도 해 떨떠름한 표정을 짓는 할머니에게 우선 가지고 갔다가 원하는 사람 있으면 주고 사촌형께는 적당한 핑계를 대자고 하면서 우리 12남매 중에서 가장 똘똘한 언니가 할아버지 품에 안겨 엄마와 고향을 떠나 섬으로 향했다. 섬으로 들어오는 배 안에서 강아지를 무척 예뻐하는 우이도 아주머니 한분을 만났다.

"아이 예뻐라. 강아지 이름이 뭐지요?"

"5월에 태어났다고 오월이라 부르기로 했습니다."

"이름도 예쁘네요. 이런 강아지 하나 얻어 줄 수 있어요?"

할아버지가 잠시 뱃전에 나간 사이 할머니가 그 우이도 아주머니에게

"그럼 이거 가져가실래요?" 그렇게 해서 언니의 운명이 결정되고 말았다. 그 순간 나의 운명도 함께 결정된 셈이다. 다음날 우이도에서 마늘 한 가마니가 할머니 앞으로 보내졌다. 오월이를 데려간 아주머니의 감사하다는 인사와 함께…….

그날 저녁 할아버지가 밭에 나갔다 들어오니 할머니가 전화를 받고 있었다. 전화가 끝난 후 얼굴이 벌게진 할머니에게 할아버지가 물었다.

"누구 전화?"

"고향 아주버님이 강아지 잘 데리고 갔냐고 물으시는구먼."

"그래서?"

"그래서 오다가 배에서 만난 우이도 아는 분께 주었다고 사실대로 말했지. 그랬더니 얼마나 서운해 하시는지 내가 민망해서 혼났네."

"아, 잘 도착했다고 하고 며칠 지나서 핑계 잘 대서 얘기해 드려야지. 에이 당신두 참!"

"글쎄, 갑자기 전화를 받고 그런 생각이 갑자기 떠오르지 않는 걸 어떻게 해."

그날 저녁 할아버지가 고향 형님께 없는 살을 보태 우이도 아주머니 얘기를 하면서 "강아지를 구할 수 있으면 구해 주겠다." 그랬더니 "그러면 구할 때까지 우리가 데리고 있겠다."고 고집을 부려서 그래서 할 수 없이 임시로 맡겼다. 어쩌구 하면서 말까지 더듬으며 변명을 했던 일이 있고 나서 보름 후에 다시 할아버지 품에 안겨 들어온 게 지금의 나다. 엄마 젖을 먹던 시절 언니는 우리들의 왕초였다. 제일 많은 젖이 나오는 젖꼭지와 가장 따뜻한 엄마 품이 언제나 그 언니의 차지였다. 그 언니를 보러 가기로 한 것이었다.

"오월아, 내일 우이도 가서 언니 오월이 보러 가자." 하고 할아버지가 얘기한 순간부터 나는 내 정신이 아니었다. 갑자기 아기 시절 고향이 그리워졌고 엄마 젖 냄새가 아련히 떠올랐다. 동생들을 제치고 좋은 걸 다 차지하던 심술쟁이 언니가 이제는 배고픈 동생들을 위해 밥을 굶는 맘씨 착한 언니의 모습으로 바뀌어 떠올랐다.

다음날 할아버지의 보트 에녹호를 타고 우이도로 향했다. 넉 달 만에 만나는 언니에게 아무 것도 선물로 가져갈 수 없어 서운했다. 우리 동네 같으면 여기 저기 숨겨 둔 뼈다귀를 함께 나눠 먹을 수도 있으련만…….

그날 오후 나는 우이도에서 돌아와 이틀을 앓았다. 물론 겉으로는 아무렇지도 않았다. 내 가슴에 철철 흐르는 피처럼 선명한 슬픔을 누가 알 수 있겠는가? 할머니 할아버지도 전혀 눈치 채지 못했다. 오죽하면 할아버지가 "언니 오월이 보고 와서 좋았지? 말 잘 들으면 또 데리고 갈 거야. 응." 그랬지 않은가? 아! 말을 잘 들어서가 아니라 내가 말을 안 들어서 또 데리고 갈까봐 오히려 걱정이다. 누가 내 속마음을 알기나 할까? 불쌍한 나의 언니, 넉 달의 세월이 삶을 이렇게 바꿔놓을 수 있을까?

그날 우리는 만나자 마자 순식간에 한 엄마의 뱃속에서 나온 남매인 것을 알았다. 서로를 보자마자 날뛰면서 반겨했다. 꼬리를 뒤틀듯 흔들고 사지를 깨물면서 온몸을 서로에게 비벼대면서 낑낑거렸다. 오랜만의 눈물겹도록 반가운 해후가 끝난 후 우리는 서로의 모습을 자세히 들여다봤다. 언니는 쌍꺼풀, 오똑한 콧등, 길게 나온 주둥이 등 여전히 잘 생긴 얼굴이었다. 털은 눈처럼 하얗고 매끄러웠다. 그 앞에서 나는 거지처럼 더럽고 지저분했다. 언니는 그 주인집에서 멸치 어장을 갖고 있어 내가 좋아하는 마른 멸치를 언제라도 먹을 수 있었다. 그런데도 언니는 나보다 몸집이 작았다. 언니가 나를 한참 들여다보고 코를 흥흥 거리더니 내 몸에서 나는 냄새 때문에 코를 씰룩거렸다. 좋지 않다는 뜻이다. 그리고 무엇보다도 언니의 사방 주위를 맴돌며 홀짝홀짝 뛰어대는 나에게 점잖지 못한 행동이라며 눈살을 찌푸렸다. 목에 줄을 매고 있지 않은 나를 보면서 너는 집도 없고 주인도 없고 족보도 없냐?며 쯧쯧 하는 것이었다. 내 몸에 진드기까지 달고 있는 걸 알면 아무래도 기절초풍할 것이다. 언니의 하얗고 가는 목에 걸린 목줄, 지붕을 청색 페인트로 칠한 아담하고 산뜻한 언니만을 위한 집, 입맛을 당기는 마른 멸치와 생선뼈가 그대로 담겨 있는 밥그릇이 언니에게는 아무렇지도 않은가 보다.

할아버지 소리가 났다.

"이집 오월이는 묶어서 키우시나요?"

"네 처음부터 그렇게 키웠는데요."

그러고보니 모든 걸 알 수 있었다. 언니는 이곳에 오는 날부터 묶여서 산 것이다. 묶여 있다는 것은 단순히 행동반경이 한정되어 있고, 가고 싶은 곳에 가지 못한다는 것만이 아니다. 자유가 구속당하는 것 그 이상으로 자유에 대한 생각 그 자체가 묶여 버리는 것이다. 가장 끔찍한 것은 자유가 무엇인지 모르게 되는 것이다. 자유를 모르는 언니, 다시 만나도 내가 언니를 위해 할 수 있는 일이 없다. 그것이 나를 한없이 슬프게 만들었던 것이다.

(08.1021)

에필로그

그대, 나의 친구여, 지난겨울 상경 시 친구들과 만났을 때, 자네가 "꿈을 이룬 친구를 위하여!" 하면서 건배한 것 기억하는가? 친구들의 나를 향한 시선에 내 얼굴이 붉어졌었지. 솔직히 말하면 꿈을 이루기보다는 "아직도 꿈을 꾸며 사는 친구를 위하여!"라고 하는 것이 더 옳은 표현 아니었을까 모르겠네.

그 새, 계절을 바꾸면서 편안했는지? 분주하냐고 묻진 않겠네. 서울 생활이란 게 분주함을 달고 다니는 것이니까. 모든 뉴스와 사건들이 서울에서 시작하여 서울을 중심으로 펼쳐지니 봄소식 역시 나보다 먼저 접하고 있겠지.

남쪽이라지만 작년 가을 태풍과 지난겨울 혹한으로 매화꽃은 예년에 비해 열흘 늦게 3월 중순에 가서야 만개했네. 매화꽃 향을 맡으면서 은은하다는 표현 이외는 적합한 단어가 생각이 나질 않더구먼. 매화꽃을 기다리며 쑥국과 달래무침과 머윗잎 데침으로 새봄맞이 통과의례를 치렸다네.

지난 주간엔 열 평 남짓한 텃밭을 뒤엎고 고르고 고랑을 만드는 작업을 했지. 날씨가 풀리고 비 소식이 오면 상추와 쑥갓, 부추와 들깨를 심을 것이네. 고추는 모종으로 옮겨 심으니까 좀 늦어도 될 터이지.

문득, 3월이 가기 전에 톳 무침을 들어야 할 것 같아 갯바위에 나갔더니 예년과 다르게 보름은 더 있어야 될 것 같더구먼.

산밭에 풀어 키우는 암탉 다섯 마리가 한 겨울에도 2, 3개씩 계란을 낳더니만 엊그제부터는 암탉이 전부 다 알을 낳기 시작하데. 한 마리 수탉이 유달리 사람들에게 적의를 보이는 걸 보니 이제 암탉이 알을 품을 때가 다가왔나 싶네.

4월부터는 우리 섬도 분주해질 것이네. 중순을 전후해서 열흘 남짓 두릅을 채취한다네. 물론 산에서 자라는 야생 참두릅이지. 이웃 할머니는 비싼 값으로 목포의 산물 취급 상회로 내보내지만, 나는 너무 귀한 것이어서 돈 받고 팔수가 없다네. 맛을 아는 분에게만 선물로 보낼 거네. 한식韓食에 일가견이 있는 손위 처남댁으로부터 대한민국에서 가장 훌륭한 두릅으로 인정을 받은 보물이라네. 두릅이 끝날 무렵부터 고사리가 나타나지.

4월 하순부터 5월 중순까지 고사리 철이네. 여름에 나오는 미역과 더불어 우리 섬의 대표산품이라고 할 수 있지. 자네가 고사리 값을 아는지 모르지만 작년엔 말린 고사리 600그램 한 근이 4만원에 팔렸다네. 고사리 철이 되면 뭍에 사는 딸, 며느리, 친척들이 섬에 들어와 주민과의 반가운 만남과 시샘이 교차하는 철이기도 하다네. 고사리와 함께 취를 꺾지만 고사리에 비해 값이 나가지 않아 취는 숲에서 그냥 늙어 버리는 경우가 많지. 취를 특별히 좋아하는 아내에게는 얼마나 신나는 일인지 모른다네.

5월 말부터는 매실을 따기 시작한다네. 꽃 핀 매실 나무가 180여 주가 넘지만 수확량은 많지 않다네. 작년까지는 생 매실을 주문받아 팔았지만, 올해부터는 엑기스와 매화주를 담아 추석과 설 명절 선물로 쓸 생각이네.

매실 수확이 끝나면 장마가 시작되고 그 무렵 비파가 익어가지. 도시 사람들이 잘 모르는 과일이네. 11월에 꽃이 피고 이듬해 7월에 열매를 수확하는, 남쪽지방에서만 자라는 사철나무라네. 나뭇잎, 열매, 씨, 가지, 뿌리까지 버릴 게 하나도 없는 약효가 뛰어난 나무인데, 자네 인터넷에서 비파를 한번 검색해 보게나. 일본사람들은 정원에 비파나무 한 그루 있으면 의사가 필요 없다고 한다네. 열매의 크기와 색깔은 살구 같지만 훨씬 더 달고 독특한 향을 풍기지. 서울 사람들이 비파를 잘 모르는 이유가 있네. 비파는 열매를 따자마자 부패가 시작되어 시장까지 싱싱한 모습으로 나갈 수 없기 때문이라네. 나무 이름 같이 신비하고 맛있는 비파 열매 한번 맛보러 오지 않겠는가?

섬이 가장 뜨겁고 바쁜 계절은 역시 7월과 8월이라네. 무더운 여름 날씨보다는 미역 때문이지. 7월 백중사리 때 갯바위에서 채취하는 자연산 미역은 섬의 역사와 함께 시작되었을 것이네. 고사리와 함께 대한민국에서 가장 좋은 품질로 소문난 미역이지. 말린 미역 20장을 한 뭇으로 만들어 20만원을 받는데 가구당 평균 10뭇은 수확을 한다네. 햇볕이 뜨거운 한여름날, 온 동네 사람과 방문객들과 함께 미역을 매고 나누고 말리는 모양은 정말 장관이라네.

생선은 사시사철 풍성한 곳이지. 3월에 숭어와 농어가 잡히기 시작해 꽃게, 병어, 갑오징어, 광어, 간재미가 겨울까지 잡히네. 낚시는 5월부터 11월까지 즐길 수 있다네. 낚시 초보인 나도 오후 배로 손님이 들어온다면 아침에 낚싯대를 들고 나가 우럭과 장어와 노래미 여나문 마리는 건져 올 수 있네.

자네의 섬 방문에 참고하라고 한 해 섬 모양을 알려 준거네. 어떤가? 내가 사는 곳에 한번 와 봐야 하지 않겠는가? 이런 곳에서 이런 삶이 꿈이었다면 꿈을 이루고 있는지도 모르겠네. 하지만 며칠씩 해를 볼 수 없는 거무칙칙한 겨울 하늘과 흉흉한 바다와 칼 소리를 내는 바람을 맞다 보면 우울증에 빠지기도 한다네. 그러나 겨울이 가면 봄이 오는 법, 다시 해가 뜨고 바다가 잔잔해지면 나는 거짓말 같이 소생하곤 하네.

어제는 내 작은 선외기船外機 보트를 모래사장에 올려 바닥 파래를 긁어내고 페인트를 칠했네. 오늘은 낚싯대를 정비해 둬야겠네. 언제든 정겨운 손님이 온다면 낚시 나갈 준비를 해 둬야지.

그 손님이 바로 자네였으면 좋겠네. 건강과 평안을 기원하며…….

2013년 새 봄날, 섬에서